KB202235

큐레이션의 시대

매일 쏟아지는 정보 더미 속에서
꼭 필요한 정보를 얻는 방법

큐레이션의 시대

사사키 도시나오

한석주 옮김

민음사

차례

4 큐레이션의 시대 175

프롤로그

진흙 속 진주를 발견하는 큐레이션

조지프 요아컴(Joseph Yoakum, 1890년~1972년)은 생애의 대부분을 방랑자로 지냈다. 미국의 미주리 주에서 태어난 그는 아홉 살에 집을 떠나 서커스단에 들어가 아메리카 대륙을 떠돌고 유럽의 여러 나라를 여행했다. 1908년 고향으로 돌아와 결혼을 하지만, 얼마 안 있어 입대를 하여 1차 세계 대전에 참전한다. 전쟁이 끝난 후에도 방랑을 계속하여 다시는 고향을 찾지 않았다.

세계 대전에서 대공황으로 이어지던 격동의 시대를 살아간 그는 호보(Hobo) 그 자체였다. 20세기 초의 황량한 미국 사회에 등장한 호보는 한마디로 떠돌이 노동자들이었다. 일용직 노동으로 살아가는 그들은 한창 정비되고 있던 철도망을 이용해 무임승차를 하며 미국 전역을 떠도는 사람들이었다. 북아메리카의 광대무변한 대지를 이동하던 그들의 삶의 방식은 어떤 면에서 로맨틱하게 그려지며, 후에 '방랑'을 테마로 한 수많은 소설이나 시, 음악, 그림에 등장했다. 잭 케루악(Jack Kerouac)의 소설 『길 위에서(*On the Road*)』, 밥 딜런(Bob Dylan)의 명곡 「바람에 날려(*Blowin' in the Wind*)」, 영화 「이지 라이더(*Easy Rider*)」가 모두 이러한 계보에 들어간다.

하지만 요아컴은 음악가도 작가도 화가도 아닌 한낱 방랑자일 뿐이었다. 그는 인생의 대부분을 시정 바닥의 평범한 사람으로 보냈고, 가족이나 몇 안 되는 친구들을 빼놓고는 누구도 그에게 관심을 갖지 않았다. 열여덟 살 무렵까지 그냥 이름 없는 보통 사람이었던 것이다. 그런 그가 인생에서 단 한 번뿐인 우연한 계기로 지금까지 역사에 이름을 남긴 사람이 되었다.

방랑자에서 예술가로, 조지프 요아컴 이야기

그의 인생을 조금 더 자세히 들여다보자.

요아컴은 19세기 말에 태어났다. 태어난 해는 여러 가지 설이 있어 정확하진 않지만 1890년경으로 전해진다. 아버지는 흑인과 아메리칸 인디언의 혼혈이고, 어머니는 프랑스계 백인과 아메리칸 인디언, 흑인의 피를 이어받았다고 하니, 요아컴은 정말 복잡한 민족적 혈통을 이어받은 아이였다.

그는 어릴 때부터 그림 그리는 것을 좋아해, 언제나 자신이 나바호(Navajo) 족의 피를 이어받았다고 자랑했다. 나바호 인디언은 미(美)를 사랑하고 예술가를 극진히 대접한 부족으로 알려져 있다. 나바호 족은 "인간에게 있어 궁극적 사명은 미를 만들어 내고 그 미에 둘러싸인 채 살아가는 것"이라고 가르쳤다. 하지만 요아컴은 체로키(Cherokee) 족과 크리크(Creek) 족의 후예로, 실은 나바호 족의 피를 이어받지 않았다고 한다.

요아컴의 인생은 여행에서 여행으로 이어지는 방랑 그 자체였다. 생활은 언제나 빈곤했다. 그가 태어났을 무렵, 미국 중서부는 심각한 가뭄에 시달려 농지의 수확량이 격감하였고, 집이나 토지를 저당잡힌 농부들이 고향에서 쫓겨나는 일이 비일비재했다. 농부이자 철도원이었던 요아컴의 아버지도 이런 비참한 상황에서 예외가 아니었다.

도시 인프라가 한창 정비되던 19세기 중반, 요아컴의 아버지는 기차를 타고 이동하는 자유로움과 즐거움, 철도에 대한 자신의 무한한 애정을 요아컴에게 들려주곤 했다. 아버지를 통해 방랑을 동경하게 된 요아컴은 결국 아홉 살이 되던 무렵 집을 떠나 서커스단에 들어갔다. 그곳에서 말안장 닦는 일을 시작한 그는 여러 서커스단을 전전하며 북미 대륙 구석구석을 여행했다. 그러면서 서커스단 내에서의 지위도 높아져 안장 닦는 일에서 벗어나 포스터 붙이는 작업을 했다.

서커스단은 마음 편히 있을 수 있는 곳이었다. 관대하고 공평하고 자유로운 사람들이 모여 있었고, 혹독한 야외 생활과 힘든 노동으로 단련되어 동료 간의 결속력도 강했다. 요아컴은 얼굴도 잘생기고 머리 회전도 빠른 기민한 젊은이로 성장해 나갔다.

서커스단의 동료들과 함께 아메리카 대륙을 누비면서 요아컴은 황량한 대지, 바위투성이의 풍경, 끝없이 펼쳐진 침엽수림, 멀리 보이는 지평선을 가슴에 새겼다. 이윽고 그는 미국을 벗어나 해외로 나가게 된다. 영국, 북부 이탈리아, 남부 독일, 오스트리아, 발칸 반도의 몬테네그로, 러시아, 그리고 중국과 중남미까지 방방곡곡을 떠돌았고, 그때 접한 이국땅의 풍경은 그의 머릿속에 강렬한 인상을 남겼다.

열여덟 살 무렵에 집으로 돌아온 그는 인근 농부의 딸인 머틀과 결혼했다. 그녀는 두 살 연상이었고, 요즘 말로 '속도위반 결혼'이었다. 결혼하고 처음 4년 동안 세 명의 아이들이 태어났지만, 생활은 극도로 궁핍했다. 그러던 중 큰 홍수까지 닥쳐 그들이 살고 있는 일대가 물에 잠기고 말았다. 게다가 당시에 흑인이 일할 수 있는 곳은 한정되어 있어서, 농사일 외에 좋은 직업을 찾는 것은 거의 불가능했다. 탄광, 도로, 용광로, 채석장 같은 곳밖에 갈 데가 없었다.

선천적 고립주의자

1914년, 제1차 세계 대전이 발발했다. 스물네 살의 요아컴도 징병되어 미국에서 모집된 749만 명의 신병 중 한 명으로 입대했다. 군대에서도 흑인의 지위는 매우 낮았다. 흑인 병사들의 태반은 공병이나 하역 부대에 소속되어, 군대 안에서도 '일용직 노동'과 같은 일을 담당했다.

요아컴은 제805공병대에 소속되어 최전선 바로 뒤에서 도로나 다리, 선로의 건설과 보수를 맡았다. 폭격으로 파괴된 도로를 고치는 도중에 독일 공군의 맹렬한 폭격을 받은 적도 있다. 마땅한 방어 수단도 없고, 부상병들이 이송되지도 못하고 방치되는 상황이었다. 그러던 어느 날, 요아컴의 부대원들은 함께 노래를 부르며 포탄이 줄줄이 떨어지는 전장에서 하룻밤 사이에 도로를 수리했다. 다음 날 아침에 백인 부대가 도로를 지나갈 수 있게 하기 위해서였다. 그들이 작업하는 모습을 보고 백인 병사들은 어리둥절해했다. "이런 데에서 잘도 노래 같은 걸 부르네."

흑인 병사들은 백인 병사들로부터 부당한 대우를 받았다. "우리들을 개처럼 취급하지 마!"라고 백인 상관에게 대들었다가 3개월의 중노동에 처해진 흑인 병사도 있었다. 요아컴도 프랑스에 주둔 중일 때 비슷한 경험을 했다. 자기가 마실 물을 떠 오라고 시켜 놓고서는 태평하게 누워 쉬고 있는 백인 하사관을 보고, 참지 못하고 소리를 질러 버린 것이다.

"야, 거기 자빠져 있는 놈! 시킨 일 다 했으니까, 또 한번 물 떠 오라고 시킬 거면 나부터 영창에 집어넣고 말해. 제대해서 밖에 나가면, 너부터 찾아서 죽여 버릴 테니까."

그는 즉시 군사 재판에 회부되어 6개월의 중노동과 절반 이상의 감봉 처분을 받았다.

이렇게 굴욕적인 생활이었지만, 군대 경험은 요아컴의 방랑벽에 다시 한번 불을 붙여 놓았다. 그는 군 복무가 끝나자마자 방랑을 떠나 종전이 되고도 처자식이 있는 집으로 돌아가지 않았다. 제1차 세계 대전이 끝난 1920년대에 요아컴은 철도 잡역부, 과수원 일용직, 상선 선원 일을 하며 미국 전역을 떠돌았다.

이 정도면 선천적 고립주의자라고 불러도 될 것 같다. 그 이후에도 요아컴은 18년 동안 부인과 아이들과 연락을 끊고 지냈다. 이는 요아컴의 아이들에게도 커다란 트라우마가 되어, 요아컴의 부인이 재혼할 때 아이들은 망설임 없이 새아버지의 성을 이어받았다. 자식들이 아버지의 마음을 이해할 수 있기까지는 기나긴 세월이 필요했다. 요아컴은 만년에 장남 존에게 용서를 받았다. 존은 아버지를 이해한다며 이렇게 말했다.

"아버지는 인디언이야. 누구 집 지붕 밑에서는 살 수가 없는 거지."

70세, 그림에 눈을 뜨다

1920년대가 끝날 무렵, 그는 오하이오 주의 신시내티 부근까지 오게 되었다. 그곳에서 서커스 포스터를 인쇄하는 커다란 인쇄 회사에 고용되기도 했다. 그는 수년 후 시카고에 정착하는데, 그곳이 그의 마지막 안식처가 되었다. 기나긴 방랑 생활도 끝을 맞이한 것이다.

요아컴은 시카고에서 수위, 자동차 정비공, 목수, 주물공장 노동자 등 여러 직업을 전전했다. 그러다 프로이라는 여자와 재혼하고, 시카고 거리의 구석에 작은 아이스크림 가게를 차렸다.

하지만 제2차 세계 대전이 끝날 무렵, 정신병이 발병하여 그는 어쩔 수 없이 군 병원에 입원하게 되었다. 얼마 안 있어 부인도 세상을 떠났다. 그 후 그는 일을 그만두고, 얼마 안 되는 군인 연금과 실업 보험금으로 홀로 생활했다.

요아컴이 그림을 그리기 시작한 것은 70세가 넘어서부터였다. 꿈속에서 레바논의 거리를 보고 잠에서 깨서는 그 풍경을 그림으로 남기고 싶다고 생각한 것이 계기가 되었다. 그때부터 그는 젊은 시절 여행했던 북미의 황량한 풍경을 중심으로 정력적으로 그림을 그렸다. 나무가 죽 늘어선 언덕이나 굽이굽이 이어지는 바다, 뾰족하게 솟은 산 등을 섬세한 선과 대담한 형식으로 구성해 나갔다.

그가 자신의 그림을 판다든가, 아티스트가 되고 싶어 했을 리는 없다. 그는 단지 70세를 넘긴 나이에 자신의 손으로 그림을 그려 추억 속 풍경을 고정시키고 싶었을 뿐이다. 이런 진솔한 기분이야말로 그를 움직이게 하는 원동력이었다.

요아컴은 시카고의 사우스사이드 28번가에 있는 방 두 개짜리 아파트를 빌려서 살았다. 아파트 건물 옆으로 텔레비전 수리점과 세탁소, 미용실 등이 나란히 들어서 있었다. 요아컴의 집 내부는 몹시 좁고 어두웠는데, 통로에 걸려 있는 커튼이 거실 겸 작업실과 침실, 화장실 부분을 나누고 있었다. 거실에는 두 개의 소파와 색 바랜 터키풍의 안락의자가 놓여 있었다. 낡은 텔레비전, 금속제 작업대, 책장, 그리고 뒤죽박죽 쌓인 그림이 그 안을 채우고 있어 그야말로 잡동사니 산이었다.

그는 완성된 그림을 빨래집게로 집어 창가에 걸어 놓았다. 지나가는 사람들이 그림을 볼 수 있게 하기 위해서였다.

이것은 엄청난 발견이다!

그러던 어느 날, 한 인물이 요아컴의 집 앞을 지나갔다. 시카고 대학에서 카페를 경영하고 있던 존 호프굿이었다. 그는 장로파 교회의 목사이기도 했다. 무심결에 창가에 걸려 있던 그림에 눈길을 던진 그는 요아컴의 집 앞에 멈추어 섰다. 언덕과 숲을 그리는 방법이 독특한 점이 그의 눈에 띄었다. 인류학적 소양이 있던 호프굿은 요아컴의 그림에 '프리콜럼비언(Pre-Columbian)'과 비슷한 요소가 있다는 것을 깨달았다. 프리콜럼비언이란 콜럼버스가 아메리카 대륙에 도착한 15세기 이전의 시대를 말한다. 멕시코의 고대 문명이나 마야 문명, 안데스 문명 등을 포함하는 선주민의 시대이다. 그 시대의 원시가 느껴지는 예술성이 요아컴의 그림 속에 존재한다고 호프굿은 생각했다.

'내가 엄청난 발견을 한 건지도 몰라.'라고 생각한 그는 흥분하여 곧장 요아컴의 집으로 찾아가 그 자리에서 요아컴의 그림 스물세 점을 구입했다. 그리고 자신의 카페에서 개인전을 열지 않겠느냐고 제안을 했다. 요아컴은 무슨 일인지 영문을 몰라 어리둥절했지만, 물론 이견은 없었다. 그리하여 그들은 전시회를 기획하고 마흔 점의 작품을 전시했다. 놀랍게도 처음 4주 동안 서른 점의 작품이 팔렸다.

갤럭시프레스란 출판사의 사주인 톰 브랜드가 전시회에 오기도 했는데, 이것이 계기가 되어 요아컴은 시카고의 주류 예술계에 데뷔했다. 화가이기도 한 브랜드는 요아컴의 작품에 나타나 있는 독특한 심상의 풍경과 탁월한 반복적 화법, 불가사의한 원근법에 매료되었다.

브랜드는 요아컴의 작품을 접하고 깜짝 놀라서 시카고의 예술계에 있는 친구들에게 소개했다. 그중에는《시카고 데일리뉴스》의 기자 노먼 마크도 있었는데, 그는 요아컴의 전시회를 재빨리 기사화했다. 기사에는 추상화가인 조든 데이비스의 언급이 다음과 같이 실렸다.

"조지프 요아컴. 그는 그랜드마 모지스(Grandma Moses)보다 훨씬 뛰어나다."

그랜드마 모지스는 역시 일흔을 넘겨서부터 그림을 그린 여성으로 미국의 전통적이고 따뜻한 느낌이 담긴 그림을 그려 큰 인기를 얻은 화가였다.

요아컴은 그의 선명하고 강렬한 그림의 대부분을 젊은 시절 방랑의 추억에서 끌어냈다. 그는 80대에 세상을 떠나기 전까지 아주 짧은 기간 동안 2000점이나 되는 작품을 남겼다. 그가 세상을 뜨고 나서 열린 유작전은 뉴욕의 유명한 미술관인 휘트니 미술관에서 개최되었다. 자신도 모르는 사이에 그는 압도적 명성을 자랑하는 예술가가 되어 역사에 이름을 남기게 된 것이다.

말년에 요아컴은 자신의 그림에 대해 이렇게 말했다.

"제가 그린 그림에 가치가 있으리라고는 상상도 하지 못했습니다."

만드는 사람과 찾아내는 사람의 새로운 관계

당연한 이야기지만, 요아컴 자신도 자기가 그린 작품의 가치를 전혀 알지 못했다. 그의 작품이 예술계에서 인정받게 된 것은 카페 주인인 존 호프굿이 우연히 그의 집 앞을 지나가며 그림을 본 것에서 시작되었다.

만약에 호프굿이 우연히 그의 집 앞을 지나가지 않았더라면 어떻게 되었을까?

요아컴은 누구에게도 발견되지 않고, 그저 이름 없는 평범한 노인으로 여생을 마쳤을지도 모른다. 물론 그렇다 하더라도 그는 분명히 그 나름의 행복한 인생을 보냈을 것이다.

하지만 누군가에게 발견되었기 때문에 그는 평범한 노인에서 갑자기 위대한 예술가가 되었다. 스스로 예술가가 되겠다고 노력한 적이 전혀 없었음에도 말이다.

그렇게 보면 요아컴의 작품이라는 예술은 요아컴 혼자가 아니라 그를 발견한 호프굿과의 '공동 제작'의 결과라고 말할 수 있을 것이다. 만드는 사람과 찾아내는 사람, 그 둘의 관계가 새롭게 부각된 것이다. 만드는 사람이 없으면 물론 찾아내는 사람도 존재하지 않을 것이다. 그렇지만 찾아내는 사람이 없으면 만드는 사람은 결코 세상에 알려지지 않을 것이다. 우리가 무엇을 본다거나 즐긴다고 할 때, 그 안에는 언제나 '만들다'와 '찾아내다'

라는 두 가지의 행위가 들어 있다.

예전에는 '미술을 제대로 공부한 사람', '미술에 필요한 기술을 익힌 사람', '당대의 미술사 흐름을 이해하고 자신의 작품을 발표하는 사람'과 같은 프로페셔널들이 '만드는 사람'의 대다수를 차지했다. 하지만 20세기 초부터 요아컴과 같이 '미술을 제대로 공부하지 않은 사람', '기술을 익히지 않은 사람', '미술사 같은 것은 전혀 모르는 사람', 그리고 나아가 '자신의 그림을 세상에 대대적으로 발표할 생각 같은 건 전혀 없는 사람'이 등장했고, 이런 사람들의 그림이 미술계에서 인정받는 일도 나타나게 되었다.

이런 세계에서는 좋은 미술 작품이나 좋은 문장이나 좋은 음악을 만들기 위해서 '만드는 사람'만으로는 부족하다. 요아컴을 호프굿이 찾아낸 것처럼 훌륭한 작품들을 '찾아내는 사람'이 필요하게 된 것이다. 앞으로의 세계에서는 이렇게 '만드는 사람'과 '찾아내는 사람'이 서로를 인정해 가면서 새로운 작품, 새로운 분야를 함께 창조해 가는 공동 작업이 활발히 이루어질 것이다.

이 책에서는 이런 새로운 관계가 우리 사회를 어떻게 변화시킬 것인지에 대해 써 나갈 것이다.

1 매스 미디어의 쇠퇴, 이제 정보는 비오톱으로 흐른다

예전에는 정보가 매스 미디어라는 커다란 강물 위로 흘러갔다. 그 당시에는 정보가 어디에서 발생해 어디로 어떻게 흘러가는지 모두가 자신의 눈으로 확실히 볼 수 있었다.

"어제 텔레비전 프로그램에서 이렇다고 하던데."

"이번 달 잡지 특집에 ○○가 나왔는데 무척 흥미롭던걸."

"오늘 경제 신문 1면 봤어?"

흘러가는 정보의 양은 많지 않았지만, '모두가 읽고 보고 있다.'라는 점에서 파이프가 아주 두꺼웠다. 그러나 이제는 두꺼운 파이프를 통과하는 정보를 모든 사람들이 읽거나 보지 않는다. 정보가 흐르는 곳은 점점 세분화되어 가고, 감각이 있는 사람들은 더 이상 신문이나 텔레비전, 잡지 같은 것에서 정보를 얻지 않는다. 대신에 누군가의 블로그를 보거나, 커뮤니티 사이트에서 댓글을 읽거나, 혹은 누군가의 트위터를 팔로우(Follow)하는 등 자신만의 다양한 방법으로 작은 수로에서 흐르고 있는 정보를 모은다.

기존의 방법으로 정보를 발송하고 있는 사람들의 고민이 바로 여기에서 생긴다. 광고업계에서는 "모두 어디로 간 것이지? 어디에 가면 우리 광고를 보는 사람들을 찾을 수 있는 걸까?"라고 고민하고, 매스 미디어의 기자나 편집자나 디렉터들은 "도대체 우리가 보내는 정보가 어디로 흘러가는 거야?"라고 의문을 가진다.

그렇지만 한편으로 많은 사람들은 이미 블로그나 트위터 같은 소셜 네트워킹 서비스(SNS, Social Networking Service)를 이용해 자신의 일상에 대한 이야기를 나누고 정보를 수집하고 다양한 커뮤니티를 만들어 다른 사람들과 교류하는 생활을 즐기고 있다. '왜 매스 미디어에서 나오는 광고나 기사 같은 걸 읽어야 하지? 정보는 이미 충분한데 말이야.'라고 생각하는 것이다. 그리고 바로 여기서 커다란 불균형이 발생한다.

이번 장은 하나의 이야기에서 시작하려고 한다. 그 이야기는 어떤 브라질 음악가와 그의 일본 공연을 개최한 여성 프로모터에 관한 것이다.

브라질 음악의 거장 에그베르토 지스몬티

에그베르토 지스몬티(Egberto Gismonti, 1947년~)라는 브라질 출신의 음악가가 있다. 뇌신경을 날카롭게 자극하는 음을 자유자재로 연주하는 절묘한 테크닉과 함께, 마치 정신세계의 심층을 걷는 듯한 심원한 음악성을 지닌 예술가이다. 다현 기타와 피아노의 명수로, 클래식에서 브라질리언 팝, 재즈까지 폭넓은 장르를 섭렵한 그의 음악성은 한마디로 표현하기 힘든 다양성으로 채워져 있다. '그런 음악은 들어 본 적도 없다.'라고 생각하는 사람은 꼭 유튜브(YouTube)에서 검색해 보길 바란다. 많은 곡들이 업로드되어 있다.

지스몬티는 브라질의 리우데자네이루 교외에서 태어났다. 아버지는 레바논인이고 어머니는 이탈리아인으로 다양한 민족성이 섞인 음악가 집안에서 자라나 다섯 살 때부터 피아노를, 십대가 되어서는 플루트와 클라리넷, 기타를 배웠다.

스무 살이 되던 해, 파리로 건너가 마리 라포레(Marie Laforet)의 백 밴드에 합류하여 편곡과 지휘에까지 손을 뻗쳤다. 마리 라포레는 알랭 들롱(Alain Delon)이 출연했던 1960년 작품 「태양은 가득히(*Plein Soleil*)」에서 여주인공인 마르주 역을 맡았던 배우이다. 그녀는 그 이후에도 몇 편의 작품에 출연했지만, 좋은 작품을 만나지 못하고 1960년대 말부터는 주로 샹송 가수로 활약했다. 지스몬티가 마리의 밴드에 들어간 것은 1967년이었는데, 딱 그녀가 활동의 중심을 음악으로 옮길 시기였다.

그리고 파리에 있던 시절 지스몬티에게 결정적이었던 사건은 나디아 불랑제(Nadia Boulanger, 1887년~1979년)에게 음악을 배운 것이다. 클래식 음악계에서 나디아 불랑제라 하면 20세기 가장 영향력 있는 음악 교사 중 한 사람으로 알려져 있다. 특히 미국의 음악가들 다수가 그의 영향을 받았으며, 그런 제자들이 현대적이면서 서정적인 신고전주의 음악을 탄생시켰다.

지스몬티가 자신의 세계를 발전시키고 브라질의 팝과 아마존의 원초적인 민족 음악을 담아 새로운 음악 세계를 구축해 나간 배경에는 나디아의 영향이 존재했다. 나디아는 지스몬티가 정통 클래식의 세계로 나아가지 말고 자신 안에 숨 쉬고 있는 브라질이라는 대지의 감각을 끌어내길 원했고, 그에게 다시 브라질로 돌아갈 것을 권했다.

하지만 그 시기에 브라질에서는 군사 독재 정권이 시민을 탄압하고 있었다. 반정부 운동을 철저하게 탄압하고 이곳저곳에서 산발적으로 일어나는 게릴라성 혁명 운동을 괴멸시켰다. 게다가 저임금 노동 정책을 강제 시행하여 국민의 생활을 더욱 궁핍하게 만들었다. 그러나 겉으로는 외국 자본을 도입하여 성공적으로 경제 성장을 이끄는 것처럼 보였다. 이는 '브라질의 기적'으로 불리며 해외에서도 높이 평가받았다. 그렇지만 국내에서는 빈부의 차가 확대되고, 군사 정권에 대한 불만은 나날이 높아졌다. 브라질로 진출한 다국적 기업들에 의해 농촌의 토지가 수탈되었으며, 땅을 잃은 농민들이 도심으로 모여들어 슬럼가의 면적은 점점 넓어졌다. 그러다 1970년대에 불어닥친 석유 파동으로 이제까지의 경제 성장마저 무너져 버렸다. 브라질은 세계에서 몇 손가락에 꼽히는 채무국으로 전락해 한 달에 100퍼센트가 넘는 인플레이션이 발생하는 등 경제가 완전히 파탄 나고 말았다.

지스몬티는 브라질이 이처럼 비참한 시대를 맞이하던 때에 돌아왔다. 하지만 그의 음악성은 이런 시대적 상황에서 오히려 점점 더 예리하게 다듬어져, 1976년에 발표한 앨범 「댄스 다스 카비서스(*Dança Das Cabeças*)」는 20만 장이 팔리며 대 히트를 쳤다. 고대의 북소리를 연상케 하는 퍼커션 연주를 구사하는 나나 바스콘첼로스(Nana Vasconcelos)와 함께 제작한 이 앨범은 클래식과 브라질 음악과 아마존 원시의 소리가 공존하는 듯한 신비로운 세계를 표현했다. 음악으로 정글 그 자체를 구현한 것만 같았다.

이 음악의 장르가 무엇인지는 전혀 알 수가 없다. 클래식이라면 클래식이고 재즈라고 하면 재즈이다. 아니면 월드 뮤직[1)]이라 불러야 할까? 당시 음악을 들었던 전문 평론가들도 비슷한 감상을 한 것 같다. 「댄스 다스 카비서스」는 팝과 클래식, 민속 음악 등의 다양한 분야에서 상을 받았다.

이 앨범을 발표한 직후인 1977년에 지스몬티는 브라질의 정신

세계를 보다 깊게 탐구하기 위해 아마존 오지로 떠나, 선주민들과 같이 생활을 하며 더욱 깊숙한 소리의 세계에 몰입한다. 예를 들어 포르투갈어로 '혼'이란 뜻의 1978년 앨범인 「카르모(*Carmo*)」는 대부분의 음악이 피아노 솔로로 구성되어 있다. 지스몬티가 자유자재로 연주하는 피아노 소리는 장르를 뛰어넘어 음악 그 자체가 가진 힘이 그대로 몸으로 전해지는 듯한 느낌을 선사한다. 일본의 전설적인 재즈 평론가 고(故) 오노 요시에(小野好恵)는 1979년 지스몬티의 음악에 전율을 느끼며 이렇게 썼다.

"고도의 테크닉을 가지고 있으면서도 결코 내향적으로 흘러 지엽적으로 가지 않고, 오히려 넘치는 에너지를 폭력적이라 할 만큼 과감히 외부로 분출한다."

나는 2010년 4월에 출간한 『전자책의 충격(電子書籍の衝撃)』[2]에서 음악의 세계는 전자화되어 모든 것이 평평해진다고(flat) 말한 바 있다. 다양한 곡들이 시간과 공간에 관계없이 선택되어 다른 곡들과 섞이고 새로운 의미가 만들어진다는 뜻이다. 이렇게 만들어진 음악을 최신 곡인지 아닌지, 혹은 장르에 따라 구별하는 것은 별 의미를 지니지 못한다.[3] 음악을 만드는 음악가들, 음악을 즐기는 감상자들은 이제까지처럼 음악적 지식이나 교양을 기초로 음악을 듣는 것이 아니라 자신이 광대한 음의 세계와 연결되어 직접 음악을 느낄 수 있게 된 것이다.

이것을 나는 음악 평론가 하라 마사아키(原雅明)의 말을 빌려

'사운드'라고 표현했다. 우리는 곡 하나하나를 듣는 것이 아니라, 그 너머에 있는 사운드라는 거대한 혼돈으로서의 음악 세계와 접속된다는 것이 마사아키의 주장이다.

> 이제까지처럼 패키지에 담겨 유통되는 음악이 아니라, 좀 더 생생하고 살아 있는 채로 다양한 사람들에게 전달되는 사운드, 재생과 복제를 거듭하면서 때로는 해체되고, 끝내는 재활용되어 다시 만들어지는, 새로운 음악의 생성 주기 속에서 존재하는 사운드. 예전에 재즈를 기준으로 힙합을 혹평했던 평론가들에게 맥스웰 로치(Maxwell Lemuel Roach)가 말했던 '더욱 커다란 사운드'.
>
> —「음악에서 빠져나오기 위한 21세기의 사운드 리사이클」

지스몬티의 음악은 그야말로 사운드 그 자체라고 할 수 있다. 그것은 클래식도 아니고 브라질 음악도 아니고 재즈도 아니다. 초월적 기예로 만들어진 음들은 복잡하게 얽히며 마치 만화경처럼 우리의 세계를 다양한 각도에서 끌어낸다. 그 느낌이 감미로우면서도 관능적이어서, 피부로 직접 전해져 오는 것만 같은 사운드이다.

그렇지만 이렇게 맑게 잘 닦여진 음이 나오는 것과 반비례하여 지스몬티는 1990년대에 들어서 점점 작품을 만들어 내지 못했다. 1996년에 두 대의 기타와 베이스로 이루어진 트리오를 만들어 공연을 한 「지그재그(*Zigzag*)」와 다음 해에 오케스트라와 함께 공연한 장대한 「미팅 포인트(*Meeting Point*)」를 내고는 한동안 신보를 발표하지 않았다.

당시에는 본인의 몸 상태도 좋지 않았기 때문에 해외 투어도 거의 하지 않았다. 일본에서도 1991년 초여름 재즈 클럽 '블루 노트 도쿄'에서 한 공연이 마지막이었다. 그 이후에는 앨범도 발매하지 않았고, 일본에서 라이브 공연도 하지 않았다. 지스몬티는 일반 음악 팬들에게 점점 잊혔고, 일부 음악 마니아들 사이에서만 전설의 뮤지션으로 기억되었다.

공감할 수 있는 사람과 일한다

여기서 이 이야기의 또 다른 주인공이 등장한다. 음악 프로모터인 다무라 나오코(田村直子). 그녀가 '지스몬티를 일본에 부를 수 없을까?'라고 생각했던 때는 바로 지스몬티가 활동을 거의 하지 않고 잊혀 가던 시기였다. 정확히 2003년이었고, 그녀의 나이 스물셋이었다.

다무라는 대학 졸업 후, 컨버세이션 앤드 컴퍼니라는 회사에 입사했다. 그 회사는 꽤나 마니악한 성향의 세계적 아티스트를 초청해 공연을 개최하는 기업이었다. 제대로 영어도 하지 못하는 신입에게 다짜고짜 해외 연락 업무를 맡겨 버리는 터무니없는 회사였지만, 오히려 그런 힘든 일을 극복한 것이 프로모터로서 그녀를 단련시켰다고도 볼 수 있겠다.

다무라는 컨버세이션을 퇴사하고 프로모터로서 자립할 수 있는 방법을 모색한다. 이런저런 콘서트나 페스티벌, 박람회 등의 이벤트를 기획하는 일을 하면서 자신만의 방식을 확립해 나간다. 현재 그녀는 라디오 제작 회사로 유명한 샤라라 컴퍼니에 적을 두고 라디오 일을 하면서, 프로모터와 해외 뮤지션들의 에이전트로 활동하고 있다. 최근에는 남아프리카 공화국의 압둘라 이브라힘(Abdullah Ibrahim, 달러 브랜드(Dollar Brand)에서 개명)이나 인도의 타블라 비트 사이언스(Tabla Beat Science), 브라질의 퍼커셔니스트 시로 밥티스타(Cyro Baptista) 등 세계적 아티스트들과 관련된 일을 하고 있다.

그런 그녀가 지스몬티를 부르게 된 것은 사람들 앞에서 연주를 하지 않는다던 지스몬티가 2003년 캐나다의 몬트리올에서 콘서트를 개최한다는 정보를 들은 것에서 시작되었다. '어떤 연주를 보여 줄까? 괜찮게 하면 일본에도 꼭 데려와야지!' 이렇게 생각한 그녀는 곧장 몬트리올로 향했다.

다무라에게는 언제나 지키는 그녀만의 철칙이 있었는데, 그것은 바로 그녀가 초청하고자 하는 음악가의 실황 공연을 직접 보고, 그 음악가의 인간성과 음악에 대한 생각을 자신의 눈과 귀로 확인하는 것이다. 이런 과정에서 공감할 수 있는 사람들 하고만 같이 일을 한다. 음악 시디를 듣는 것만으로는 그 사람의 인품이나 내면을 알지 못하는 경우가 많다. 시디에서 받은 인상이나 원래 자신이 가지고 있던 이미지와는 전혀 다른 것들이 실제로 공연을 보러 가면 잘 보인다고 그녀는 생각했다. 우선 실황 공연을 보고 나서 뮤지션을 만나는데, 처음부터 비즈니스 이야기를 꺼내지 않는다. 어떤 음악을 하고 싶어 하는지, 어떤 공연을 계획하고 있는지 차분하게 이야기를 나누면서 서로의 가치관을 공유하는 것에서부터 첫 걸음이 시작되는 것이다.

다무라는 몬트리올에서 지스몬티를 만나는 데 성공했다. 두 사람은 여유를 가지고 서로의 음악관에 대해 이야기를 나누었다. 그리고 일본 공연에 대해서 의사를 타진하면서, 지스몬티에게서 기회가 있으면 꼭 다시 한번 일본에 가서 공연하고 싶다는 대답도 들었다.

하지만 그 기회라는 것이 쉽게 오지는 않았다. 타이밍, 비용 등 제반 조건이 잘 맞아떨어지지 않으면, 초청 공연은 구체화되기 힘들다. 주류 음악가도 아니고 게다가 최근에 신보도 내지 않고 일본에도 한동안 오지 않았던 지스몬티의 음악을 원하는 시장이 있는지 찾는 것은 쉬운 일이 아니었다. 흥행 여부를 가늠하기 어려운 만큼 상당한 위험이 따랐다.

다무라는 지스몬티와 가끔씩 연락하면서 줄곧 기회를 기다렸다. 그리고 4년이 흘러 드디어 기회가 찾아왔다. 지스몬티가 한국에서 콘서트를 열기로 결정된 것이다. 2007년의 일이었다.

"한국에 온다면 항공료를 한국 측과 분담할 수 있지 않겠어!"

재빨리 한국의 프로모터와 연락을 취해 보니, 한국 쪽에서도 원해 마다하지 않는 일이었다. 한국 측 프로모터는 정통 클래식 분야를 맡고 있었지만, 해외 음악가를 불러오는 비용에 큰 부담을 느끼는 것은 어느 나라나 다를 바가 없었다.

이런 경유로 2007년 여름, 드디어 16년 만에 지스몬티의 일본 공연이 성사되었다. 하지만 신보도 내지 않고 한동안 일본을 방문하지도 않고, 게다가 장르도 분명하지 않은 지스몬티의 공연이 과연 성공할 수 있을까? 음악 시디가 더 이상 팔리지 않는 시대에 지스몬티의 초청 공연은 누가 봐도 무모한 도박이었다.

개방성과 폐쇄성이 양립하는 새로운 정보 세계

다무라는 세심한 주의를 기울이며 전략을 짜 나갔다. 우선 공연의 규모를 어떻게 할까 고민했다. 어느 정도 크기의 공연장에서 몇 번의 공연이 가능할 것인가? 그녀는 컨버세이션에 재직 중일 때 담당했던 한 공연을 기억해 냈다. 그것은 아라비아계 브라질인 기타 듀오, 아사드(Assad) 형제의 콘서트였다. 아사드 형제는 지스몬티의 레퍼토리를 자주 연주했기 때문이다. 500석 정도의 작은 공연장에서 라이브 공연을 개최했지만, 열성적 팬들이 자리를 전부 채웠고, 자기 기타를 가져와서 사인을 받아가는 팬들도 있었다. 관객의 대부분은 40~50대의 중년 남성들이었다.

'아사드 형제의 공연에 왔던 사람들은 지스몬티의 라이브에도 흥미를 보이지 않을까?'

다무라는 이렇게 생각했다. 브라질 음악, 기타 연주, 그리고 절묘한 기교와 탁월한 음악성 등 아사드 형제와 지스몬티에겐 공통점이 많았다. 그렇다면 아마 아사드 형제와 비슷하게 500석은 채울 수 있지 않을까.

우선 다무라는 전단지를 만들었다. 엷은 하늘색의 고급스러운 종이에 지스몬티의 이름과 함께 '브라질의 보물, 기적의 일본 공연 결정!'이라는 캐치프레이즈가 들어간 전단이었다. 그리고 지스몬티의 소개에는 이런 문구를 썼다.

에그베르토 지스몬티는 피아노, 다현 기타, 관악기 등 다양한 악기를 자유자재로 다루는 멀티 뮤지션이자 실력파 작곡자이다. 서구의 클래식, 재즈, 그리고 브라질의 각종 민속 음악에 대한 폭넓은 이해와 애정, 연구를 바탕으로 만들어진 그의 유일무이한 음악성은 전 세계를 매료시켰다. 1992년 큰 병을 앓고 나서 해외 공연을 삼가고 있지만, 다시 한번 그의 공연을 보고자 하는 팬들의 열망은 식을 줄 모른다.

16년 만에 실현된 지스몬티의 일본 공연! 지금껏 수많은 아티스트들이 지스몬티의 음악을 연주해 왔지만, 확신하건대 국내에서 그의 라이브를 직접 경험할 수 있는 기회는 이번이 마지막일 것이다.

브라질 아마존에서 원주민과 함께 생활한 지스몬티가 펼치는 음악 세계는 인간의 심원한 정신세계와 야성을 일깨우고 대자연의 웅장함과 세심함을 동시에 표현하며 영혼의 깊은 곳을 울린다. 밤하늘을 가득 채운 별들이 쏟아져 내리는 듯한 음색, 웅장한 대지에서 뿜어져 나오듯 약동하는 리듬, 한 명의 인간이 한 대의 악기로 연주하는 것이라고는 상상할 수 없는 음의 세계가 펼쳐질 것이다.

전단지 끝에는 웹사이트 주소(http://www.gismonti-live.jp)와 '지스몬티 일본 공연 실행 위원회'라는 정체불명의 단체 이름이 쓰여 있었다. 도대체 어디에 있는 누가 콘서트를 주최하는지는 이 전단지만 봐서는 알 수가 없었다. 시간도, 장소도 아무것도 쓰여 있지 않았다. 주소를 입력하여 웹사이트에 들어가면 전단지에 쓰인 정보가 그대로 담겨 있고 메일링 리스트 등록 양식만이 달랑 준비되어 있었다. "구체적인 정보를 알고 싶으신 분은 메일링 리스트에 등록해 주시기 바랍니다."라는 의미였다. 등록에 필요한 것은 메일 주소뿐이었다.

이 모든 장치는 정보의 희소성을 극대화하기 위해 마련됐다.

지스몬티의 열광적인 팬이라면 정보를 찾아 헤매면 헤맬수록 '콘서트에 가고 싶다.', '지스몬티를 직접 보고 싶다!'라는 기분에 빠져들게 되는 것이다.

다음으로 해야 했던 일은 공연 정보의 공지였다. 이는 가장 중요한 부분이기도 했다. 작은 공연이기 때문에 텔레비전이나 신문, 잡지 등에 광고를 낼 예산이 전혀 없었다. 기대할 수 있는 것은 입소문과 전단지뿐이었다. 그러나 전단지도 여기저기에 산발적으로 뿌린 것이었기 때문에 전국 곳곳에 퍼져 있는 지스몬티의 팬들에게 정보가 정확히 도달했을 리 없었다.

16년 만의 공연이라는 홍보로 도대체 몇 명의 사람들을 불러들일 수 있을까? 공연 정보의 공지는 한편으로 공연에 흥미를 가진 팬 층이 얼마나 두꺼운지를 파악하고, 관객의 규모를 추측하는 작업이기도 했다.

다무라는 어떤 식으로 정보를 전달했을까? 당시에 전국 곳곳에 생기기 시작한 일본계 브라질인의 커뮤니티에서는 브라질 음악을 자주 접할 수 있었다. 그렇다면 이런 커뮤니티에, 예를 들면 군마 현 오센마치의 브라질인 거주 지역에 전단을 뿌리면 되지 않을까? 아니다, 이런 접근은 정답이 될 수 없다.

해외에서 인기가 높은 뮤지션이 국내에서도 인기가 좋으리라는 법은 없다. 예를 들면 어떤 브라질인 뮤지션이 일본에서 인기가 있다고 해도, 그것이 일본 미디어의 영향으로 일본에서만 형성된 인기일 수도 있다. 거꾸로 모국에서 엄청나게 유명해도 일본에서는 전혀 알려지지 않은 경우도 허다하다. 그러므로 일본에 거주하는 외국인 커뮤니티에서 본국의 유명 스타를 초청해 공연을 하는 경우도 있지만, 일본인이 잘 모르는 뮤지션일 뿐인 경우가 적지 않다. 시장이 완전히 다른 것이다.

지스몬티의 경우도 같다고 볼 수 있다. 독일의 재즈 레이블 ECM에 소속되어 미국과 유럽에서는 인기가 많지만, 그렇다고 일본에서의 인기도 같다고 할 수는 없다. 한 나라 안에서도 팝스타의 음악과 지스몬티의 인스트루멘탈 음악(기악)은 팬 층이 전혀 다를 수밖에 없다. 일본에서도 하마사키 아유미(浜崎あゆみ)나 니시노 카나(西野カナ)의 음악과 재즈 색소폰 연주자 기쿠치 나루요시(菊地成孔)의 음악은 전혀 다른 문화권역의 사람들이 감상하고 있다. 니시노 카나의 팬인 스웨덴인이(요즘 세계화의 영향으로 이런 유럽인이 그렇게 유별나다고는 볼 수 없게 되었다.) 우연히 스톡홀름에 여행 온 기쿠치 나루요시의 팬으로 재즈밖에 듣지 않는 일본인 여성에게 "니시노 카나 최고야!"라며 말을 붙여도 아마 별다른 호응을 끌어내지 못할 것이다.

음악과 같이 언어의 장벽을 뛰어넘는 문화는 국가나 민족보다는 동일 문화를 향유하는 계층 간에 극명한 차이를 보인다. 하마사키 아유미와 고다 쿠미(倖田來未)와 레이디 가가(Lady GaGa)와 P!NK는 어딘가에 공통적으로 연결되는 점이 있고, 기쿠치 나루

요시와 오니시 준코(大西順子)와 크리스천 스콧(Christian Scott)과 니콜라 콘테(Nicola Conte)는 연결되어 있다. 재즈 신에서는 굉장한 질주감으로 연주하는 오니시 준코가 일본인이라는 점이나, 니콜라 콘테가 이탈리아인이라는 것이 그렇게 중요한 이야기가 아니다. 물론 지스몬티가 아마존의 원시성이 느껴지는 음악을 한다는 것은 중요한 요소이지만, '더욱 커다란 사운드'와 어떻게 접속되고 있는가 하는 음악적 감각이 보다 큰 틀에서는 더 중요하다고 할 수 있다.

지스몬티의 음악은 아마존의 심원에서 스며든 브라질의 민족적 근원성을 간직하고 있지만, 동시에 거기에는 일본인도 유럽인도, 그리고 미국인도 직감으로 이해할 수 있는 세계성을 내포하고 있다. 세계성은 전 세계의 모든 사람들에게 받아들여지는 것을 의미하는 게 결코 아니다. 클래식과 재즈와 월드 뮤직의 경계 영역에서 숨 쉬는 특이한 사운드를 감각적으로 인지할 수 있는 특정 문화권의 사람들에게 받아들여진다는 뜻이다.

이는 개방성과 폐쇄성이 동시에 성립하는 새로운 정보 유통의 세계가 도래했음을 알려 준다. 음악이 국가별로, 민족별로 소비되는 시대는 막을 내렸다. 그런 의미에서 한 국가에서 음악의 권역은 공유되지 않는다고 할 수 있다. 지스몬티를 좋아하는 브라질인이 있으면, 지스몬티를 전혀 모르는 브라질인도 있는 것이다.

그렇지만 한편으로 지스몬티의 음악은 세계를 향해 열려 있다. 일본에도 미국에도 핀란드에도 베트남이나 인도나 세네갈에도 지스몬티의 음악에 공명하는 사람들이 존재한다. 즉, 지금은 국가별로 통합되어 있던 것들이 해체되며 글로벌 음악 시장 안에서 재결합되고 있는 것이다. 글로벌한 정보의 기반이 되는 플랫폼에 대해서는 마지막 장에서 다시 짚고 넘어가도록 하겠다. 다시 지스몬티의 공연 이야기로 돌아가자.

비오톱: 정보를 원하는 사람들이 모이는 장소

정보를 원하는 사람은 도대체 어디에 존재하는가?
그곳에 어떻게 정보를 전달할 수 있을까?
그리고 어떻게 하면 그 정보로 감명을 줄 수 있을까?

이 세 가지는 정보의 전달에 있어 궁극의 과제라 할 수 있다. 정보를 공유하는 권역의 사이즈가 국가별로는 점점 작아지고 있다. 지금 시점에서 그 장소를 정확히 짚는 것은 굉장히 힘든 일이다.

이 책에서는 '정보를 원하는 사람들이 존재하는 장소'를 '비오톱(biotope)'이라고 부를 것이다. 비오톱은 원예나 환경 문제에 관심이 있는 사람이라면 잘 알고 있을 단어인데, '생식 공간(生息

空間)'이란 뜻이다. 환경 보호 선진국인 독일에서 나온 개념으로, 그리스어로 생명을 의미하는 비오스(bios)와 장소를 뜻하는 토포스(topos)가 합쳐져 '유기적으로 결합되고 다양한 종의 생물로 구성된 생명군의 생식 공간'이라고 정의된다. 작은 생태계가 유지되기 위해서 필요한 최소의 단위라고 표현해도 괜찮을 것 같다. 다양한 생물들이 어울려 살고 있는 숲 속 어딘가의 연못이나 습지대가 비오톱의 좋은 예가 될 것이다.

정보가 공유되는 권역이 인터넷의 영향으로 점점 세분화되면서, 그런 각각의 장소를 특징짓기가 굉장히 힘들어지고 있다. 이는 비유하자면, 교외의 공터나 잡목림 한가운데 또는 논두렁길 옆에 조그맣게 형성된 공간에 새우나 가재, 잠자리나 소금쟁이 등이 모여들어 작은 생태계를 이루고 있는 것이라 할 수 있다. 그러므로 비오톱이란 개념이 작은 정보권역을 적절하게 설명할 수 있지 않을까 생각한다.

국가별로 음악이 통합되어 있던 시대에는 다무라 같은 음악 프로모터가 비오톱을 찾아내는 것이 지금에 비해서는 비교적 간단했다. 다수의 국민들을 대상으로 하려면 텔레비전이나 신문을, 특정 지역에 정보를 전달하려면 지역 방송이나 지방 신문을, 그리고 취미나 업계의 각 분야에 대해서는 잡지나 소식지를 통하면 되었다. 이처럼 사람들의 비오톱이 확연히 구분되어 잘 드러났으며, 이에 따라 미디어 공간 역시 가지런히 정돈되어 있었다.

어디에 정보를 던지면 누구에게 도달하는지를 어느 정도 예측이 가능했던 것이다. 원래부터 정보가 흐르는 장소는 신문, 텔레비전, 잡지, 라디오 등 4대 매체와 그 외 전단지나 가두 광고 정도였다. 사람들은 이런 한정된 장소를 통해서만 정보를 습득할 수 있었다. 그리고 정보의 발신자 입장에서도 이런 한정된 장소 중에서 몇몇 곳에만 정보를 전달할 수 있었다.

다시 말하자면 이런저런 것들이 섞여 있는 커다란 바구니와 같은 비오톱이 있어서, 그곳에 정보를 훌쩍 던지면 그만이었다. 어떤 의미에선 목가적이고 편리한 정보 유통의 시대였다고 할 수 있다.

그렇지만 인터넷이 출현하면서 커다란 비오톱은 산산조각이 났다. 매스 미디어 이외의 비오톱이 무수히 생겨났기 때문이다. 이런 경향은 처음에는 웹사이트에서 시작되었다. 검색 엔진이 보급되고 검색 키워드라는 새로운 비오톱이 생겨나고, 이 비오톱에 정보를 유도하기 위해서 '검색 연동형 광고'가 출현했다. 게다가 메일 매거진이나 게시판이 우후죽순 생겨나고 2000년대 중반부터는 블로그, 트위터, 페이스북 등 방대한 규모의 소셜 미디어가 등장했다.

이런 변화로 인해 비오톱은 디지털 공간의 안과 밖 양쪽에서 무한대로 뻗어 나가게 되었다. 소셜 미디어의 정보가 언제나 인터넷 안에서만 돌고 끝나는 것은 아니다. 예를 들어 트위터에서 교환되는 정보는 회사 동료나 어느 카페의 단골손님, 또는 비슷한 취미 활동을 위해 모인 동호회 회원들에게 뻗어 나가고, 이렇게 인터넷 공간과 현실 공간이 서로 밀접하게 연결되면서 비오톱은 끊임없이 재생성되어 간다.

게다가 소셜 미디어의 비오톱은 고정되어 있지 않다. 트위터에서 어떤 사안이 화제로 떠오르면서 갑자기 생성되었다가 화제성이 떨어지면 소멸되기도 하고, 그다음에는 누군가의 블로그 글을 읽는 사람들 사이에서 다시 비오톱이 생성되기도 한다.

비오톱은 언제나 임의로(ad hoc) 생겼다가 사라지고, 사라졌다가 생겨난다. 흐르는 물에 떠오르는 물거품처럼 말이다.

비오톱은 어디에서 찾을 수 있을까?

음악의 세계에서도 비오톱은 물거품처럼 여기저기서 나타나고 사라지고 재생성되고 있다. 이는 어떤 콘서트에서 갑자기 생겨날 수도 있고, 한편으로 꾸준히 지속되는 커뮤니티 안의 어딘가에 존재할지도 모른다.

그렇다면 에그베르토 지스몬티를 아끼는 사람들의 비오톱은 도대체 어디에 존재하는 것일까?

프로모터인 다무라 나오코는 매우 어려운 과제에 직면해 있었다. 현시점에서 다무라가 파악할 수 있었던 것은, 지스몬티와 비슷한 비오톱을 생성하고 있을 것으로 추정되는 아사드 형제의 콘서트가 500명 정도의 관객을 동원하는 데 성공했다는 것이다. 그리고 그중에는 연령대가 높은 열성적인 기타 애호가가 다수를 차지했다는 것이다.

우선 그녀는 공연장을 수소문하여 두 곳을 골라 두었다. 하나는 8월 20일에 공연할 장소로 츠키시마(月島)에 있는 다이이치 생명(第一生命) 홀이었는데 700명의 관객이 들어갈 수 있었다. 또 하나는 그다음 날 공연을 위한 아카사카(赤坂)의 소게츠(草月) 홀이었는데, 500석 규모로 조금 적은 수의 관객을 유치할 수 있는 곳이었다. 두 번째 공연은 실시할 수 있을지 없을지 확신이 없었지만, 우선 임시 예약이라도 걸어 두었다. 정말로 700명이 와 줄지는 아직 알 수가 없었다. 하지만 목표 관객 수를 구체적으로 설정하지 않으면 모든 진행 과정이 막연해진다. 그래서 그녀는 일부러 700명이라는 약간 높은 목표를 설정했다.

다음으로 다무라가 눈길을 준 것은 마리사 몬테(Marisa de Azevedo Monte)라는 브라질의 여성 가수였다. '브라질 최고의 디바', '브라질이 자랑하는 세계적 스타' 등으로 언급되는 마리사는 아마도 1980년대 이후의 브라질리언 팝에서 가장 지명도가 높은 가수일 것이다.

그런 마리사가 2007년 15년 만에 일본 공연이 성사되어, 시부야(渋谷)의 분카무라(Bunkamura) 오차드 홀에서 이틀 간에 걸쳐 라이브 공연을 하게 되었다. 지난 번 공연이 1990년대 초였으니, 2007년의 공연이 세계적인 스타의 반열에 오르고 나서 그녀가 갖는 첫 번째 일본 공연이었다. 다무라는 바로 그 공연을 노렸다. 단순하기 그지없이 URL 하나만이 달랑 쓰여 있던 팸플릿을 그곳에서 배포한 것이다.

마리사 몬테와 에그베르토 지스몬티의 지명도는 적지 않게 차이가 나지만, 그들이 추구하는 음악의 방향성이나 깊이에는 꽤나 통하는 데가 있었다. 마리사의 라이브 공연에 모여든 일본의 열성적인 브라질 음악 팬들, 음악업계나 광고업계와 관련된 마니아적 성향의 관객들을 타깃으로 삼아, 지스몬티의 일본 공연 정보를 홍보한 것이다. 팸플릿에 대한 관객들의 반응이 확실히 달랐다.

그다음에 다무라가 주목한 것은 《현대 기타》라는 잡지였다. 일반적인 기준으로 보면 지명도가 크지 않지만, 1960년대 말에 창간되어 클래식 기타의 세계에서는 모르는 사람이 없을 정도로 전통 있는 잡지이다.

이 잡지의 특징은 기타에 관한 온갖 정보가 샐러드 그릇처럼 버무려져 있다는 것이다. 유명 기타리스트의 소개, 콘서트 리뷰, 악보에 관한 정보까지 기타에 관한 모든 것이 실려 있었다. 시대적으로는 16세기 르네상스 음악부터 현대 음악까지, 장르적으로는 플라멩코에서 우클렐레까지 매우 폭넓게 다루었다.

참고로 도요시마구(豊島区)의 야마노테도오리(山手通)에 있는 《현대 기타》 본사에는 100여 명이 들어갈 수 있는 지지(GG) 살롱이란 근사한 클래식 기타 전문 공연장과 전문 매장이 들어서 있다. 기타 본체나 악보, 줄, 액세서리 등 기타 관련 용품을 일본에서 가장 잘 갖춘 곳으로 알려져 있는데, 통신 판매도 하기 때문에 지방에 사는 사람들도 구입할 수 있다.

이렇게 오직 '기타'만을 축으로 하는 잡지가 존속될 수 있는 이유는 기타라는 악기 애호가들에게 한 가지 특징적인 경향이 있기 때문이다. 그것은 바로, 기타 애호가들 다수가 '기타 음악을 듣는 사람'이면서 동시에 '기타를 연주하는 사람'이라는 것이다. 즉, 리스너(listener)와 플레이어(player)가 일치하는 경우가 많은 것이 클래식 기타라는 비오톱의 특징이다.

연령적으로는 아마도 40대에서 50대, 60대 정도의 남성이고, 수입은 일반적인 수준보단 높을 것이라 추정된다. 클래식 기타는 가격이 제법 나가고, 감상뿐만 아니라 연주까지 하려면 본격적으로 연습하기 위해 레슨을 받아야 하므로 어느 정도 생활에 여유가 없으면 지속하기 힘든 취미이기 때문이다.

그러므로 비오톱의 크기는 작은 편이고, 실제로 《현대 기타》의 판매 부수는 1만 부 정도이다. 클래식 기타 팬의 대다수가 《현대 기타》를 구독하고 있을 가능성이 높다고 하면, 비오톱의 크기는 최대 1만 명 정도가 되는 것이다. 이들이 도시에서 지방까지 전국 곳곳에 퍼져 존재하고 있는 것이다. 이렇게 권역 자체가 작기 때문에 클래식 기타 정보는 매스 미디어 상에서는 거의 찾기가 힘들다.

반면 그렇기 때문에 팬들끼리의 정보 교환은 매우 활발하다. 예를 들어 기타 악보는 많이 팔리지 않기 때문에 일본에서는 거의 출판되지 않는다. 그래서 팬들이 자발적으로 외국에서 악보를 구입해 가져와서 이를 공유하는 일이 일상적으로 이뤄지고 있다.

본능적 감각으로 비오톱 생태계를 파헤치다

이렇게 '권역은 작지만 정보 교류는 활발'한 커뮤니티의 특징이라면 인터넷과의 친화성이 아주 높다는 것이다. 실제로 클래식 기타 팬들의 상당수는 소셜 네트워크 서비스 사이트인 믹시(mixi)[4]에 모여 있고, 다수의 코뮤(믹시에 있는 커뮤니티 그룹으로 유저라면 누구나 개설할 수 있음)에 가입하여 수백 명에서 수천 명 정도의 규모로 비오톱이 형성되어 있다. 지금이라면 트위터나 페이스북 등에도 분산되어 있을지 모르지만, 2007년 당시 일본에서 인터넷에 커뮤니티를 형성할 수 있는 서비스로는 믹시가 거의 유일한 상황이었다. 기타 음악 애호가들이란 사람들은 일반적인 음악 팬들과는 꽤나 이질적인 비오톱을 형성하고 있다고 보아도 좋을 것이다. 다무라는 클래식 기타의 비오톱에 대해 조사를 거듭하면서 이렇게 생각했다.

'지스몬티의 곡은 클래식 기타를 치는 사람들에게는 오를 수 있는 최고봉일 텐데. 음악성이 굉장히 깊고 난해하지만 기타를 연주하는 사람들은 제대로 들을 수 있지 않을까?'

다무라는 믹시의 코뮤를 들락거리며 정보를 던지기 시작했다. 마리사 몬테의 콘서트 때처럼 종이 전단지는 아니었지만, 동일한 URL만이 적혀 있는 짧은 메시지를 남겼다. 주소를 클릭하면 "자세한 내용을 알고 싶은 사람은 메일링 리스트에 등록해 주세요."라며 가입 양식만이 표시되는 구조였다.

마침 마리사 몬테의 콘서트가 끝나고 정확히 1개월 후에, 이번에는《현대 기타》의 창간 40주년 기념 콘서트가 기오이 홀(紀尾井ホール)에서 개최되었다. 객석 수 800석의 아담한 클래식 전용 홀이었지만, 1년에 한 번씩 개최되는《현대 기타》의 콘서트에는 클래식 기타의 스타급 연주자들이 전부 모여서 연주한다고 알려져 있다. 실제로 그 해에도 쇼무라 기요시(荘村清志)나 후쿠다 신이치(福田進一) 등 쟁쟁한 멤버들이 모였다. 다무라는 이 행사에도 물론 참석하여 전단지를 배포했다.

지스몬티의 공연까지 앞으로 2개월이 남았다. 이때쯤 되니 마리사 몬티의 공연장이나 믹시의 코뮤 등에 배포한 정보들 덕에 클래식 기타계에서는 지스몬티가 제법 화제가 되기 시작했다. 메일링 리스트의 등록을 시작한 지 불과 일주일 만에 500명이 가입했다. 이 단계에서 다무라는 승산이 있을 거라고 확신하기 시작했다.

'본 공연의 자리 700석은 채워질 것 같은데. 장소가 한 곳이 더 있으면 500석 정도 공연장을 빌려서 추가 공연을 하면 괜찮을 것 같아. 그래도 우선은 희소 가치를 높이기 위해 본 공연 표가 매진이 되기 전까진 비밀로 해야지!'

다무라는 이런 식으로 전술을 세웠다. 전단지를 다 배포하고 메일링 리스트에 사람들이 많이 모이는 타이밍을 잡아 "공연은 8월 20일! 장소는 츠키시마의 다이이치 생명 홀!"이라는 정보를 내보냈다. 여전히 정보는 간단했다.

다무라는 광대한 습지대를 탐험하며 수질을 검사하고 근처의 생물들을 쌍안경으로 관찰하고 더 작은 지류를 타고 다른 습지로 발을 옮기듯, 정보의 비오톱이라는 작고 세분화된 권역을 꼼꼼히 분석했다. 마치 생물학자의 현장 연구 같았다.

많은 기타 팬들이 궁금해하던 것은 '과연 누가 지스몬티의 일본 공연을 기획하고 있는가?'라는 것이었다. 다무라는 월드 뮤직계 프로모터인 컨버세이션에는 소속되어 있었지만, 개인적으로는 알려지지 않았다. 그래서 지스몬티의 일본 공연은 팬들이나 미디어 사이에서는 일종의 '수수께끼'로 여겨졌다. 단순하기 그지없는 공식 사이트에는 '취재 문의는 이곳으로!'라는 문구가 쓰여 있었는데, 그곳을 클릭해서 문의하는 것이 관련 정보를 얻을 수 있는 유일한 방법이었다. 그렇기 때문에 공식 사이트의 문의란으로 취재 문의가 계속해서 들어오게 되었다. 공개된 정보는 정체를 알 수 없는 '지스몬티 일본 공연 실행 위원회'라는 존재와 16년 만에 일본을 방문하는 전설적인 뮤지션 지스몬티, 그리고 공연 시간과 장소뿐이었다.

정보의 희소성으로 공연에 대한 신비로운 이미지는 점점 더 짙어져 갔고, 이는 '희귀 정보'가 되어 매스 미디어 종사자들의 안테나를 자극했다. 전국지나 통신사, 라디오 방송국, 잡지 등에서 취재 요청이 쇄도했다.

"사전 공지에 협력할 테니까, 인터뷰 좀 잡아 주세요!"

보통 때 같으면 수동적인 자세로 프로모터에게 홍보를 부탁받았을 미디어가 이처럼 적극적으로 나오게 된 것이다. 이렇게 지스몬티의 공연은 점점 화제를 더해 갔다. 그리고 마침내 티켓 발매일이 되었다.

다무라는 이날을 위해 기도하듯 하루하루를 보내 왔다. 티켓 발매가 시작되었고, 놀랍게도 다이이치 생명 홀에서 하는 700석 규모의 공연이 당일 매진되었다. 틈을 주지 않고 다무라는 '다음날인 8월 21일에 아카사카 소게츠 홀에서 추가 공연 결정!'이라는 정보를 내보냈다. 추가 공연 티켓은 일주일 후에 판매되었고, 마찬가지로 당일 매진이 되었다.

지스몬티의 공연이 확정되고 실제 공연이 시작되기까지는 불과 3개월밖에 걸리지 않았다. 더욱이 티켓 발매는 2달 새에 이루어졌다. 그 사이에 다무라는 웹사이트를 만들고, 전단지를 인쇄하고, 지스몬티 쪽과 계약 교섭을 하고, 공연장을 확보하고, 의전 준비까지 진행했다. 이 모든 것이 동시에 이루어졌는데, '지스몬티의 일본 공연에 반가워하며 와 줄 사람들'이라는 작은 비오톱을 핀셋으로 집어 현미경으로 살펴보듯 탐구했기에 가능했다.

다무라는 텔레비전이나 라디오, 신문, 잡지 등 주류 미디어를 통해 정보를 내보내지 않았다. 눈을 동그랗게 뜨고 관련 정보를 찾는 사람들의 특성을 파악하여, 그들이 활동하는 작은 지류에 정보를 흘려보낸 것이다.

이것은 마치 자연에 존재하는 진짜 비오톱처럼 작은 물줄기를 따라 물이 흘러가는 것과 같다. 어디가 상류이고 어디가 하류인지 확실히 구분되지 않는다. 물은 완만하게 흘러 모여들었다가 나눠지고 다시 모여서 복잡한 지형을 만든다.

그물망과 같이 뻗어 나가는 물줄기의 여기저기에 생긴 작은 웅덩이에는 새우, 게, 물고기, 곤충 등이 조용히 생식하며 작은 생태계를 이룬다. 흩어져 있는 웅덩이는 늪이나 강물과 맞닿기도 하고, 어떤 곳에서는 숲 속에 조용히 묻혀 있기도 한다. 또 다른 곳에서는 넓은 초원에 이르러 강렬한 여름 햇빛에 드러나기도 하며, 산 사이의 언덕 어딘가에도 존재한다.

이처럼 다양하고 복잡한 생태계의 전체 상을 파악하는 것은 쉬운 일이 아니다. 지금 우리가 살고 있는 정보 사회에서도 작은 비오톱이 무수히 모여 생태계를 만들어 가고, 이것들이 연결을 반복하며 전체를 구성해 나가고 있다. 처음에는 블로그에서 시작된 소셜 미디어가 페이스북이나 트위터, 리뷰 사이트 등 SNS로 확대되고 지금은 위치 정보 서비스나 공동 구매, 음악 공유와 같이 각양각색의 서브 생태계를 만들면서 끊임없이 확장과 진화를 거듭하고 있는 중이다.

다무라는 이 광대한 정보의 숲 속에 발을 딛고, 날렵한 사냥꾼과 같이 여기저기에 미끼를 두고 덫을 파며 강의 일부를 막아 통발을 치고, 핀셋으로 정확하게 그곳에 생식하고 있는 '지스몬티 음악의 소비자들'을 잡아냈다. 다무라라는 뛰어난 프로모터가 본능적 감각으로 목표를 찾아낸 것이다.

정보는 비오톱으로 흘러들어 세계로 나아간다

단 이틀에 걸쳐 이뤄진 지스몬티의 소규모 공연은 대성공으로 끝났다. 하늘색 셔츠를 입은 편안한 모습으로 무대에 선 지스몬티는 12현 기타를 연주했다. 백 밴드도 없이 혼자서 하는 단순한 연주였다. 그러나 그는 기타 몸체를 타악기처럼 두드리기도 하고 네크의 현을 울리기도 하면서, 단 한 대의 기타로 마치 몇 명의 연주자들이 동시에 연주하는 것과 같이 다채롭고 꽉 찬 분위기를 만들어 냈다.

그것은 그저 현란한 테크닉으로 그치지 않고, 전력을 다해 청중을 음악의 숲으로 끌어당기는 듯했다. 다채로운 음이 청중들의 귓속으로 파고들었다. 그 음악은 실로 아마존의 근원성과 재즈나 클래식이 도달한 예술의 정수가 온전히 융합된 것 같았다. 청중들은 연주 너머에 있는 더욱 커다란 사운드와 연결된 것과 같은 해방감을 느꼈다.

공연 후반에 지스몬티는 기타를 내려놓고 피아노를 연주했다. 그는 담담히 피아노 연주를 이어 갔다. 음악과 청중과 연주자가 일체화된 순간이었다. 청중들은 그 경이로운 순간 속으로 녹아들어 갔다. 작은 공연장에서 펼쳐진 라이브 공연이었지만, 공연을 보러 온 사람들은 커다란 감명을 받았다. 실제로 이 공연에 대해 제법 많은 사람들이 블로그에 감상을 남겼다.

"모든 것이 사랑스럽고 인간적이었다. 음악은 좀 어려웠지만, 즉흥 연주와 같은 신선한 느낌이었다."

"지스몬티의 라이브 공연은 내 인생에서 1, 2번을 다툴 정도로 감동적이었다. 기타와 피아노 모두를 이 정도로 깊이 있게 다를 수 있는 사람은 지스몬티 외에는 없을 것이다."

2회의 공연 전부 합쳐 1200명밖에 들어가지 못했던 것을 생각하면, 블로그에서 이 공연이 언급된 빈도는 굉장히 높았다. 이는 밀도가 높은 비오톱에 강력한 콘텐츠를 정확하게 꽂았다는 사실의 방증일지도 모른다.

그럼에도 지스몬티의 공연은 매우 작은 성공에 불과했다. 전부 해서 1200석의 티켓을 판매했다는 이야기이기 때문이다. 텔레비전 광고로 수억 원의 예산을 집행해 온 대형 광고 회사 사람들이 보면 "저런 건 비즈니스가 아니다."라고 말할지도 모르겠다.

하지만 지금 정보의 흐름은 이런 방향으로 급격히 움직이고 있다. '대중'이라 불리는 막대한 수의 사람들을 한데 모아 한번에 정보를 던지고, 그것을 보고 모두가 상품을 구입하고 영화를 보고 음악을 듣는 소비 양상은 2000년대 이후 더 이상은 성립하지 않게 되었다. 대신 지스몬티의 공연으로 상징되는 것처럼 작은 권역, 작지만 그곳에 모이는 사람들의 얼굴이 확실히 보이는 비오톱들을 통해 정보가 흐른다. 그리고 작은 비오톱들의 활동이 모여 21세기의 소비 행동이 형성되고 있다.

광고 회사 사람들이나 매스 미디어 종사자들이 큰 비즈니스가 되지 않는다고 생각하는 것은 자유지만, 21세기 정보 유통에서는 더 이상 커다란 비즈니스라는 것은 존재하지 않는다. 만약에 그곳에서 커다란 비즈니스를 찾는다면 애플의 아이튠스(iTunes)

나 구글의 검색 엔진, 혹은 페이스북이나 트위터 등의 SNS와 같은 정보 유통 플랫폼 구축을 노리는 수밖에 없다. 이 이야기에 대해서는 5장에서 자세히 설명하도록 하겠다.

비오톱에 법칙이 존재하는가?

정보가 비오톱에 기반하여 유통되는 경향은 주류 매스 미디어의 쇠퇴와 더불어 2000년대에 들어 극적으로 진행되었다. 그렇지만 이런 변화에도 한 가지 커다란 난문이 따라다닌다. 그것은 비오톱의 존재를 찾아내는 것이 쉽지 않다는 것이다. 이는 정보를 받아들이는 소비자들에게 위기일 수도 있다. 예전과 다르게 '자신이 원하는 정보를 어디에 가면 찾을 수 있을지'가 명확하지 않아졌기 때문이다.

정보의 양은 인터넷 시대에 접어들며 기하급수적으로 늘어, 매스 미디어의 시대와는 비교도 안 될 정도로 많은 정보들이 매일 우리의 머리 위로 쏟아지고 있다. 정보의 질 자체도 분명 이전보다 높아졌다. 그렇기 때문에 원하는 것을 정확히 겨냥해 찾을 수 있다면 분명 유용한 정보들이 많을 것이다. 하지만 어떻게 해야 필요한 정보를 찾을 수 있을 것인가?

프로모터인 다무라 나오코처럼 정보에 관해 사냥꾼과 같은 후각을 가지고 있다면 비오톱을 정확히 찾아 맞춰서 정확한 정보를 정확한 장소에 내보낼 수 있을 것이다.

하지만 이는 천부적 재능과 기량, 노하우가 필요한 것으로 누구에게나 가능한 이야기는 아니다. 대부분의 사람들은 그런 조건을 갖추지 못하고 있는데, 매일 엄청난 속도로 증가하는 정보는 홍수를 일으켜 우리를 잠식한다. 언젠가는 물이 제방 위로 넘쳐 흐르고, 그제야 정신을 차린 우리는 자신이 어디에 있는지도 모른 채 난폭하게 흔들리는 정보의 바다를 표류하게 되는 것은 아닐까?

하지만 그런 일은 절대 벌어지지 않는다. 왜냐하면 그런 혼돈 속에서도 다양한 법칙들이 나오기 때문이다. 이런 법칙들은 아직 단편적으로만 존재하기에, 정보의 바다 전체를 통합할 정도로 강력하지는 않다. 지금 우리는 인터넷을 축으로 한 정보 사회의 출발점 근처에 아직 머물러 있지만, 초기의 혼돈 상태에서 조금씩 벗어나고 있는 중이다. 몇 가지 법칙이 발견되고 그로 인해 정보의 바다는 조금씩 밝게 조명되어 가고 있다. 마치 137억 년 전 빅뱅에 의해 우주가 탄생한 후, 무수히 많은 전자들이 짙은 안개처럼 뒤섞였던 혼돈 상태가 서서히 끝나고 380만 년이 지나 드디어 우주가 전모를 드러냈던 것처럼 말이다.

어떤 혼돈 속에도 분명 법칙은 존재하고, 그 법칙에 따라 정보는 흘러간다. 그렇다면 그 법칙은 도대체 무엇인가? 이를 풀어

나가는 것이 이 책의 최종 목표이다. 앞으로 다가올 세계에서는 '광고'나 '홍보', '보도', '마케팅'과 같은 기존의 정보 발신 개념의 의미가 재정의되고, 정보와 사람과의 관계는 새로운 단계로 나아갈 것이다.

그렇지만 거기에 도달하기 전에 잠시 다른 논의를 살펴보는 것이 좋을지도 모르겠다. 우선 다음 장에서는 일본에서 드러나는 소비를 둘러싼 현상에 대해 알아보도록 하자.

2 과시적 기호 소비의 종언

스타가 출연하지 않아도 흥행할 수 있다

2009년에 개봉한 「행 오버(*Hang over*)」란 미국 영화가 있다. 통쾌하고 재미있는 코미디로, 아마 누가 봐도 마음껏 웃을 수 있는 영화일 것이다. 일본에서 개봉하고 얼마 안 있어 시네세존 시부야라는 영화관에서 이 영화를 보고 오랜만에 크게 웃었던 기억이 있다.

영화를 간단히 소개하면 다음과 같다. 악동 친구들 세 명이 결혼을 앞둔 예비 신랑을 축하하기 위해 라스베이거스에서 '마지막 총각 파티'를 계획한다. 이들이 묵기로 한 곳은 고대 로마의 이미지를 본떠 만든 거대한 시저 팰리스 호텔이다. 로마 제국 풍의 조각과 기둥이 로비에 늘어선 너무나도 라스베이거스적이고 호들갑스러운 호텔에서 네 친구는 “자, 어디 한번 놀아 볼까!”를 외치며 1박에 숙박비가 무려 4500달러나 하는 스위트룸에 체크인을 한다. 그들은 깔끔하게 양복을 빼입고 출격을 하는데, 우선 호텔 옥상에 올라가 준비해 간 술을 마시며 “잊을 수 없는 밤을 위하여 건배!”라고 외친다. 그리고 거기에서 기억이 멈춘다.

다음 장면에서 컷이 바뀌며, 다음 날 아침 호텔 스위트룸의 모습이 비춰진다. 전원이 숙취에 비틀거리고, 방 안은 쓰레기로 너저분하다. 소파는 그을려서 연기가 피어오르고 바닥에는 뜬금없이 닭이 울면서 돌아다니고 있다. 얼굴을 들어 보니, 갑자기 나타난 벌거벗은 여자가 당황해서 옷을 챙겨 문을 열고 도망친다. 도대체 무슨 일이 벌어진 건지 생각을 하려다 보니 일행 중 한 명은 앞니가 전부 나가 있고, 옷장 속에서는 갓난아기가 울고 있다. 그리고 화장실에 들어가니 커다란 호랑이가 으르렁거리고 있다. 그중에서도 최악인 것은 신랑이 없어졌다는 것이다!

“어젯밤, 도대체 무슨 일이 있었던 거야?”

세 명 모두 어젯밤 무슨 일이 있었는지 기억하지 못한다. 황당한 설정이지만, 도대체 전날 밤에 무슨 일이 있었는지 그 수수께끼를 풀어 가는 과정이 꽤 괜찮은 미스터리물이 된다. 전 프로 복서 마이크 타이슨이나 중국 마피아, 스트리퍼 등 실체를 알 수 없는 사람들이 계속 등장하며 주인공들과 함께 소동을 일으키면서 점차 전날 밤에 무슨 일이 있었는지 밝혀진다. 영화는 마지막까지 전날 밤 있었던 일을 전부 설명해 주지 않는다. 하지만 처음부터 사건들과 함께 했던 디지털 카메라가 마지막에 발견되며 그 안에 들어 있는 사진들의 슬라이드 쇼가 엔딩을 장식하는데, 그 부분이 또 폭소를 자아낸다.

이 영화는 미국에서 2억 7700만 달러의 수입을 올려서 R등급 코미디 영화사상 역대 최고 흥행작이 된다. 예측 불허의 스토리 전개에다 잘 잡힌 캐릭터들, 완성도 높은 각본, 게다가 '숙취'라는 누구나 경험한 적이 있는 소재에 공감하기 쉬워 배경 지식도 필요하지 않기에 흥행 성적이 납득이 가기도 한다. 미국의 코미디 영화는 인기 드라마나 쇼 프로그램 내용을 소재로 쓰는 경우가 많아 미국의 텔레비전 프로그램을 잘 모르는 외국인은 중간에 웃을 수 없는 부분이 자주 나오는데, 이 영화는 그런 문맥(콘텍스트) 없이도 맘껏 웃을 수 있기에 히트하지 않을 리가 없다고 생각이 드는 영화이다.

하지만 「행 오버」는 놀랍게도 당초에 일본에서는 개봉 일정이 잡혀 있지 않았다. 이유는 간단했다. 일본에서 지명도 있는 스타가 출연하지 않는 저예산 영화라서 '일본에선 히트하기 힘들 것'이라고 배급 회사가 판단했기 때문이다.

일본의 영화, 텔레비전 업계에서는 실제로 이런 케이스가 많다. 출연자의 지명도가 중심이고, 콘텐츠 자체는 그냥 '덤' 취급을 당한다. 즉, 콘텐츠의 질보다도 '어떤 배우가 나오는가', '얼마나 광고에 돈을 쓰는가', '얼마나 유명한 상을 탔는가'와 같이 콘텐츠의 패키지 쪽이 훨씬 중시되고 있는 것이다.

영화 평론가인 와타나베 린타로(わたなべりんたろう)는 이러한 경향에 대해 들고일어났다. 와타나베는 대학 시절에 영화 조감독과 조명 조수로 일한 경험도 있는 순수 영화 마니아로, 졸업 후에는 시스템 엔지니어 일을 하면서 필명으로 잡지《브루타스》에 영화 평을 쓰기도 했다. 현재 자유 기고가로 독립한 그는 해외의 유명하지 않지만 재미있는 영화를 발견하는 재능을 가진 사람으로, 과거에도 팔리지 않은 헤비메탈 밴드의 다큐멘터리 「앤빌의 헤비메탈 스토리(*Anvil! The Story Of Anvil*)」의 피아르(PR)에 참여하기도 했고, 영국의 코미디 영화 「뜨거운 녀석들(*Hot Fuzz*)」의 개봉을 위한 서명 운동을 펼치기도 했다. 「뜨거운 녀석들」은 그가 웹사이트를 통한 서명 운동을 펼쳐 2300여 명의 동참과 함께 극장 개봉을 이끌어낸 경우이다. 그가 소개한 영화들은 그 후에도 일본에서 화제를 모으며, 나름대로 히트를 기록했다.

와타나베는 「행 오버」가 미국에서 개봉하고 난 이후인 2009년 11월에 배급 회사 워너 브라더스에 "일본에선 개봉하지 않습니까?"라고 물어보았다. 돌아온 답변은 "일본 개봉 계획은 결코 없습니다."라는 것이었다. 와타나베는 "이렇게 재미있는 영화가 전 세계에서 히트를 치고 있는데 왜 일본에선 개봉을 안 하는 거야!"라며 같은 해 말부터 무모한 도전을 시작했다. 「뜨거운 녀석들」 때처럼 '영화「행 오버」의 극장 개봉을 절대 지지하는 사람들의 모임'이란 웹사이트를 만들어 서명 운동을 펼쳤다.

'스타가 나오지 않는 영화라도 정말 재미있는 작품이라면 입소문을 타고 사람들이 찾는다. 재미있는 영화는 제대로 선전을 하고 일정 기간 상영을 하면 관객들이 재미있다고 주위에 전달을 한다. 그런데도 안전하다고 여겨지는 작품만 공개하는 것은 일본의 문화 소비층이 너무 얇다고 인정하는 것이 아니겠는가.' 라고 그는 생각했다.

상상력의 빈곤을 드러내는 맥락 없는 홍보

사실 일본에서는 외국 영화의 홍보가 말도 안 되는 방법으로 이뤄지는 경우가 많다. 예를 들어 2010년 여름에 일본에서 개봉한 조지 로메로(George Andrew Romero) 감독의 최신작「서바이벌 오브 더 데드(*Survival of the Dead*)」가 좋은 예가 될 것이다.

로메로 감독이라 하면, 호러 영화 마니아들 사이에서는 좀비 영화의 거장으로 널리 알려져 있다. 그는 1968년에 처음으로 좀비 영화「살아 있는 시체들의 밤(*Night Of The Living Dead*)」을 만들었다. 이 영화는 흑백 톤의 어두운 영상이 형언할 수 없는 분위기를 자아내고, 반윤리적인 사상이 뒤얽혀 있는 작품으로 컬트 영화의 걸작이라 불린다. 덧붙이자면, 좀비가 우르르 떼 지어 다니고 소수의 사람들이 어딘가의 건물로 몰리는 좀비 영화의 전형적인 장면은 바로 이 영화에서 비롯되었다. 이후의 수많은 좀비 영화들의 원형이 된 영화가 「살아 있는 시체들의 밤」인 것이다. 그의 영화 중에서도 최고의 걸작이라 불리는 작품은 「살아 있는 시체들의 밤 2—시체들의 새벽(*Dawn Of The Dead*)」인데, 1985년의 「살아 있는 시체들의 밤 3—시체들의 날(*Day Of The Dead*)」까지 합쳐서 로메로의 좀비 삼부작으로 알려져 있다. 이 작품들은 모두 생자와 사자의 수가 역전된 세계에서 지상을 배회하는 무수히 많은 좀비들의 모습과, 갈 곳을 잃어 건물 속에 숨어 있는 생자들의 희망 없는 고투를 생생히 박력 넘치게 그리고 있다.

이러한 로메로 감독이 70세를 넘기고 만든 최신작이 「서바이벌 오브 더 데드」이다. 평생 좀비 영화를 만들어 왔지만, 나이 들어서도 변함없이 좀비를 다루는 노감독에게 경외감을 느낄 수밖에 없다.

그렇지만 이 영화가 일본에 개봉될 때 영화사는 개그맨을 써서 홍보를 했다. 개봉 기념 이벤트에 출연한 개그맨 고지마 요시오(小島よしお)와 단디 사카노(ダンディ坂野), 그리고 가노 자매(叶姉妹)는 좀비 영화와 전혀 관계가 없는 사람들이었다.

'연예계의 벼랑 끝에서 서바이벌하고 있는 개그맨'이라는 홍보 문구 아래, 고지마와 단디에게 서바이벌의 기술을 전수해 준다며 연예계에서 오랫동안 활동하고 있는 가노 자매가 특별 게스트로 등장한 것이다.

상상력의 빈곤이라고밖에 설명할 수 없는 상황이다. 나는 이 이벤트를 취재하지는 않았지만 기사를 읽어 보니, 고지마 요시오는 가노 자매의 조언을 받아들여 평소처럼 알몸이 아닌 옷을 입고 나왔으며, 단디 사카노는 환경을 생각해서 양복 색깔을 노란색에서 초록색으로 바꿔 입고 등장했다고 한다. 이들에게 가노 자매는 "(두 분에게는) 별 흥미가 없지만, 몸 관리만은 잘하세요."라고 말했다. 그리고 "미래가 불투명한 개그맨 입장에서 앞으로의 타개책은?"이란 기자의 질문에 고지마는 "그걸 알면 이렇게 고생 안 하죠."라고 답변했다.

현장에 있었다면 분명 머리가 지끈거렸을 분위기의 이벤트였다. 좀비와도, 노장 로메로 감독과도 전혀 관계가 없는 무의미한 이벤트였다. 영화의 재미있는 부분을 전달하려는 열의도, 문맥도 아무것도 존재하지 않고, 단지 관객을 끌기 위해 개그맨을 부른다는 발상, 신문이나 잡지에 기사만 실리면 어떻게든 될 거라는 터무니없는 발상이었다.

이를 '정신의 빈곤'이라 부르지 않는다면 과연 무엇을 빈곤이라 부를 수 있을까.

이렇게 아무 상관없는 연예인을 공개 이벤트에 불러 미디어에 보도되도록 하는 것이 정말로 홍보 효과가 있는 것일까? 「뜨거운 녀석들」이나 「행 오버」를 즐길 만한 사람들은 적어도 수천에서 수만 명 정도가 있을 것이지만, 개그맨이 나온 신문 기사가 이들을 유인할 가능성은 극히 낮아 보인다.

와타나베 린타로는 영화 상영을 위해 서명 운동을 벌이는 사람들에 대해 이렇게 말했다.

"텔레비전 방송국이 만든 영화나, 엄청난 물량으로 광고에 치중하는 영화를 좋아하지 않는 사람들, 더 재미있는 영화가 있을 거라고 생각하고 광고와 거리를 두고 스스로 좋은 영화를 찾으려는 사람들, 이렇게 참여 의식이 강하고 영화를 정말로 좋아하는 사람들이 서명 운동을 지지하는 것입니다."

이런 사람들에게는 개그맨이 출연하는 공개 기념 이벤트 같은 것이 완전히 역효과를 일으킬지도 모른다. 흔해 빠진 패턴이 싫어서 자기가 재미있다고 생각하는 영화를 찾으려는 사람들이 로메로의 좀비 영화나 「뜨거운 녀석들」이나 「행 오버」 같은 영화를 지지하는 것 아닐까.

처음부터 고지마 요시오나 단디 사카노의 팬들이 로메로의 좀비 영화에 관심을 가질 리는 거의 없다. 로메로의 영화는 컬트 영화 팬들 사이에서 높은 평가를 받는 작품으로, 특별히 관심이 없는 사람들은 즐기기 힘들기 때문이다.

이런 수법은 지명도가 있는 연예인을 '호객용'으로 세워 국회의원에 입후보시키는 것처럼, 유권자나 영화 팬들을 우롱하는 행위이다. 그래서 와타나베 린타로나 영화를 좋아하는 사람들이 서명 사이트에 몰려들어 「행 오버」의 개봉을 요구하는 운동을 벌인 것은, 말하자면 이런 풍조에 "아니오!"라고 목소리를 내는 것이라 할 수 있다.

「행 오버」의 서명 운동은 사이트가 개설되고 불과 일주일 만에 500명이 모였고, 트위터에 알려지며 순식간에 1500명이 서명에 참가했다. 그렇다고 일본 개봉이라는 무거운 문이 열리지는 않았지만, 운 좋게 이 작품이 미국에서 골든글러브상을 받으면서 이를 계기로 워너브라더스가 개봉을 결정하게 되었다. 그리고 실제로 뚜껑을 열었더니, 개봉 첫날부터 영화관 앞에 긴 행렬이 늘어설 정도로 흥행에 대성공을 거두었다. 와타나베는 이렇게 말한다.

"지금 영화업계의 상황을 바꾸고 싶어 하는 사람은 업계 내에도 많이 있습니다. 하지만 그 목소리는 대부분 전달되지 못하고, 바뀌는 것은 없습니다. 바뀌지 않는다면, 제 주위에서부터 조금씩 바꿔 나가는 수밖에 없다고 생각합니다. 뜻을 같이하는 동료들을 만들어 그들과 함께 벌이는 행동들이 영화계를 조금씩 바꿔 갈 수 있다고 생각합니다."

그렇다면 영화계는 언제부터 이렇게 되어 버린 걸까? 원래부터 영화는 누구나 즐길 수 있는 히트작의 세계와 마니아들이 좋아하는 단관 개봉 영화의 세계가 확실히 나눠져 있었다. 와타나베는 당시를 회고하며 이렇게 말했다.

"예전에는 《피아》나 《시티로드》 같은 정보지가 있었고, 마니악한 정보를 원하는 사람들은 시티로드파라 불렸습니다. 잡지의 권역이 확실히 나눠져 있던 것이죠. 《로드쇼》, 《스크린》, 《키네마 준보》와 같은 영화 잡지들도 성황이었습니다. 게다가 영화 상영회나 영화 학교와 같이 인적 네트워크를 만들 수 있는 곳도 있었고, 마니악한 영화라도 정보를 공유할 수 있는 구조가 갖춰져 있었는데, 그런 것들이 지금은 없어졌습니다."

지금처럼 소셜 미디어는 존재하지 않았지만, 권역이 세분화된 잡지들이 미디어로서 성립하고, 그 이상의 세부적인 정보를 원하는 사람들은 실제 만남을 통해 인적 네트워크를 만들었다. 그 안에 들어가면 정보를 얻을 수 있는 구조가 어느 정도는 갖춰져 있었다.

하지만 이런 구조는 1990년대 후반부터 2000년대 초반에 걸쳐 크게 변화했다. 요인은 두 가지가 있다. 우선 첫 번째 요인은 2000년 즈음부터 디지털 비디오 디스크, 즉 DVD 플레이어가 보급된 것이다. 이는 영화계에 버블의 환상을 불러일으켰는데, 영화 산업이 예전 1980년대에 가정용 비디오 플레이어가 보급될 때 커다란 버블을 경험한 적이 있었기 때문이기도 했다.

가정용 비디오테이프(VHS)는 영화 시청 환경을 극적으로 변화시켰다. 그전까지 예전에 나온 영화를 보기 위해서는 고전 영화관에 가거나, 텔레비전의 영화 극장을 기다리는 수밖에 없었지만, 비디오테이프의 보급으로 자신이 보고 싶은 영화를 선택하는 것이 가능해졌다. 게다가 신작 영화라도 몇 달만 기다리면 집에서 텔레비전으로 볼 수 있었다. 이것은 눈부신 혁명이었다.

그리고 이런 변화는 영화 배급업계에 커다란 버블을 불러일으켰다. 비디오 플레이어를 구입한 사람들이 영화를 보려고 비디오 대여점에 갔는데, 아직 제대로 시장이 성립되어 있지 않았던 대여점에는 콘텐츠가 충분히 갖춰져 있지 않았다. 그래서 영화 배급회사에는 "영화를 더 달라!"라는 요구가 끊이지 않았다. 배급 회사는 세계를 돌면서 일본에 미공개된 영화를 비싼 가격에 사 와서 비디오로 만들었다. 그중에는 정말 수준 낮은 작품도 많이 섞여 있었지만, 콘텐츠의 공급이 부족했기 때문에 그런 영화조차도 대여점이 구입해 갔다.

게다가 당시에는 대여점에서 구입한 편 수만큼 배급회사 쪽에 값이 지불되었다. 비디오의 가격도 상당히 높아서 한 편에 1만 엔 정도하는 비디오를 대형 대여점 체인에서 하루에 수백, 수천 편씩 사들였다.

이것이 영화 회사들에겐 상당한 수입이 되었고, 내리막길을 걷고 있던 영화 배급업계에 흥분제를 투여한 것이 되어 버렸다. 이는 1980년대에 붐을 이룬 콘텐츠 황금시대의 이면이기도 했다.

그리고 1990년대 말, 이제까지 사용되던 가정용 비디오를 대신해서 DVD 플레이어가 보급되기 시작했다. DVD 보급의 방아쇠를 당긴 것은 2000년에 발매된 소니의 게임기 '플레이 스테이션 2'였다. 그전까지 DVD 플레이어는 10만 엔 정도 했는데, DVD 재생 기능이 들어 있는 플레이 스테이션 2의 가격은 4만 엔도 채 되지 않았다. 갑자기 보급 가격대가 떨어진 것이다.

이렇게 DVD 플레이어가 보급되기 시작하자 배급 회사들도 눈을 반짝이기 시작했다. '이거 비디오테이프 때 같은 버블이 다시 오는 거 아냐!' 그들은 1980년대처럼 소비자들이 대여점에 몰려들어 DVD 콘텐츠를 찾을 것이 틀림없을 것이고, 그렇기 때문에 해외의 미공개 영화들을 많이 사 둬야겠다고 생각했다.

게다가 타이밍도 딱 맞게, 거의 비슷한 시기에 멀티플렉스 영화관이 전국에 우후죽순 생겨났다. 그때까지 영화는 텔레비전에 밀려서 영화관 수도 1950년대 말과 비교해서 4분의 1 정도로 줄어든 상태였다. 영화관 수가 가장 적던 1993년에 워너 마이칼(Warner Mycal)이 가나가와 현 에비나 시(神奈川県 海老名市)에 일본 최초의 멀티플렉스를 세웠다. 다수의 스크린과 앉기 편한 의자를 갖춘 멀티플렉스의 스타일이 일본인 사이에도 점점 받아들여져, 2000년대에 들어서 폭발적으로 보급되었다.

멀티플렉스화는 스크린 수에도 여유를 가져왔다. 배급 회사들은 이제까지 단관으로 개봉되었던 마니악한 작품들도 멀티플렉스를 통해 전국 개봉을 하면 더 많은 사람들이 보러 올 것이라는 기대를 하게 되었다. '단관으로 찔끔찔끔 거는 것보단 멀티플렉스에 쫙 깔아 버리면 돈을 더 벌 수 있을 거야.'라는 환상을 가지게 된 것이다.

여기에 DVD 버블에 대한 과도한 기대가 더해져, 영화 배급 업계는 자신감에 취해 축제 분위기로 달아올랐다. 대형 배급사는 앞다투어 해외 시장에 뛰어들어 작품을 사 모으기 시작했다. 단관 개봉을 전제로 했으면 저렴한 가격에 구입했을 작품들에도 멀티플렉스로 확대 개봉을 한다는 생각에 비싼 가격을 제시했다.

하지만 이러한 버블은 안타깝게도 종언을 맞이하게 된다. 우선 이제까지 마니아 영화를 배급하던 중소 배급사들에게 큰 타격이 왔다. 작품의 가격이 올라, 배급권을 확보하지 못하게 되었기 때문이다.

한편, 대형 배급사가 기대했던 것처럼 DVD 버블은 생기지 않았다. 이유로 몇 가지 생각할 수 있지만, 가장 큰 것은 비디오테이프가 등장했을 때만큼 소비자들에게 큰 충격을 주지 못했기 때문이다. 어찌 되었든 비디오가 나왔을 시기에는 집에서 볼 수 없었던 영화를 언제라도 볼 수 있는 수단이 생긴 것이었기에 충격이 굉장했다고 볼 수 있다. 그러니 단지 미디어가 비디오에서 디스크로 바뀐 것뿐인 DVD가 그 정도 충격을 가지지 못했던 것도 무리는 아니다.

두 번째 이유는 대여점이 배급사에 구입 대금을 지불하는 방식이 변화했다는 것이다. 1980년대에는 대여점이 구입한 편 수만큼 대금을 지불했지만, 1990년대에 들어서부터는 PPT(Pay per Transaction)라는 방식으로 바뀌었다. 이 방식은 영화관의 수익 배분처럼 배급사가 비디오나 DVD를 대여점에 임대하고, 대여 실적에 따라 대금을 받는 것이었다.

이 시스템을 적용하면 별로 보는 사람이 없는 마니악한 작품들도 대여점에 둘 수 있게 되니, 배급사 측에서는 나쁜 이야기가 아니다. 대여점 입장에서도 이제까지 한 편에 1만 엔 정도나 했던 콘텐츠를 저렴한 가격에 들여놓을 수 있기 때문에 이런 방식을 선호하게 된다.

하지만 결과적으로 DVD 버블이 생기지 않았기 때문에, 과도하게 많은 DVD 작품들이 대여점에 깔렸음에도 PPT 방식으로 인해 배급사들의 수익은 별로 늘지 않았다.

세 번째 이유는 인터넷의 보급이다. 매스 미디어의 시대에는 정보가 집중되었기 때문에, 영화건 텔레비전이건 어쨌든 틀어주면 보게 되었다. 예를 들어 텔레비전의 영화 극장에서 대작을 방영하기로 결정하면, 몇 주 전부터 화제를 불러일으켰고, 시청자들은 그 시간을 기다렸다.

하지만 인터넷 시대에는 정보가 홍수처럼 넘쳐흐른다. 매스미디어의 시대에 존재했던 콘텐츠의 희소성이 소멸하고, 팟캐스트(Podcast)나 유튜브, 유스트림(Ustream) 등 새롭게 증가하는 음성 및 영상 콘텐츠들과 경쟁하지 않을 수 없게 되었다. 이런 맥락에서, 사람들의 한정된 시간을 끌어오기 위해 어떻게 해야 하는가가 중요해지는 '관심의 경제학(Attention Economy)'이라는 새로운 사고방식이 주목을 받게 되었다. 이런 상황에서 '어떤 콘텐츠든지 널리 뿌리기만 하면, 소비자들이 앞다퉈 덤벼들 것'이라 생각하는 목가적인 미디어 주도 문화는 해체되었다.

사람들이 DVD를 별로 보지 않자 다급해진 대여점들은 'DVD 1편을 1박에 100엔!' 등의 가격 파괴 노선으로 향했고, PPT 방식 때문에 배급사들의 수입은 더욱 줄게 되었다. 영화관에서 적자가 나도 DVD로 본전을 찾을 수 있다는 비뚤어진 인식을 가지고 그런 구조를 만들어 온 배급사들은, 기대했던 DVD 버블이 오지 않자 자신들이 만든 구조에 발목을 잡히게 되었다.

결국 배급사들은 한꺼번에 망하기 시작했다. 대형 배급사인 갸가가 경영 위기로 몰락하고, 2009년에는 중견 배급사인 와이즈 폴리시가 도산했다. 뒤를 이어 「밀리언 달러 베이비」나 「크래시」 등의 좋은 작품을 배급해서 이름을 알린 중견 배급사 무비아이가 사라졌다.

대형 배급사들은 멀티플렉스와 DVD로 엄청난 돈을 벌 수 있을 것이라고 매스 소비를 기대하며 스스로 고가에 작품들을 쓸어 담았지만, DVD 시장의 수축으로 경영이 악화되었다. 그야말로 버블로 흥하고 버블로 망했다고 할 수 있겠다.

대형 배급사들의 행태는 자업자득이라고밖에 말할 수 없지만, 그들이 작품의 가격을 올려놨기 때문에 독립계 중소 배급사들 또한 수급을 하지 못하고 망하게 된다. 버블 같은 것은 기대하지 않고 발품을 팔아 가며 착실하게 작품을 사서 소규모로 상영하고, 인기를 얻으면 조금씩 상영관을 확대해 가며 1만 명 정도의 관객을 모으는 것을 목표로 하는 방식은, 일본처럼 영화 마니아가 많은 나라에서 충분히 성립할 수 있었다. 하지만 그런 것들을 무시하고 매스 소비를 기대하고 스스로 버블을 일으키려던 영화 배급업계의 환상은 모든 것을 망쳐 놨다.

이런 모습은 음악 산업에서 메이저 레이블이 1990년대에 시디 플레이어의 보급에 편승해 밀리언셀러를 대량으로 만들어 내다가, 버블 붕괴 후 순식간에 쇠퇴한 것과 절묘하게 겹쳐진다.

음악업계의 이야기를 잠깐 해 보자.

1990년대, 음악 산업은 절정을 맞았다. 이름 있는 뮤지션이라면 시디 판매량이 1만 장을 넘기는 것은 당연했고, 10만 장을 넘어서는 경우도 적지 않았다. 1998년에는 일본에서 100만 장을 돌파한 밀리언셀러가 마흔여덟 개에 이르렀다.

이런 흐름을 이끌었던 것이 비잉(ビーイング)과 고무로 데츠야(小室哲哉)였다. 1990년대 초반에는 소속사 비잉이 음악계를 석권하여, 자드(ZARD)나 오구로 마키(大黒摩季), 완즈(WANDS), 티 볼란(T-BOLAN)이 차트를 독점하다시피 했다. 비잉 붐이 일단락되자, 이번엔 고무로 데츠야 사운드가 찾아왔다. 티알에프(trf)나 시노하라 료코(篠原涼子), 아무로 나미에(安室奈美恵), 가하라 도모미(華原朋美) 등의 노래가 거리를 뒤덮었다.

음악업계에 막대한 돈이 흘러들었고, 이 돈이 뮤지션들의 소속사나 음악 잡지, 레코드 가게를 돌며 풍족한 생태계가 만들어졌다. 레이블(앨범 발매 및 배급, 유통사)에서 소속사로는 시디 인세와 별개로 '보조금'이라는 명목으로 많은 돈이 들어왔다. 예를 들어 소속사에서 앨범 홍보를 위한 투어를 기획하고 100만 엔의 적자가 났다면 레이블에서 소속사에 '투어 보조금'으로 적자를 보전해 주었다.

소속사는 보조금을 받아 뮤지션들에게 월급을 주었고, 이 돈으로 뮤지션들의 생활과 음악 활동이 유지되었다. 밀리언셀러를 낸 몇몇 소수의 뮤지션들이 신인들과 흥행하지 못하는 뮤지션들의 생활을 지원해 주는 상부상조의 구조가 만들어진 것이다.

그렇다면 왜 1990년대에 이렇게까지 시디가 팔렸던 것일까? 경제가 호황이었던 것은 아니다. 버블 경제는 1990년대 초반에 붕괴되어 고무라 붐이 한창일 때는 경제 위기가 도래하여 야마이치 증권(山一證券)이나 홋카이도 척식은행(北海道拓植銀行)이 파산했다. 하지만 그러한 경제적 상황은 음악업계엔 커다란 영향을 끼치지 않았다. 밀리언셀러 작품의 수로 말하자면, 1991년에는 아홉 개였던 것이 10년 동안 계속 증가하여, 1998년에는 마흔여덟 개로 정점을 찍고 2000년 전후까지 증가했다.

실은, 시디 붐의 원동력이 된 것은 바로 시디플레이어였다. 1982년에 처음으로 일본에서 발매된 시디플레이어는 1990년대부터 저가화가 진행되어, 1만 엔 전후까지 가격이 떨어졌다. 일반 가정집에 하나씩은 구비된 텔레비전처럼 개개인이 자기 방에 들여놓을 수 있게 되어, 시디 구매 의욕을 높였다. 말하자면, 전혀 새로운 재생 장치에 대한 감동이 그 위에서 재생되는 새로운 콘텐츠에 대한 요구로 이어지게 된 것이다.

플랫폼의 변화는 콘텐츠를 '앰비언트'로 만들었다

이렇게 돌아보면, 영화계와 음악계 모두 1990년대부터 2000년대에 걸쳐 놀랄 정도로 비슷하게 버블로 성공하고 쇠퇴했다는 것을 알 수 있다. 그렇다면 그 이유는 무엇일까?

영화계에서는 1980년대에 가정용 비디오테이프가 등장하고 1990년대 말부터 DVD가 보급되었다. 음악계에선 1980년대에 시디가 등장하고 1990년대에는 저가의 시디플레이어가 보급되기 시작했다. 즉, 1980년대부터 1990년대까지는 새로운 기억 매체가 등장하고 한꺼번에 보급된 시기였던 것이다. 기술의 진화에 따른 시청각 기기와 매체라는 플랫폼(기반)의 변화가 새로운 콘텐츠를 요구하고, 그에 따라 버블이라 할 수 있는 대량 생산, 대량 소비가 뒤따랐다.

이런 플랫폼의 변화와 콘텐츠에 대한 수요 증가는 이미 거시경제적으로는 버블이 붕괴하고 불황에 빠진 1990년대의 일본에 '콘텐츠 버블'이라고 해도 좋을 활기를 불러일으켰다. 뒤늦게 찾아온 콘텐츠 버블은 일본의 영화 산업과 음악 산업에 대량 생산, 대량 소비라는 고도 경제 성장기의 패러다임이 다시 찾아왔다는 환상을 안겨 주었다. 이런 환상이 결국은 콘텐츠업계로 하여금 다음에 찾아올 인터넷 시대에 대응하는 것을 늦추게 하였고, 인터넷에 의해 세분화되어 가는 권역에 적응하지 못하고, 구태의연하게 대량 소비의 매스 모델에 매달리게 했다. 이것이 지금까지 이어지고 있는 한심한 상황의 주요 원인이다.

되돌아보면, 기술의 진화에 의한 플랫폼의 변화는 단지 시청각 미디어의 변화만을 가져오는 것으로 끝나지 않는다. 미디어가 변하면 당연히 이를 통해 소비되는 콘텐츠의 유통 형태도 변한다. 비디오테이프나 DVD, 시디 등 유통 비용을 줄이는 새로운 미디어의 등장으로, 콘텐츠 유통이 개방형으로 변하게 된 것은 어쩌면 당연한 결과이다. 게다가 뒤를 이어 인터넷 상의 디지털 유통 모델이 등장하고, 그 결과 콘텐츠 유통 모델은 극적인 변화를 맞는다.

이 흐름을 정리하면 '앰비언트(ambient)'란 개념으로 설명할 수 있을 것이다. 앰비언트란 우리가 접하고 있는 동영상이나 음악, 서적 등의 콘텐츠가 전부 개방되고 유동적이 되어, 언제 어디서나 손에 넣을 수 있게 된 것을 말한다. 나는 『전자책의 충격』에서 앰비언트란 표현을 처음으로 사용했다.

예를 들어, 애플의 음악 서비스 아이튠스는 음악을 앰비언트로 만들었다. 이제까지는 음악을 들으려면 플레이어에 시디를 넣거나, 밖에 나갈 때는 카세트테이프나 미니디스크에 카피를 해서 듣고 다녀야 해서 시간과 노력이 많이 들었다. 그렇지만 아이튠스에 의해 그런 수고를 할 필요가 없어지고, 언제 어디서든 음악을 듣고 싶으면 소지하고 있는 디바이스를 통해 곧장 음악을 고를 수 있게 되었다.

이것이 바로 앰비언트이다. 앰비언트는 '마음대로 쓸 수 있게 되었다'거나 '편리성이 높아졌다'와 같이 기기의 진화만을 설명하는 개념이 아니다. 아이튠스로 인해 모든 곡들을 실시간으로 들을 수 있게 된 결과, 장르가 무엇인지, 신곡인지 아닌지 등의 구분이 의미를 잃었다. 앰비언트는 온갖 콘텐츠를 평평하게 나열하고 매일매일 차곡차곡 쌓으며, 계보나 교양이라는 종래의 지식뿐만 아니라 하나의 콘텐츠가 다른 콘텐츠와 맺고 있는 관계성이나 감각까지 아우르며 커다란 공유 공간을 만들었다.

여기서는 콘텐츠의 유통 형태부터 존재 양식까지 모든 것이 180도 변하게 된다. 콘텐츠가 기술의 진화에 따라 서서히 앰비언트로 변하는 것은 강물이 높은 곳에서 낮은 곳으로 흘러가는 것과 같이 피할 수 없는 현상이다. 예를 들어 두 번 다시 재현될 수 없는 일회성이란 특성에 지배되던 궁중 음악에서 레코드로 옮겨오면서, 음악은 앰비언트에 조금 가까워졌다고 할 수 있다. 레코드판을 턴테이블에 걸면 언제든 음악을 들을 수 있게 되었기 때문이다. 레코드가 휴대성과 내구성을 지닌 시디로 바뀌고, 그것이 다시 디지털 전송이 되면서, 이런 변화와 함께 앰비언트는 때로는 천천히, 때로는 극적으로 진행되고 있었던 것이다.

이렇게 생각해 보면, 1990년대의 콘텐츠 버블은 기술의 진화와 앰비언트 사이에서 수요와 공급의 균형이 잠시 맞지 않아 일어난 단기적 현상에 지나지 않는다는 것을 알 수 있다. 단지 짧게 피어난 꽃이었던 것이다.

하지만 그 짧게 피어난 꽃 때문에 콘텐츠업계는 대량 소비의 환상을 좇게 되고, 2000년대 들어 10년간 자신들이 있어야 할 장소를 버리고 엉뚱한 방향으로 달리고 만다.

콘텐츠업계는 대량 소비처럼 불특정 다수를 대상으로 하는 것이 아니라, 핀포인트로 특정 영화에 관심이 있을 사람들의 비오톱을 찾아내어 그곳에 정보를 전달하는 정밀한 전략을 구축했어야 했다. 하지만 그런 발상을 음악업계도 영화 배급업계도 하지 못하고 2010년을 맞이해 버린다.

콘텐츠업계는 자신들의 광고와 홍보 전략의 부재는 생각도 않고, 시장이 수축하고 있는 원인을 '불법 다운로드'와 '인터넷'으로 돌린다. 이런 식으로 인터넷에 책임을 떠넘기고, 근거도 없는 권선징악적인 주장을 계속해도, 문제는 아무것도 해결되지 않는다. 진짜 이유는 다른 곳에 있는데 그들은 문제를 직시하고 싶어 하지 않는다.

매스 기호 소비의 소멸

2010년 여름, 시부야의 대형 레코드가게 'HMV 시부야'가 문을 닫았다. 일본의 음반 체인 HMV의 플래그십 스토어(flagship store)로 유명한 이 가게의 폐점이 음악 애호가들에게 준 충격은 말로 표현하기 힘들 정도였다. 1990년대 한때 문화 중심지 역할을 담당하기도 했던 HMV 시부야의 폐점 이유를 신문이나 텔레비전에선 "인터넷 음악 전송에 밀려 매출이 추락"했기 때문이라 설명했다. 인터넷의 대두에 모든 책임이 있다는 논조였다. 하지만 진짜로 그랬을까?

원더그라운드라는 인디 레이블을 운영하고 있는 가토 다카오(加藤孝朗)는 자신의 블로그에 다른 의견을 썼다. 그가 쓴 음악에 대한 애정 넘치는 글을 소개하고자 한다.

HMV 시부야는 한때 붐을 일으키기도 했던 시부야케이(渋谷系)[1]는 물론, 해외의 최신 흐름을 가장 빨리 주목하고 소개했다. 전문적으로 취급하는 장르의 수도 매우 많았으며, 소비자들 사이에서는 해당 장르의 재고는 HMV 시부야에 가면 반드시 구할 수 있을 것이라는 절대적인 신뢰가 있었다.

그리고 이런 힘의 원천은 바이어(buyer)라 불리는 점원 한 명 한 명의 높은 직업의식과 감각, 열의에서 비롯되었다.

알파벳순으로 놓인 진열대 외에 벽면 코너에는 바이어들이 독자적으로 기획한 다수의 음악 신(scene)이 소개되어 있고, 열정적이면서도 적절한 비평이 가미된 해설이 쓰여 있었다. 음악 애호가들은 이 해설을 보고 시디를 사고 음악에 대한 식견도 넓힐 수 있었다. 점점 늘어 가는 자신의 지식보다도 항상 한 수 위였던 바이어의 정보는 인터넷이 없었던 시대에는 확실한 미디어로 기능했고, 가게에는 언제나 손님들이 내뿜는 열기와 흥분이 가득했다.

그러다가 HMV의 진열대가 점점 바뀌기 시작했다. 세련된 분위기를 만들기 위해서 손으로 써 붙인 안내지는 인쇄된 해설지로 바뀌었고, 그 해설지는 전국의 HMV에서 공유하게 되었다. 그리고 해설지나 간판은 패키지가 되어 음반 회사에 광고로 판매되었다. 즉, '광고료를 지불하면 전국의 HMV 점포에 해설지를 놓아 드립니다.'라는 비즈니스가 된 것이다.

그 결과 HMV의 모든 점포들이 엄청난 속도로 획일화되었고, 이제까지 바이어 개인이 가지고 있던 개성은 점점 사라졌다. 그들의 일은 스스로 좋은 아티스트나 음반을 발견하는 것에서, 본사에서 내려온 아티스트의 작품의 포스터와 해설지를 배열하는 단순 작업으로 전락하고 말았다. 눈부시게 빛나던 HMV 시부야는 눈 깜짝할 사이에 개성 없고 공허하기까지 한 가게가 되어 버렸다. 가토는 블로그에서 이렇게 말한다.

> 놀랄 만한 사건도 아니고, 이제 와서 미디어가 크게 다룰 것도 아니다. 디지털 전송이나 아마존(amazon)이 폐점의 이유도 아니다. 결국 중요한 것은 사람이고, 음악이다. 적어도 나는 그렇게 생각한다.

'결국 중요한 것은 사람'이라는 말은 정말로 중요한 의미를 담고 있다. 대량 소비가 사라지고 새로운 비오톱이 무수히 생겨나고 있는 정보권역에서 정보가 전달되는 방법은 결정적으로 변했다. 이제 정보는 사람에서 사람으로, 사람들 간의 연결을 통하지 않고는 흐르지 않는다. 이 부분은 다음 장에서부터 자세히 설명할 예정이다.

HMV는 이런 새로운 정보 유통의 태동을 전혀 이해하지 못했던 것 같다. 1990년대의 음악 버블에 편승하여, 대량의 획일적 정보를 일방적으로 전하기만 하는 대량 소비 모델에 의존한 결과, 원래 가지고 있던 양질의 정보를 전달하는 힘을 잃어버리게 된 것이다.

이제까지 영화계에서 일어난 일, 그리고 음악계에서 일어난 일을 통해 2000년대의 커다란 변화에 대해 설명했다. 대량 소비가 소멸하고 있다는 것은 현재 부정할 수 없는 사실이다. 예전에는 획일적인 정보가 획일적으로 흘러, '다른 사람도 많이 사는 것 같으니 나도 사지 않으면 안 된다.' 혹은 '회사 동료보다 조금이라도 좋은 물건을 쓰지 않으면 안 된다.'와 같은 과시적 기호 소비가 대량 소비로 이어졌다. 하지만 그런 식으로 물건을 사는 사람은 점점 줄어들고 있다.

이런 대량 소비 모델이 없어지고 있다면, 앞으로 우리는 도대체 무엇을 소비하게 될 것인가? 일각에서는 기호 소비 자체가 소멸할 것이라는 견해도 있다. 기호 소비라는 것은 상품 자체가 아니라 상품이 지닌 사회적 가치인 기호를 소비하는 것을 말한다. 상품이 원래 가지고 있는 기능적 가치와 별개로, 현대의 소비 사회에서는 사회적 가치가 중요시되고 있으며, 그 기호적 부가 가치를 소비하고 있다는 것이다. 예를 들어 자동차의 기능은 '사람을 운반하기 위한 이동 수단'이지만, 메르세데스 벤츠 등의 고급 수입 차에는 '고가의 수입 차를 타고 다니는 유명 인사'라는 사회적 의미가 더해진다. 벤츠를 사는 사람의 다수는 기능적 운송 수단으로서의 벤츠를 사는 것이 아니라 사회적 지위를 나타내기 위해 벤츠를 구입한다. 이것이 기호 소비이다.

이런 기호적 가치가 점점 의미를 잃어 간다는 것은, 자동차가 단지 사람을 운반하기 위한 이동 도구로써만 소비된다는 뜻이다. 실제로 최근 젊은이들 사이에서는 '수입 차나 고급 차를 사는 것은 돈 낭비다. 단지 이동 수단인데 경차면 충분하다.'라는 생각을 가지고 중고차를 사는 사람들이 증가하고 있다. 기호 소비에서 다시 기능 소비로 돌아가고 있는 것이다. 저렴한 가격에 실용성이 큰 유니클로(UNIQLO) 등의 패스트패션(fast fashion)이 유행하고 있는 것도 기능 소비로의 변화를 보여 주는 일례라고 생각한다.

하지만 모든 소비가 기능 소비화되는 것은 아니다. 인간은 사회적 동물이며, 소비라는 것은 사회성의 틀 속에서 중요한 의미를 지니는 행위이기 때문이다. 바꿔 말하자면 우리는 사회와 관계하는 방식의 하나로 소비를 한다고 할 수 있다.

여기서 우선 소비에 대한 이야기는 끝마치고, 잠시 일본의 전후 심리적 상황에 대해 생각해 보도록 하자.

타인의 시선이 감옥이 되는 사회

1976년 개봉된 「청춘의 살인자(青春の殺人者)」는 일본 영화 역사상 가장 중요한 작품 중 하나이다. 「태양을 훔친 남자(太陽を盗んだ男)」와 이 영화 두 편만을 남긴 하세가와 카즈히코(長谷川和彦) 감독의 명작으로, 일본 영화 잡지 《키네마준보》의 연간 베스트 작품에 뽑히는 등 높은 평가를 받았다. 참고로 주연은 여전히 소년 같은 미즈타니 유타카(水谷豊)와 하라다 미에코(原田美枝子)이다. 나는 개봉 당시에는 이 영화를 보지 못했지만, 대학에 들어간 직후였던 1980년대 초에 이케부쿠로 어딘가에 있던 고전 영화관에서 이 영화를 보고 엄청난 충격을 받았다. 영화의 내용은 다음과 같다.

나리타 공항 근처 치바 현의 한 시골 마을에 사는 스물두 살 청년 사이키 준(미즈타니 유타카)은 소꿉친구이자 연인인 게이코(하라다 미에코)와 함께 부모에게 물려받은 싸구려 술집 '캐서린'을 경영하고 있다.

준의 가장 큰 불만은 어머니가 과잉 간섭을 하는 것이었다. 게이코를 싫어하는 어머니는 사사건건 "게이코는 거짓말쟁이.",

"게이코랑 빨리 헤어지지 않으면 뱀 같은 그 애에게 평생 발목 잡힌다."라는 등 집요하게 준을 나무란다. 자신의 아들을 빼앗아 갔다고 게이코를 질투하고 있던 것이다.

준은 우울하고 숨 막히는 하루하루 속에서 미래를 찾을 수가 없다. 가게도 폭주족들이 들락거리는 곳이 되어 일도 제대로 풀리지 않는다. 술집 문을 열면, 회색빛 하늘 아래를 트럭들이 굉음을 내며 달려 지나가고, 무성한 잡초만이 펼쳐져 있을 뿐이다. 이런 살풍경한 길가의 모습은 준의 마음을 투영하는 그림이 된다.

게다가 준은 부모에게 자동차까지 뺏겨 마음대로 움직일 수 없게 된다. 어떻게 해서든 자동차를 돌려받으려고 부모 집에 찾아간 준은 아버지로부터도 게이코에 대해 냉정한 이야기를 듣는다.

"왜 그 애 귀가 안 들리게 됐는지 알고 있느냐?"

"우리 집에 있던 무화과 열매를 따 먹고, 어머니한테 혼이 나서입니다."

준이 대답했지만, 아버지는 이렇게 말한다.

"우리 집에 무화과나무 같은 건 있지도 않다. 화장실 옆에 심은 나무는 팔손이나무다. 그 애는 사람을 속이기 위해서라면 뭐라도 갖다 붙이는구나."

그러고서 아버지는, 게이코의 어머니가 끌어온 남자가 그녀를 강간하는 것을 어머니가 보고 때린 것이 원인이 되었다고 설명한다. 배려심이라곤 찾아볼 수 없는 이런 말에 준의 분노는 임계점을 넘어서고 만다. 살의가 생겨나는 순간이다.

이 영화는 아들이 아버지를 살해하는 장면을 직접적으로 보여주지 않는다. 멀리서 울려 퍼지는 철로 횡단 금지를 알리는 전차의 경고음, 살의를 띈 준의 눈, 줄기차게 내리는 빗줄기. 이제부터 어떻게 될까 관객들이 숨을 죽이고 있을 바로 그때, 갑자기 장면이 바뀐다.

다음 장면에서는 외출했던 준의 어머니가 현관에서 우산을 접으며 "저녁밥이라도 드시고 가세요."라고 웃으면서 말한다. 그러고서 주방에 들어선 그녀의 눈에는 거친 숨을 몰아쉬며 식칼을 들고 망연하게 서 있는 준과 피투성이가 되어 쓰러져 있는 남편이 보인다.

"죽은 거야? 죽으면 안 돼!"

"경찰서에 가서 이야기할게. 혼자 갈게."

중얼거리고 있는 준에게 매달리며 어머니는 망연자실하여 말한다.

"이렇게 된 거, 그냥 우리 둘이 살자. 대학에 가고 대학원에 가고 15년이 지나 시효가 끝나면 결혼도 하고, 그러면 되는 거야."

아들이 아버지를 죽인 최악의 사태를 눈앞에 두고도, 여전히 어머니는 준을 자신의 뜻대로 조종하려 한다. 준은 어머니마저 찌르고는, 금고에서 돈을 가지고 집을 나가 양복점에서 옷을 사서 갈아입는다. 그리고 가게에 석유를 뿌리고 불을 지른 후 자신이 있던 장소와 이별을 고한다.

「청춘의 살인자」는 도망칠 곳 없는 현실의 괴로움을 보여 준다. 부모와의 갑갑한 관계, 소외된 지방 도시 나리타, 폭주족의 근거지가 되어 자유롭지 못한 일터. 일상적이고 안정적인 곳이지만, 한편으로 숨이 막힐 듯한 공기로 가득 차 있다. 당시의 젊은이들은 많건 적건 간에 미즈타니 유타카가 연기한 주인공과 비슷한 답답함을 안고 자신이 있는 곳에서 벗어나려는 꿈을 꾸었다. 나는 스무 살 즈음에 이 영화를 보고 큰 충격을 받았지만, 주인공이 느끼는 답답함에 깊이 공감했다.

'지금은 대학생이라 모라토리엄(유예 기간)을 보내고 있지만, 나도 언젠가 샐러리맨이 되어 만원 전철을 타고 매일 회사에 출근하면서 상사나 동료들과 답답한 단체 생활을 하게 되겠지. 이런 똑같은 길에서 벗어날 수 있는 방법은 없는 걸까?'

나는 이렇게 생각하다가 진짜로 제적되어 학교를 그만두었다. 하지만 동급생들이 사회인이 되어 일을 하게 되자 점점 불안해졌고, 결국에는 '학력 불문'을 자부심처럼 여기던 신문사에 가까스로 입사했다. 그리고 문득 정신을 차리고 보니 휴일도 없이 멸사봉공하는 회사형 인간이 되어 있었다.

어차피 당시에 퇴학 같은 건 인생의 룰에서 잠시 벗어나 딴짓을 한 것 정도로 치부되었다. 지금처럼 한번 룰에서 벗어나면 평생 저수입 파견 사원이나 비정규직 노동자로 살아야 한다는 불안 같은 건 전혀 없었다. 당시 젊은이들은 '언젠가 답답한 집단 사회에 편입될 테니, 그 전에 유예 기간을 조금이라도 더 누리자.' 하는 정서를 공유하고 있었다. 1980년대까지 나를 포함한 대다수 일본인에게는 '지금 살고 있는 답답한 장소'에서 탈주하는 것이 인생의 주요 테마 중 하나였다.

또 하나의 이야기를 해 볼까 한다. 이번엔 한 범죄자의 이야기이다.

1960년대 말, 나가야마 노리오(永山則夫)라는 열아홉 살 소년이 도쿄, 교토, 하코다테, 나고야에서 연속해서 사람들을 권총으로 죽이고 도망가는 사건이 벌어진다. 나가야마는 얼마 안 있어 체포되고, 훗날 감옥에서 쓴 「무지의 눈물(無知の涙)」이라는 수필이 베스트셀러가 된다. 그는 감옥에서 철학과 문학을 독학으로 공부하여 1983년에는 「목교(木橋)」라는 소설로 신일본문학상을 수상하고 문단에서도 어느 정도 평가를 받았다.

그리고 1997년 도쿄 구치소에서 사형이 집행되어 48세의 나이로 숨을 거뒀다. 나가야마의 인생은 어떤 의미에서 전후 사회의 상징으로도 볼 수 있다. 그는 홋카이도의 츠나시리(網尻)라는 변두리의 가난한 집에서 태어나, 어머니의 친정이 있는 아오모리현에서 자랐다. 극도로 가난했기 때문에 주위로부터 언제나 놀림을 받았고, 집에서 탈출하는 것만이 그의 유일한 꿈이었다. 그는 중학교를 졸업하고 도쿄에 가면 모든 것이 잘 될 것이라 믿었다. 중학교 수업의 절반 이상을 결석했기 때문에 졸업도 쉽지 않은 상태였지만, 그는 졸업을 앞두고 담임 선생의 집으로 찾아가 "무슨 일이 있어도 졸업해서 취업하고 도쿄에서 일하고 싶습니다."라고 울면서 호소했다. 그만큼 그의 처지는 몹시 절박했다.

그렇게 하여 집단 취직으로 도쿄로 상경한 그는 시부야의 고급 과일 가게(지금도 존재하고 있는 유명한 가게임)에서 일을 시작하고, 형의 권유로 도쿄 타워에 올라 그곳에서 도쿄 시내를 내려다본다. 그토록 바라던 끝에 도착한 도쿄의 풍경은 낯설기만 하다. 눈 밑으로 펼쳐진 도쿄 프린스 호텔의 정원과 호화로운 수영장에서 눈을 뗄 수가 없다.

하지만 이것들은 모두 환상에 지나지 않았다. 어차피 도쿄 사람들의 눈에 나가야마는 아오모리에서 집단 취직으로 상경한 가난한 시골뜨기일 뿐이었다. 사회학자 미타 무네스케(見田宗介)는 1973년에 발표한 논문 「시선의 지옥」에서 이런 모습을 '시선에 갇힌 수인(囚人)'이라 불렀다.

여기서 시선이란 사람들의 정체성을 패키지로 조립하고, 그것을 다시 패키지로 상정할 것을 강요하는 것이다. 미타는 이런 패키지를 '구상적 표층성'과 '추상적 표층성' 두 가지로 나누었다. 전자는 복장이나 용모, 소지품과 같이 겉보기에 드러나는 패키지이고, 후자는 출생이나 학력, 직함 등의 속성을 나타내는 패키지이다.

일본의 전후 사회에서는 이런 패키지로 사람들을 구별했다. 양복을 입고 넥타이를 매고 대기업의 명찰을 갖고 있으면 '신용할 수 있는 성실한 샐러리맨'이란 정체성이 주어졌고, 알로하셔츠를 입고 선글라스를 끼고 비치 샌들을 신고 있으면 '양아치'란 정체성이 본인의 의지와 상관없이 부여되었다. 알로하셔츠를 입고 비치 샌들을 신은 성실한 샐러리맨이라는 것이 2010년대의 일본에서는 그렇게 눈에 띄는 존재는 아닐 것이지만, 1980년대까지만 하더라도 이는 기호의 혼란을 가져오는 귀찮은 존재로 여겨졌고, 설사 존재하더라도 존재하지 않는 것으로 취급되었다.

나가야마 노리오는 이런 패키지 사회 속에서 '변두리 출신의 시골뜨기', '동북 지방에서 집단 취직으로 상경한 젊은이', '얼굴에 상처가 난 사람' 같은 구상적이고 추상적인 패키지로 본인의 의사와 관계없이 정체성이 정해지고, 그런 패키지로밖에 자신을 봐 주는 사람이 없는 '시선에 갇힌 수인'이 된다. 미타의 지적 대로이다.

나가야마는 자신을 둘러싼 시선에서 탈출하기 위해 다른 패키지를 몸에 걸치고 새로운 정체성을 추구한다. 이를 위해 그가 한 행동이 이른바 기호 소비이다. 다른 속성을 지닌 패키지를 구입하여 다른 정체성을 구축하려는 분투이다. 펠 멜(Pall Mall)이라는 미국산 담배가 좋은 예가 될 것이다. 이 담배는 집단 취직으로 상경한 젊은이가 피울 만한 담배가 아니다. 신일본문학상을 수상한 『목교』에서 나가야마는 이렇게 말한다.

> 그 당시에 나는 '펠 멜'이라는 양담배를 피웠다. 이를 피우게 된 이유는, 다른 인부들이 '신세이'를 끝이 닳을 때까지 피우는 모습에 크게 반감을 느꼈기 때문이다. 당시의 N소년에게는 무엇보다도 금처럼 비싼 양담배를 피우는 것이 유일한 기분 전환이었다.

이 소설에는 고용주의 안주인이 소년과 이런 대화를 나누는 장면이 나온다.

"보기 드문 담배를 피우네요."

"아, 그렇죠. 장식용이에요."

"몇 살이세요?"

"스무 살이요."

"그럼 학생이세요?"

"전에는……."

"아, 그렇구나."

물론 전에 학생이었다는 말은 거짓이다. 그 후에 나가야마는 대학생이라 찍힌 명함을 가지고 다닌다. 양담배와 명함이라는 패키지를 통해, 당시에 엘리트층의 일각을 차지하고 있던 대학생이라는 정체성을 얻을 수 있다고 생각한 것이다.

나가야마는 감옥과 같은 패키지에 대한 시선에서 벗어나 자유로워지기를 줄곧 꿈꿨다. 그는 고등학교 교과서를 구해서 필사적으로 공부하고, 동시에 헤어드라이어와 새 셔츠를 사고 양담배를 피웠다. 이 모든 것이 '집단 취직한 가난한 젊은이'라는 패키지에서 벗어나려는 시도가 구체화된 것이었다. 하지만 주위 사람들의 눈에 고등학교 교과서를 읽고 있는 그는 '집단 취직한 진지한 청년'으로 비쳤고, 양담배를 피우고 헤어드라이어로 머리를 손질하는 그는 '집단 취직한 불량한 청년'으로 보일 뿐이었다. 아무리 어떻게 해도 '집단 취직한 시골뜨기'라는 패키지에서 벗어날 수 없고, 패키지의 지옥에서 허우적거릴 수밖에 없었던 것이다.

도쿄에서도 절망한 나가야마는 밀항을 하여 해외로 나가려고 마음먹는다. 고베에서 실제로 밀항을 시도했지만 실패하고, 그 후에는 요코스카의 미군 기지에 숨어들어 22구경 리볼버 권총을 훔쳐 다시 한번 도쿄의 상징인 프린스 호텔의 호화로운 정원으로 돌아온다. 그런데 정원에서 경비원들에게 저지당하고 도망치려다 뜻하지 않게 권총을 발사하여 경비원을 죽이게 된다. 그 때부터 필사의 도주가 시작되는데, 그 와중에 세 명을 더 살해하고 반년 후에 센다가야(千駄ヶ谷)의 한 학원에 물건을 훔치려 잠입했다 발각되어 체포된다. 그동안 언론에서는 이 '연쇄 살인마'를 대대적으로 보도하고, 사건은 사회적으로 큰 주목을 받았다.

체포 당시 나가야마는 롤렉스(Rolex) 손목 시계, 론슨(Ronson) 라이터, 메이지대학교 경영대학원 학생증 등을 소지하고 있었다고 한다. 그는 마지막까지 자신의 정체성을 바꿔 줄 수 있는 새로운 패키지, 기호 소비에 집착했다.

집단 사회는 사라지고 '투명한 개인'만 남는다

일본은 다른 사람의 '시선'이 감옥이 되는 사회였다. 전쟁이 끝나고 농촌이 붕괴되어 도시로 막대한 인구가 유입되었어도, 전쟁 전부터 이어져 온 농촌 사회, 집단 사회라는 구조는 비슷한 형태로 남아 영향력을 행사했다.

그렇지만 '전후 사회'라 불리던 사회 구조는 1990년대에 종언을 맞이한다. 고도 경제 성장이 끝나고 세계화가 대두되며 일본 경제는 침체되고, 우상향의 성장이 전제가 되었던 총중류 사회(總中流社會)[2], 즉 중산층 사회는 붕괴되었다.

1990년대 이후의 정신을 상징하는 사건으로 '사카키바라(酒鬼薔薇) 소년 연속 상해 사건'[3]이 있다. 미타 무네스케의 제자에 해당하는 사회학자 오사와 마사치(大澤眞幸)는 나가야마에게 다른 사람들의 시선이 지옥이었던 것에 비해, 사카키바라 사건의 범행 소년에게는 시선의 '부재'가 지옥이었다며 영민한 분석을 했다. 사카키바라 사건을 저지른 소년은 다음과 같은 유명한 범행 성명문을 썼다.

> 내가 일부러 세간의 주목을 받을 일을 한 것은, 지금도, 그리고 앞으로도 투명한 존재인 나를 적어도 당신들의 공상 속에서라도 실존하는 인간으로 남기고 싶었기 때문이다.

이를 오사와는 『불가능성의 시대(不可能性の時代)』라는 책에서 이렇게 설명하고 있다.

> '투명한 존재'라는 것은 타자의 시선이 닿지 않은 사람이라는 의미이다. A는 투명한 존재에서 벗어나려고 했다. 설령 그것이 범죄자의 길이라서 부정적 시선을 받더라도 다른 사람의 시선을 받는 것이 투명한 존재로 있는 것보다는, 무시당하는 것보다는 낫다고 생각한 것이다.

이러한 '시선을 받고자 하는 욕구'는 2000년대에 들어서 보이지 않는 전자파처럼 시대의 근저에서 흐르게 되었다.

2008년에 일어난 '아키하바라(秋葉原) 연속 상해 사건'[4]도 이에 해당한다. 현장에서 체포된 가토 도모히로(加藤智大)는 사건을 일으키기 전에 모바일 사이트의 게시판에 다수의 글을 남겼다.

"여자 친구 같은 건 평생 생기지도 않을 건데. …… 다 포기하면 행복해질 수 있을 텐데."

파견직 사원이었던 가토는 가난했고, 미래가 불투명했고, 친구가 없어 고민이 많았지만, 게시판에는 줄곧 여자 친구가 없어서 외롭다는 이야기와 여자 친구를 만들고 싶다는 이야기만 썼다.

체포 후 경찰 조사에서도 이런 식으로 진술했다.

"한마디로 말하면, 어필하고 싶었던 것입니다. 내가 얼마나 고민하고 괴로워하는지를 세상 사람들이 알아줬으면 좋겠다고 생각했습니다. 보통 사람들처럼 연애도 하고 가정도 가지고 싶었지만, 이성과 교제하지 못하고 일에 대한 고민도 끊이지 않았습니다. 이런 심경과 고민을 누군가 알아줬으면 했는데, 아무도 관심을 기울여 주지 않았습니다."

그리고 사건 발생 2년 후인 2010년 7월에 처음으로 열린 피고인 질문에서 그는 범행 동기를 이렇게 설명했다.

"인터넷 게시판의 제 글 밑에 저를 사칭하는 가짜도 있고, 저를 괴롭히는 사람도 있어서 게시판 관리자에게 대응을 부탁했습니다. 제가 범행을 저질렀다는 것을 알리고 싶었습니다."

그는 "인기가 없어서", "여자 친구가 생기지 않아서" 등은 그냥 '이야깃거리'였다고 밝혔다. 그가 정말로 범행을 저지른 이유는 게시판에서 다른 사람들로부터 인정받고 싶어서, 화제의 인물로 받아들여지기를 원했기 때문이라고 했다.

"게시판에서 나를 인정해 주는 사람에게서 답장을 받기를 기대했습니다. 답장을 받을 수 있으면 기뻐서 혼자가 아니라고 느낄 수 있었을 겁니다. 게시판은 제가 살아가는 공간이었습니다. 그곳에서 혼자가 아니라고 느끼고 싶었습니다."

가토는 게시판이 자기에게 어떤 공간이었는지를 말하며 마치 소중한 보물을 다루는 듯한 어조로 반복해서 설명했다.

"게시판은 무엇과도 바꿀 수 없는 소중한 공간이었습니다."

"게시판에서의 인간관계가 정말로 소중했습니다."

"저에게는 가족과 비슷한……, 아니 가족과 똑같은 인간관계가 그곳에 있었습니다."

"진심으로 친구들과 함께 이야기를 할 수 있는 공간이 중요했습니다."

"돌아갈 곳, 제가 저 자신으로 돌아갈 수 있는 곳이었습니다."

법정 진술이 진실로 그의 심정을 말한 것인지는 알 수 없다. 단지 이런 진술 내용으로 미루어 인터넷을 통해 다른 사람과 접속하는 행위의 이중성을 엿볼 수 있다.

2채널(2ちゃんねる)[5]과 같은 익명 게시판은 원래는 방대한 '이야깃거리'의 세계이다. 신문이나 잡지, 텔레비전과 같은 매스컴에서는 2채널 이용자들의 사회적 계층에 대해 히키코모리나 니트, 프리터[6]와 같이 사회 주변층으로 생각하는 경향이 두드러지

지만, 막상 게시판을 보면 그렇지 않은 사람들이 단지 자신을 자학적으로 표현한 경우가 적지 않다는 것을 알 수 있다.

실제로 익명 게시판 이용자의 대다수는 30대에서 40대의 회사원이라는 지적도 있다. 예를 들어 기술 분야 관련 전문 게시판에서는 깜짝 놀랄 만한 고도의 기술적 논의가 이뤄지고 있는데, 이런 것을 보면 사회의 주변층이 압도적 다수가 아닐 수도 있다는 생각을 하게 된다.

즉, 익명 게시판이란 곳은 실제로는 평범하게 사회생활을 하고 있는 사람들이 모여 자학적인 이야깃거리를 나누며 웃고 즐기는 시니컬한 장소라고 생각하는 것이 맞을지도 모르겠다. 그곳에서 웃음이란 자학적이고 냉소적인 것이지만, 그 너머에는 인생에 관한 진실과 본심이 엿보이기도 한다. 난폭한 말과 특수한 용어들로 혼란스럽지만, 실제로 인터넷 게시판이란 곳은 고도의 커뮤니케이션이 이뤄지는 장소이다.

집단 사회가 붕괴된 오늘날, 개인과 사회가 원만한 관계를 맺는 것이 점점 어려워지고 있다. 개인은 익명이라는 패키지로 자신을 벗어 버릴 수 있는 인터넷 게시판을 통해 친구나 회사 동료에겐 결코 말할 수 없는 고민을 털어놓고, 그곳에서 치유를 받는다. 그런 의미에서 인터넷 관계성도 실제 사회의 관계성과 같은 지평 위에 있다고 말할 수 있을 것이다. 접속의 형태와 목적은 다르지만 말이다. 또한 인터넷의 관계성과 실제 사회의 관계성

모두 고도의 커뮤니케이션 능력의 교환에 의해 이루어지는 세계라 말할 수 있을 것이다.

이러한 고도의 커뮤니케이션의 장에서 가토는 다른 이용자들에게 인정받기 위해 '못난이 캐릭터'로 자신의 겉모습을 패키지화했다. 그는 실제 사회에서 결코 '못난이 캐릭터'라고 할 정도는 아니었고, 스스로도 그렇게 생각했던 것 같다. 그는 만나는 친구도 있다고 진술했다. 그렇지만 파견직 사원으로서 미래가 불투명한 것이나 가난한 생활, 부모와의 원만하지 못한 관계 등에 대해 고민하고 있던 것도 사실이다.

이런 이중 구조는 극도로 불안한 균형을 이루고 있어서, 언제든지 커뮤니케이션이 단절될 위험성이 있었다. 그는 인터넷에 접속할 때에는 자신의 진짜 모습을 숨기고 인위적으로 '못난이 캐릭터'가 되어 활동하지만, 그런 방식으로는 그가 진짜로 안고 있는 고민이나 본심을 나누는 것이 불가능하고, 결국에는 통로의 단절을 불러오기 때문이다.

"솔직하지 못하죠. 솔직하지 못하기 때문에 게시판에서는 본심을 털어놓을 수 있는 거죠."

하지만 게시판에서도 그는 본심을 털어놓은 게 아니었다.

농촌이나 전후 사회의 기업에서는 구성원을 완전히 끌어안고, 숨 쉬기 힘들 정도로 갑갑한 커뮤니티를 형성했다. 이런 구조가 1990년대 이후 소멸해 가면서 '사람과 사람이 어떻게 접속하는

가?', '어떻게 하면 다른 사람에게 인정받을 수 있을까?'라는 문제가 일본 사회에서 새롭게 떠오르기 시작했다.

예전처럼 '같은 솥의 밥을 먹고', '일하는 것도 술 마시는 것도 노는 것도 같이 하는' 전 방위적이고 전면적인 관계는 사라지고, 한 사람에 한해서도 일, 놀이, 가족 등이 별개의 관계성을 확립하면서 다면적 관계로 바뀌어 갔다.

예전처럼 숨 막히는 분위기는 사라지고, 도주에 대한 열망도 사라졌다. 그 대신, 마치 바람 부는 황야에 혼자 서 있는 것 같은 고독이 그 자리를 차지했다. 그리고 이런 관계성의 변화가 사람들을 불안에 빠뜨린 것도 사실이다.

연결에 대한 열망이 소비 시장을 변화시키다

'시선을 받고 싶은 욕구', '연결에 대한 열망'이라는 요인은 소비 시장에도 큰 영향을 끼치고 있다.

어차피 소비라는 것도 개인과 사회 간에 관계성을 확인하는 수단이라고 할 수 있다. 우리는 사회적 동물로서 항상 사회와의 관계를 확인하면서 이 사회 속에서 살아가고 있다. 우리는 가족을 형성하고, 회사에 취직하고, 취미 활동을 하고, 선거에서 투표하고, 미디어를 통해 정보를 얻는다. 그리고 대가를 지불하고 다양한 상품과 서비스를 얻는다. 이 모든 것이 다름 아닌 사회와의 관계성의 표상인 것이다.

전후 사회에서는 자신이 속한 갑갑한 집단에서 탈출하기 위한 장치로서의 소비가 이루어졌다. 나가야마 노리오가 펠 멜을 피우고 롤렉스 시계나 론슨 라이터를 샀던 것처럼 말이다. 자동차의 구입도 그런 식으로 이뤄졌다. '지금은 코롤라를 타고 있지만, 과장이 되면 코로나로 바꿔 타고 언젠가는 크라운으로'라는 식으로 자동차의 등급과 자신의 출세 정도나 수입을 맞춰 나가는 것이 (오늘의 시각에서 보면 뭔가 신기한 감각이라고밖에 말할 수 없겠지만) 일반적이었다. 출세하여 자동차 등급이 올라가게 되면, 자신이 속한 갑갑한 집단 내에서 지배당하는 쪽이 아닌 지배하는 쪽이 될 수 있다는, 혹은 집단으로부터 도망칠 수 있다는 생각이 욕구가 되어 소비를 컨트롤했다.

이렇게 물질적 대상과 자신을 맞춰 나가는 것이 가능하려면, 물건이 가지고 있는 기호로서의 가치가 사회 전체에 공유될 수 있는 기반이 존재해야 했다. 그리고 이런 기호 가치의 공유는 매스 미디어를 통해 정보가 일원화되어 흐름으로써 성립됐다. 텔레비전, 잡지, 신문에서 쏟아져 나오는 광고가 물건의 기호 가치를 높이고, 소비자는 그 정보를 일방적으로 받아들였던 것이다. 버블을 맞이한 1980년대는 이러한 매스 미디어적인 소비가 정점에 달했던 시대였다.

• 남자는 여자와 친구, 그리고 좋은 술로 빛나는 거죠.(산토리 위스키 '리저브'의 1982년 광고)

• 머릿결을 가꾸는 남자가 진정한 남자입니다.(라이온의 샴푸와 컨디셔너 '톱 보이'의 1988년 광고)

• 비교하는 것이 얼마나 무의미한지 가르쳐드리죠.(닛산 자동차 '페어레이디Z'의 1981년 광고)

• 조금 무리해서, 일생에 한 번이라고 생각하고 3개월 월급으로 다이아몬드 약혼반지를 맞췄어. 기뻐하는 그녀의 모습을 보니 내가 더 기쁘더라고.(다이아몬드 회사 '드비어스'의 1981년 광고)

버블이 정점에 달했던 1989년에 긴자의 워싱턴 제화가 잡지에 낸 광고 시리즈 '남자는 구두로 일어선다'는 이러한 소비 패턴을 가장 극명하게 상징하는 광고였다고 할 수 있다.

"E항공사 15년차인 다무라 씨는 최근 루이비통과 워싱턴하고 있다."라는 문구로 시작하는 이 광고의 다섯째 편은 이런 문구로 이어진다. "나리타에서 적당히 떨어진 곳에 있는 도쿄 쉐라톤 그란데 호텔이, 내가 늘 머무는 곳이다. 아끼는 루이비통을 한 손에 들고 체크인, 가끔 더블룸을 예약하기도 한다. 그제야 수소문하는 것은 뭘 모르는 사람이란 것이겠죠."

여섯째 편은 이렇게 시작한다. "F설계사무소 5년차 후지이 씨는 최근 카시나와 워싱턴하고 있다. 그가 달라진 것은 작년에 반년 동안의 이탈리아 여행을 끝마치고 나서였다. 양복 맵시는 물론 작은 소지품까지 미적 감각을 갖추게 된 것이다. 그는 직장에 있는 카시나 가구의 훌륭함에 다시 한번 감탄한다. 여가 시간에는 소형 카누를 직접 만들기도 하고, 오페라를 보러 가기도 하는 등 의욕적이 되었다."

지금 읽어 보면 닭살이 돋을 만큼 썰렁한 느낌이지만, 당시에는 극히 일반적인 표현이었다. 소비 관련 정보를 매스 미디어를 통해 입수하고 옷이나 액세서리 같은 '구상적 표층성'으로 자신을 패키지화하고, 이런 패키지의 기반을 매스 미디어를 통해 국민 다수가 공유하는 시대였다.

패키지, 매스 미디어, 숨 막히는 집단 사회, 과시적 소비, 이 모든 것이 서로 얽히고 연결되어 하나의 거대한 총체로서 전후 소비 사회를 구성했다.

하지만 이런 소비 사회는 1990년대에 이르러 종언을 고한다. 1990년 후반부터 우상향을 그리던 성장 곡선이 이어지지 않고, 급여나 직급이 오르는 것도 기대하기 힘들어졌다. 개인은 이제 자신이 몸담고 있는 회사라는 곳이 언제까지 지속될지 알 수 없는 곳이라는 걸 의식하게 되었고, 도산이나 해고와 같은 다양한 위험이 사람들을 엄습해 왔다. 그리고 그런 위험에 개인은 혼자서 맞설 수밖에 없게 되었다.

이런 사회에서는 '좋은 차를 소유한 사람이 출세 가도를 달리는 사람이고, 부러움의 대상'이라는 환상 자체가 전혀 성립되지 않는다. 게다가 정보의 유통이 인터넷에 의해 개방되면서, 정보의 비오톱이 세분화되어 가고 있다. 양담배인 펠 멜을 피우면 부잣집 대학생으로 보이는 과시적 기호 소비가 성립하기 위해서는, 그 토대가 되는 '양담배를 피우는 젊은이는 돈 많은 대학생'이라는 인식이 공유되어야 하며, 그러기 위해서는 텔레비전이나 신문이나 잡지 같은 매스 미디어의 작동을 통해 공통 인식이 형성되어야 한다.

바꿔 말하자면, 정보를 한꺼번에 대량으로 전달할 수 있는 매스 미디어라는 회선이 견고했기 때문에 이러한 공통 인식이 형성될 수 있었다. 매스 미디어와 기호 소비는 떼려야 뗄 수 없는 관계였다.

이제 매스 미디어는 쇠퇴하고, 정보는 세분화된 비오톱으로 흐르게 되었다. 공통 인식은 순식간에 따로따로 분해되었고, 기호 소비도 덩달아 쇠퇴했다. 예를 들어 1980년대까지는 '서양 음악을 듣는 것이 일본 음악을 듣는 것보다 멋지고', '클래식이 재즈나 팝보다 고급'이라는 공통 인식이 존재했고, 이런 이유로 실제로 좋아하지도 않는데 멋있어 보이려고 서양 음악이나 클래식을 억지로 듣는 과시적 소비가 많았다. 그렇지만 지금은 그런 사람이 거의 존재하지 않는다.

'서양 음악을 좋아하는 사람', '일본 음악을 좋아하는 사람', '클래식을 좋아하는 사람', '재즈를 좋아하는 사람'은 각자 다른 비오톱을 형성했다. 바꿔 말하면 그들 모두가 각 분야의 오타쿠[7]가 되어 다양한 권역을 만들어 나가고 있는 시대가 온 것이다. 새로운 시대에는 '클래식 오타쿠'가 있을 뿐, '클래식을 듣는 고급 취향의 감상자' 같은 것은 웃음거리가 된다.

이런 시대에 소비는 도대체 무엇을 위한 장치가 되었을까? 사카키바라 사건을 저지른 소년은 '투명한 존재'에서 벗어나 살인범이라도 좋으니 다른 사람으로부터 자신을 인정받고 싶어 했고, 아키하바라 연속 상해 사건의 가토는 못난이 캐릭터를 내세워 인터넷 게시판에서 다른 사람으로부터 인정받고 싶어 했다. 이렇게 투명하고 황량한 새로운 사회 구조 속에서, 다른 사람으로부터의 인정과 사회에의 접속 자체가 사람들의 최대 고민거리가 되고 있다.

그리고 소비가 항상 개인과 사회의 관계성을 확인해 주는 도구라고 한다면, 소비 그 자체도 인정과 접속의 표상으로 바뀌어 가지 않으면 안 될 것이다. 소비한다는 행위의 건너편에는 타자의 존재를 인지하고 타자와 연결되고 타자로부터 인정받고 싶어 하는 욕구가 존재하기 때문이다. 인정과 접속의 도구로서 소비가 존재하는 것이다.

인정과 접속은 서로가 공명할 수 있는 토대가 있어야 성립한다. '공명할 수 있는' 토대라는 것은 공통의 콘텍스트를 의미한다. 상품이나 정보나 서비스는 소비하는 대상으로서 존재하고, 콘텍스트는 그러한 소비를 포괄한다. 왜 우리는 지금 여기에 존재하고 있는가? 그리고 이 상품은 그것을 어떻게 연출해 줄 것인가? 소비를 통해 우리는 어떤 세계와 연결되고 어떤 사람들과 연결될 수 있는가? 그 너머에 있는 것은 새로운 세계인가, 아니면 그립고 따뜻한 장소인가, 아니면 투명하고 바람이 휘몰아치는 황야인가?

콘텍스트는 '문맥'이라고 번역되는데, 이렇게 소비를 통해 사람과 사람이 이어지기 위한 공간과 권역을 만드는 하나의 이야기도 콘텍스트라고 표현할 수 있을 것이다. 콘텍스트라는 이야기를 통해 우리는 서로를 인정하고 서로에게 접속할 수 있다.

공감의 '이야기'가 중요한 시대

매년 내가 꼭 찾아가는 안경점이 하나 있다. 후쿠이 시(福井市)에 있는 '다나카 안경 본점'이다. 그곳은 찾아가기가 결코 쉽지 않다. 우선 도쿄에 살고 있는 나는 하네다 공항에서 이시카와 현(石川県)의 고마츠(小松) 공항까지 비행기를 타고 가야 하고, 도착해서는 1시간 정도 렌터카를 빌려 써야 한다. 호쿠리쿠(北陸) 자동차 도로를 타고 달리면 띄엄띄엄 가게가 보이고 멀리 국도변에 늘어서 있는 대형 양판점들이 보인다. 이렇게 살풍경한 도로변에 이 작은 안경점이 위치해 있다. 일부러 찾아가지 않고는, 전혀 눈에 띄지 않을 곳이다. 그래서인지 도쿄에서 몇 시간이나 걸려 이 가게에 겨우 도착하면, 언제나 '참 멀리도 왔구나.'라는 로드 무비적인 감상에 젖는다. 그 정도로 먼 길이다.

도쿄에는 수많은 안경점이 있고 유명 브랜드의 직영점도 있다. 그리고 감각이 뛰어난 전문가들도 많이 있다. 그런데도 왜 나는 이 가게를 계속 찾아가는 걸까?

그 이유는 단 하나, 가게 주인인 다나카 마사유키(田中昌幸) 씨를 보기 위해서이다. 소박한 외모에 자연스럽게 머리를 기른 다나카 씨는 안경에 대한 애정이 보통이 아닌 사람이다. 말 한 마디 한 마디에 안경에 대한 애정이 듬뿍 담겨 있다. "애지중지 키운 딸을 시집보내는 심정으로 안경을 팔고 있습니다." 같은 말을 아무렇지도 않게 하는 대단한 사람이다.

후쿠이에 사는 내 친구는 2004년 무렵부터 이 가게를 들르기 시작했다고 한다. 그는 당시의 이야기를 이렇게 들려주었다.

"처음에 아내랑 아무 생각 없이 가게에 들어갔는데 가게가 무척 고급스럽더라고. 그래서 비싼 곳일 거 같아서 사지는 않고 구경만 하려는데, 그만 진열대 위에 있는 소박한 디자인의 안경이 눈에 들어오지 않겠어. 바로 그 순간 다나카 씨가 '이 안경 멋지죠?'라고 말을 붙이면서 안경에 대해 이런저런 이야기를 시작했는데, 결국 이야기에 푹 빠져서 그 자리에서 안경을 사 버리고 말았어."

그 친구는 안경에 빠진 것이 아니라 다나카 씨의 이야기에 푹 빠진 것이었다고 나중에 털어놓았다. 손님들이 기나긴 순례를 마치고 안경을 고르면 다나카 씨는 피팅(안경을 얼굴에 맞춰 조정하는 작업)에 전신전령을 다한다. 허리를 굽히고 손님의 정면에 서서 크고 날카로운 눈으로 안경을 보면서 위치와 폭을 미세하게 조정해 나간다. 피팅을 받는 입장에서는 다나카 씨가 응시하는 모습에 압도되어서 어디에 눈을 두어야 할지 곤란할 정도이다.

나는 검색 연동형 광고 일을 하는 친구에게 다나카 씨를 소개받고, 단골이 되어 버렸다. 후쿠이 시 근처에 있는 사바에 시(鯖江市)는 세계적으로도 유명한 안경 생산지로, 이곳에서 생산되는 안경은 일본 안경 시장의 90퍼센트 이상을 차지한다. 사바에 안경은 전 세계 시장에서도 20퍼센트를 차지하고 있다고 하니, 가히 세계적인 생산지라 할 수 있다. 그 근처에 있는 소매점이라면 제조업체나 디자이너와의 접근성이 좋다는 메리트가 있을 것이다.

그래서 다나카 씨는 안경과 관련된 온갖 이야기를 알고 있다. '콘셉트 Y'라는 안경을 예로 들어 보자. 이 안경은 원오프 공방(ワンオフ工房)이라는 이름으로 안경을 만들고 있는 현지 디자이너 효이 이사오(兵井伊佐男) 씨가 디자인했는데, 굉장히 특이하기

로 유명하다. 보통 안경에는 렌즈를 넣는 틀('렌즈림'이라고 불린다.)과 프레임이 일체화되어 있지만, 콘셉트 Y는 렌즈림과 프레임이 분리되어 각각을 자유롭게 움직여서 조정할 수 있다. 림과 프레임이 코 윗부분 단 한 곳에서 연결되기 때문에 얼핏 불안정해 보이는 구조이다.

하지만 프레임과 림 모두 바늘처럼 가는 소재로 만들어져 소재의 탄력성이 불안정한 구조를 잘 보완해 주고 굉장히 가벼우면서도 견고한 안경이다. 절묘한 디자인이라고밖에 말할 수 없다.

나도 다나카 씨의 가게에서 콘셉트 Y를 처음 써 보고, 가벼운 충격을 받았다. 안경을 쓰고 있다는 사실을 잊어버릴 정도로 가볍고 압박감이 거의 없었기 때문이다. 눈과 렌즈의 거리, 얼굴의 크기와 프레임의 폭을 각각 독립적으로 조정할 수 있어서 얼굴에 딱 맞는 느낌을 주었다.

그리고 이 안경이 탄생하게 된 유래를 다나카 씨가 정말 즐거운 표정으로 이야기해 주었다. 디자이너 효이 씨의 친구로 칠기를 만드는 야마다 씨라는 사람이 있었다. 야마다 씨는 근시가 심해서 굉장히 두꺼운 렌즈의 안경을 쓸 수밖에 없었다. 당연히 렌즈 무게도 상당해서 안경을 쓰면 프레임도 뒤틀리게 되었다. 효이 씨는 야마다 씨를 만날 때마다 언제나 안경이 기울어져 있는 것이 신경 쓰여서 조금씩 고쳐 주곤 했다.

야마다 씨의 얼굴은 옆으로 꽤 넓고 앞뒤로도 큰 편이었기 때문에 안경테에서 귀에 걸리는 부분(안경다리)이 귀에 살짝 올라가 있는 정도였다. 이 정도로는 두껍고 무거운 렌즈를 지탱하기가 어려웠다. 그래서 효이 씨는 야마다 씨만을 위한 안경을 디자인한다. 이로써 얇은 소재를 수작업으로 가공하여 프레임과 림을 분리시켜 렌즈 위치를 조절할 수 있는 독특한 디자인의 안경이 탄생했다. 콘셉트 Y의 Y는 야마다 씨의 이니셜이었던 것이다.

그 후에 효이 씨는 콘셉트 Y를 대형 안경 브랜드에 가져가서 상품화를 제안했지만, 관심을 가지는 곳이 없었다. 그때 효이 씨가 생각한 사람이 바로 친구 다나카 씨였다.

"수작업으로 하나씩 만들어야 하는데, 그걸 가게에 놔 줄 수 있겠어?"

효이 씨의 제안을 다나카 씨는 흔쾌히 수락했다. 이런 연유로 콘셉트 Y는 일반 안경점에서는 판매되지 않고, 지금도 전국의 안경점 중에서 다나카 안경 본점을 비롯한 몇 군데에서만 판매되고 있다.

나에게 다나카 씨의 가게를 소개해 준 친구도 물론 콘셉트 Y를 가지고 있다. 그는 "파티나 행사장에서 같은 안경을 쓰고 있는 사람과 만나면 자연스럽게 친구가 된다니까."라고 말한다. 콘셉트 Y를 쓰고 있으면 모르는 사람이 다가와 "그 안경 혹시 다나카 씨의 가게에서?"라며 말을 걸고 "맞아요, 맞아. 다나카 씨!"라고 맞장구를 친다는 것이다.

아마 사정을 모르는 사람이 보면 도대체 무슨 이야기를 하는 것인지, 다나카 씨가 누구인지 전혀 알 수가 없을 것이다. 그렇지만 같은 안경을 쓰고 있는 사람끼리는, '다나카 씨' 이야기가 통한다는 것이 마음이 맞는다는 것을 뜻할 수도 있다.

처음에 콘셉트 Y는 디자이너 효이가 야마다라는 친구를 위해 만든 안경이었다. 한 명을 상상하며 만든 상품이 다나카라는 안경점 주인을 통해 많은 사람들에게 받아들여지고, 다나카라는 멋진 사람과 공감하기 위한 '통로'가 되고 있다. 그런 의미에서 콘셉트 Y라는 안경은 단순히 '잘 보기 위한' 기능을 제공하는 물건도 아니고, 과시형 소비를 위한 브랜드 상품과도 전혀 거리가 멀다. 대신에 이 안경과 관계가 있는 효이, 야마다, 다나카의 이야기에 접속하여 공감할 수 있는 통로의 기능을 하고 있다.

콘셉트 Y를 구입해서 사용하고 있다는 것은 그 이야기에 접속하여 이를 아는 사람들에게 인정받기 위한 것이기도 하며, 소비 또한 이를 위한 것이라 할 수 있을 것이다.

인정과 접속의 도구로서의 소비

다나카 마사유키는 원래 후쿠이와는 아무런 관계도 없는 규슈(九州)의 고쿠라(小倉) 출신으로 학교를 졸업하고 안경점에서 일하는 평범한 회사원이었다. 특별히 안경에 흥미가 있었던 것도 아니고 단순히 취업을 하다 안경점을 고른 것뿐이었다. 처음부터 안경이 좋았던 것은 아니다.

취업 후 몇 년이 지나고 일도 어느 정도 익게 되면, 대부분의 회사원들은 앞으로 어떤 일을 할 것인지 고민하곤 한다. 그러다가 매너리즘에 빠져 열정 없이 기계적으로 일하거나, 아니면 지금 하고 있는 길을 끝까지 가 보겠다고 생각하게 된다.

다나카의 경우는 후자였다. 모처럼 이 정도까지 일을 배웠으니, 안경에 대해 조금 더 파 보는 것도 괜찮을 것 같다고 생각한 것이다. 그때 그의 나이 스물다섯이었다.

그는 휴가를 얻어서 안경의 성지인 사바에로 갔다. 가진 돈이 얼마 없어 기타큐슈(北九州)에서 야간 기차를 타고 다음 날 아침 후쿠이에 도착했다. 졸린 눈을 비비며, 한편으로는 고양된 마음으로 청년 다나카는 사바에 역에 내렸다.

'분명 이곳은 안경으로 가득할 거야!'

하지만 역 근처에서는 안경의 '안' 자도 보기 힘들었다. 사바에는 지금도 그렇지만, 깨끗하게 정비된 역 앞 길가에 사람들이 별로 다니지 않아 쓸쓸한 느낌을 준다. 다른 지방 도시도 그렇듯이 중심부의 공동화(空洞化)가 급격히 진행되고 있는 것이다.

다나카는 다시 정신을 차리고, 약속을 잡았던 안경 제조업체 사람에게 연락하여 공장을 견학했다. 그리하여 드디어 안경의 성지라 불리는 장소에 도착한다. 그는 뛸 듯이 기뻤지만, 한편으로 적지 않은 충격을 받기도 했다.

'안경의 제조라는 것이 이렇게 많은 공정을 거쳐서 이렇게 복잡하게 사람 손이 들어가야 하는 것이었나. 내가 알고 있는 지식 같은 건, 정말 아무것도 아니었구나.'

정말로 많은 것을 배운 여행이었다. 돌아오기 전에 사바에 역의 공중전화 박스에서 집으로 전화를 걸던 다나카는 무심결에 사바에 시의 지역 정보지를 보게 되었다. 아무 생각 없이 '안경' 란을 열어 본 그는 놀랄 수밖에 없었다.

'우아! 안경 제조업체뿐이잖아!'

보통 지역 정보지라고 하면 안경란을 보아도 소매점의 전화번호 정도밖에 실려 있지 않다. 그렇지만 안경의 성지인 사바에의 지역 정보지에는 안경 제조업체를 비롯하여 플라스틱 부품이나 렌즈 관련 부품 등 어마어마한 수의 안경 관련 기업의 전화번호가 빼곡이 수록돼 있었다. 무심결에 청년 다나카는 지역 정보지를 품에 넣고 고쿠라의 집으로 돌아왔다. 흥분해서 그런 걸 가져올 정도로, 어느새 안경에 푹 빠져 버렸던 것이다.

그리고 몇 년이 지나서, 그는 고쿠라를 떠나 후쿠이 현의 대형 안경 판매점에 취직해 원하던 대로 후쿠이에서 일하게 된다. 그렇게 회사원 생활을 계속해 나가면서 소규모 부업으로 안경 도매 일도 시작한다. 당시에는 어느 안경 제조업체도 마케팅을 그다지 잘하지 못했기 때문에, 그는 사바에에서 만든 안경을 여기저기의 셀렉트숍[8]에 도매로 넘기는 일을 시작했다. 일이 궤도에 오르자, 부업을 위해 마련한 무선 호출기로 주문 의뢰를 알리는 소리가 하루 종일 끊이지 않을 정도였다. 하지만 거기서 다나카는 일단 일을 멈춘다.

'기다리자. 이건 내가 할 일이 아니야. 이런 일을 하려고 후쿠이까지 온 건 아니니까. 내가 하고 싶은 것은 소매업이야. 내 가게라고.'

그는 좋은 안경을 알아봐 주는 사람들에게 좋은 물건을 전달해 주고 싶다는 생각을 품고 후쿠이에 온 것이다. 그래서 그는 도매 일을 아는 사람에게 전부 넘기고 다시 한번 기회를 노린다. 그리고 2000년이 되어 현재의 장소에 '다나카 안경 본점'을 열었다.

매년 가게에 들른 덕분인지 최근에는 다나카 씨도 내 얼굴을 기억해 주고 가게에 갈 때마다 "이런 물건도 있어요."라면서 가게 구석에 놓여 있던 시제품을 꺼내서 추천해 준다. 나는 브랜드 안경에는 별 흥미가 없기 때문에 사바에에 어떤 메이커가 있는지, 혹은 세계적으로 어떤 브랜드가 인기가 있는지는 전혀 모른다. 단지 다나카 씨가 추천해 준 안경을 써 보고 그가 해 주는 이야기에 매료되어 구입을 결정한다. 그뿐이다.

그렇게 안경을 고른 후엔 다나카 씨에게 시력 검사를 받고 안경을 피팅하고, 몇 주 후에는 완성품이 택배로 배송되어 온다.

완성된 안경을 쓰면 언제나 다나카 씨의 얼굴이 떠올라서 기분이 좋아진다.

나는 이런 식으로 안경을 소비한다. 브랜드 안경을 써서 있어 보이려고 하지도 않고, 단순히 시력 교정을 하기 위해 쓰지도 않는다. 다나카라는 안경점 주인과 공명하고, 그 공감을 눈에 보이는 형태로 가지기 위해 안경을 꾸준히 구입하는 것이다.

'응원 소비'라는 말이 있다고 한다. 하쿠호도(博報堂)[9]가 발행하는 《광고》라는 잡지의 2010년 10월호의 기사를 보니 '혼자서 꾸준히 물건을 만드는 장인의 가죽 제품이 좋아서, 앞으로도 그 브랜드가 존재하기를 바라기 때문에 정기적으로 상품을 구입한다.', '내가 좋아하는 영화이기 때문에 플레이어가 없어도 블루레이 디스크를 산다.' 등의 행동이 소개되어 있었다. 상품을 소유하고 싶다는 욕구뿐 아니라, 만드는 사람이 지니고 있는 신념에 동의하거나 구입을 통해 만드는 사람에게 '좋은 일'을 할 수 있다는 목적이 가미되어 소비가 이루어지는 것이다. 기사에는 이런 내용도 나온다.

현대의 소비는 '내 라이프 스타일을 보다 풍요롭게 해 줄 수 있는가?', '만드는 사람의 철학이 나와 맞는가?'와 같이 '공감할 수 있는 상품에 돈을 쓰는' 방향으로 옮겨 가고 있다. 극단적으로 말하면, 다이아몬드라도 스포츠카라도 그것이 본인의 '공감'과 연결되지 않으면 무가치한 것이 되는 것이다.

사회와의 관계는 접속과 인정이 중심이 되고, 이를 위한 수단으로 물건을 구입하는 것이다. 소비 사회의 이러한 커다란 지각 변동을 이해하지 않으면, 앞으로 광고나 정보 유통에 관해 말을 꺼내기 힘들어질 것이다. 이는 소비를 통해 자신의 존재를 드러내고, 소비를 통해 다른 사람의 존재를 확인하는 것이다. 예를 들면 좋아하는 레스토랑에서 식사를 할 때, 우리는 단지 돈과 서비스를 교환하는 것이 아니다. 거기에는 '멋진 식사를 만들어 주는 사람', '식사를 맛있게 먹어 주는 사람' 간의 상호 존중이 있으며, 돈뿐만 아니라 이러한 존중도 동시에 교환된다.

음악 전송 서비스 아이튠스에는 어필리에이트(affiliate) 광고 기능이 있다. 자신의 블로그에 음악을 소개하고, 이를 통해 그 음악을 누군가가 구입하면 구입 금액의 일정 퍼센트를 광고 대금으로 지불받는 방식이다. 이런 방식도 분명 광고에 속하고 금전적 거래도 이뤄지지만, 한 곡에 150엔 하는 음악의 광고료라고 해 봤자 얼마 되지 않는다. 그래서 오로지 돈을 벌기 위해 어필리에이트 광고를 하는 블로거는 극히 소수에 지나지 않는다.

돈을 벌기 위한 것이 아니라면, 도대체 무슨 목적으로 이러한 광고에 참여하는 것일까? 답은 명확하다. 자기가 블로그에 좋은 음악을 소개함으로써 누군가가 그것을 구입했다는 사실을 어필리에이트 광고를 통해 확인할 수 있기 때문이다. 자신이 블로그에 올린 것에 누군가가 기뻐해 준다는 것, 그 사실을 확인하기 위해서 아이튠스의 어필리에이트 광고에 참여하는 것이다.

여기서 소비는 같은 음악을 좋아하는 사람들의 사이를 연결해 주는 상징에 지나지 않는다. 물론 모든 소비가 연결을 위한 것은 아니다. 집 근처의 슈퍼에서 생필품을 사거나 편의점에서 컵라면을 사는 것을 '연결의 상징'이라고 하는 것은 아니다.

나는 이번 장에서 기호 소비는 점점 의미를 잃고 사람들이 기능을 중심으로 물건을 사게 되었다고 썼다. 젊은이들은 수입 차나 고급 차를 사는 것은 돈 낭비이며, 단지 이동하기 위한 수단으로서는 경차면 충분하다고, 합리적으로 생각한다. 유니클로나 에이치앤엠(H&M), 자라(ZARA) 같은 패스트패션, 규동이나 햄버거 같은 패스트푸드처럼 심플한 기능(혹은 칼로리)만 있으면 충분하다는 사고방식인 것이다. '필요한 기능만을 소비한다.'라는 사고방식은 다양한 분야로 퍼지고 있다.

매스 미디어가 연출했던 기호 소비가 사라지는 세계에서는 이제 두 가지 방향으로 소비의 형태가 분화되고 있다. 소비가 본래부터 생식하고 있던 장소, 즉 심플한 '기능 소비'로 돌아가는 것이 첫 번째 방향성이라면, 새로운 '연결 소비'의 세계로 가는 것이 또 다른 방향성이라 할 수 있다.

매스 미디어의 쇠퇴와 더불어 기호 소비는 소멸을 향해 가고,

'기능 소비'와 '연결 소비'로 양분된 새로운 세계의 막이 열리고 있는 것이다.

클라우드와 공유가 만드는 '청빈 사상'

이처럼 두 방향으로 흘러간다면 소비는 더 이상 물건을 구입하는 행동과 필연성을 맺을 이유가 없어질지도 모른다. 기능이 필요하다고 하면 딱히 물건을 사지 않고도 빌리거나 공유할 수도 있지 않은가. 연결이 필요하다고 하면 물건을 사지 않아도 이어질 수 있는 장소가 존재한다면 충분하지 않은가. 이는 진화의 당연한 방향성이라고도 말할 수 있을 것 같다.

최근에는 '클라우드(cloud)'와 '공유(share)'라는 말이 일상생활 속에서도 중요한 키워드가 되었다.

'클라우드'라는 것은 이메일이나 워드 문서, 음악, 영상 등을 인터넷 회선 너머의 커다란 컴퓨터에 전부 보존하여 어디서든 이용할 수 있게 하는 것이다. 이제는 책도 전자책의 형태로 클라우드에 넣는 시대가 되었다. 읽고 싶은 책이 있으면 클라우드에서 간단히 불러내 가지고 있는 아이패드(iPad)나 휴대 전화의 화면에서 읽을 수 있다. 얼마 전까지만 해도 컴퓨터를 능숙하게 사용한다고 하면 '전자기기에 둘러싸여 생활하는 사람'이라는 이미지가 있었지만, 클라우드 시대가 되면서 모든 것이 인터넷 너머에 잘 보관되어 있어 많은 기기를 들고 다닐 필요가 없게 되었다. 전자 기기뿐만 아니라 종이 서류나 책, 음악 시디나 DVD도 전부 필요 없게 되었다.

이는 우리의 생활 양식을 극적으로 바꿔 놓았다. 예를 들어 평소 나의 근무 시간이나 일상생활을 돌이켜 보면, 가지고 다니는 물건이 예전과 비교도 할 수 없을 만큼 간소해졌다. 강연이 있어 지방으로 당일 출장을 갈 때는 지갑과 손수건, 집 열쇠, 아이폰(iPhone), 작은 이어폰을 챙기고, 출장 가서 하는 일의 양에 따라 아이패드나 맥북 에어(MacBook Air)를 가져갈 뿐이다. 그 외에는 아무것도 준비할 것이 없다. 시간은 휴대 전화로 확인할 수 있기에 손목시계도 필요 없다. 작은 가방 하나를 손에 들면 끝이다.

집에 있는 서재에도 컴퓨터와 작은 프린터, 스캐너가 한 대씩 있을 뿐, 다른 것은 아무것도 없다. 가끔 손님이 찾아오면 "이런 휑한 방에서 잘도 일을 하네."라며 놀라곤 한다.

공유란 나눠 쓰는 것을 의미한다. 쉐어 하우스(share house)라고 하면 젊은이들이 공동으로 아파트를 빌려서 사는 것을 말하고, 카 쉐어링(car sharing)이라고 하면 한 대의 자동차를 여러 사람이 함께 쓰는 것을 말한다. 자동차를 소유하는 것은 경제적이지 못하고, 필요한 때 당장 쓸 수 있다면 그걸로 족하다는 것이다. 집도 소유하지 않고, 책도 서류도 소유하지 않는다. 자동차도 소유하지 않는다. 전자 기기는 꼭 필요한 것만 장만한다.

이렇게 클라우드와 공유의 시대가 되면, 소유하는 물건이 점점 줄어들고, 주변이 심플해진다. 사람과 사람의 관계가 제대로 존재하고 활발한 커뮤니케이션을 즐길 수만 있다면, 쓸데없는 물건은 소유할 필요가 없는 시대인 것이다. '물건'이 아니라 서로가 연결되는 '이야기'가 중요한 시대이다.

1990년대 버블 말기에 나카노 고지(中野孝次)의 『청빈의 사상(清貧の思想)』이란 책이 베스트셀러가 된 적이 있다. 지금과 같은 대량 소비 사회에선 할 수 없는, 예전의 일본인들이 실천했던 청빈한 생활로 돌아가자는 내용이었는데, 클라우드와 공유에 의해 나타나고 있는 심플한 생활은 실은 현대의 '청빈'을 실현하는 것일지도 모르겠다. 나카노의 책에 이런 구절이 나온다.

확실히 물질적으로 풍요로워졌다. 유럽의 어느 국가에 가도 부족한 것 없이 시장은 물건들로 넘쳐난다. 하지만 물질적으로 아무리 풍요로워져도 그것이 꼭 행복한 생활과 연결되는 것은 아니다. 행복한 삶을 위해서는 물질과는 다른 차원의 원리가 필요하다는 것을 우리는 지금 드디어 깨닫고 있다.

우리가 물질에 사로잡히고, 구매, 소유, 소비, 폐기의 사이클에 사로잡혀 있는 한, 내면의 충실함은 얻을 수 없다는 것을 깨닫고 있다. 끝없는 물질의 생산과 낭비가 공존하고 있지만, 환경과 자원 보호를 위해서라도 허용되면 안 된다는 것을 우리는 알고 있다. 진정한 풍요로움, 즉 내면의 충실함을 위해서는 소유욕을 억누르고 무소유의 자유를 다시 생각해 볼 필요가 있다고 느끼는 것이다. 사람이 행복하게 살기 위해서는 도대체 무엇이 필요하고, 무엇이 필요하지 않은가를, 대원칙으로 돌아가 다시 한번 생각해 보려는 사람들이 많아지고 있다.

일본에는 예전에 청빈이라는 아름다운 사상이 있었다. 소유에 대한 욕망을 최소한으로 제한함으로써, 거꾸로 내적인 자유를 비약시킬 수 있는 역설적인 생각이었다.

소유의 시대는 끝났다

『청빈의 사상』은 매스 미디어가 만든 과시형 기호 소비가 만연했던 버블기에 "이대로는 안 된다. 일본인의 옛 미덕을 되살려야 한다."라고 주창했다. 그리고 나카노가 이상적으로 생각했던 생활 문화는 버블 붕괴로부터 20여 년이 지난 지금에야 비로소 일본 사회 속에서 실현되는 것 같다.

기호 소비의 쇠퇴, 클라우드와 공유를 통한 소유하지 않는 삶의 방식, 그리고 사람과 사람 사이의 연결을 중요시하는 젊은 세대의 대두. 여기에는 옛 일본의 청빈 사상과 통하는 구석이 있다. 그럼에도 매스컴에서는 변함없이 "요즘 젊은이들은 초식계(草食系)[10]로 적극성이 없다.", "소비를 하지 않으면 안 된다. 소비 없이는 발전할 수 없다."라는 식으로 새로운 생활 문화를 비난하기만 한다. 최근 일본에서는 '젊은이들의 자동차 이탈', '젊은이들의 브랜드 이탈', '젊은이들의 여행 이탈' 등 소위 '이탈 시리즈'가 젊은 세대들을 비판하기 위한 수단으로 미디어에 자주 등장한다. 그러나 새로운 생활 문화를 '초식'과 같은 꼬리표를 붙여 경멸적으로 부르며 비난하는 사람들이야말로 대량 소비 사회 속에서 닳고 닳은 퇴물들이다. 그리고 어찌되었든 그들은 언젠가 정년을 맞고 사회에서 사라져 갈 사람들이다.

앞서 살펴보았듯, 기호 소비가 사라지고 소유에 대한 흥미가 줄어들고 연결을 중시하는 문화로의 흐름 속에서 소비 동향이 바뀌는 것은 당연한 결과이다. 소비조차 필요 없게 되는 무소유로의 변화가 일어나고 있다. '연결'이 이루어지는 지점이 물건을 구입하는 것에서 무엇을 '실행한다'는 행위로 바뀌고 있는 것이다.

실제로 이러한 변화는 일본 사회의 여기저기에서 눈으로 확인할 수 있다. 남들에게 과시할 수 있는 고급 브랜드의 '물건'에 대한 관심에서 벗어나, 농사나 등산, 문화유산 순례와 같은 '행위'에 대한 관심이 높아지면서 이를 반영한 소비 경향이 전례 없이 강해지고 있다. 또한 트위터나 믹시, 니코니코 동화(ニコニコ動

画)[11]와 같은 '장소'로 흥미가 옮겨 가는 경향도 보인다. 상품의 소비에서 행위나 장소의 소비로, 물질의 소비에서 비물질의 소비로, 기호 소비를 통한 탈주에서 접속과 인정을 위한 공감 추구로의 변화는 계속되고 있다.

이러한 소비 패턴의 변화는 우리 사회에서 폭넓게 벌어지고 있다. 그리고 이를 기반으로 다양한 정보가 교환되고, 매스 미디어를 대신하여 작은 비오톱이 무수히 생겨나고 있다. 이런 변화의 영향을 받아 정보의 흐름도 '연결'을 중심으로 변하지 않으면 안 되게 되었다.

다음 장부터는 '연결'에 의해 촉발된 정보의 새로운 유통 형태에 대해 살펴보도록 하겠다.

3 '관점에 체크인'하는 새로운 패러다임

포스퀘어(Foursquare)라는 서비스가 있다. 뉴욕의 벤처 기업이 시작한 이 서비스는 '위치 기반 모바일 서비스'라고 불린다. '자신이 있는 장소를 친구들에게 알리고, 그 장소에 관한 다양한 정보를 공유하는' 것이 가능한 서비스이다. 현재 자신의 위치를 알리는 것이기 때문에 집이나 사무실에 있는 개인용 컴퓨터로는 사용해도 별 의미가 없고, 아이폰이나 안드로이드폰, 블랙베리와 같은 스마트폰으로 이용하는 것이 일반적이다.

사용법은 간단하다. 지금 가지고 있는 아이폰으로 포스퀘어를 어떻게 사용하는지 설명하도록 하겠다. 우선 아이폰의 앱스토어(AppStore)에서 포스퀘어 어플리케이션을 다운받아야 한다. 무료인 어플리케이션을 다운로드해서 실행시키면, 계정을 등록하라는 메시지가 뜬다. 메일 주소와 비밀번호를 등록하고 로그인을 하면 인공위성을 이용한 위치 추적 시스템(Global Positioning System), 즉 GPS로 현재 위치 정보를 이용해도 되겠냐는 안내가 뜬다. 승낙을 하면 내가 지금 있는 장소와 근처의 가게나 시설 등의 리스트가 표시된다.

예를 들어 당신이 지금 시부야 역 근처 하치 공(公) 동상 앞에서 친구와 만나기로 했다고 하자. 그곳에서 포스퀘어를 실행시키면 'JR 시부야 역', '도큐백화점 도요코점(東急百貨店東橫店)', '도쿄메트로 한조몬선(東京メトロ半蔵門線) 시부야 역', '하치 공 광장', '큐프런트(QFRONT)', '시부야 마크시티' 등의 리스트가 당신이 서 있는 위치를 근거로 표시된다. 그중에서 하치 공 광장을 선택하고 '체크인(Check-in)' 버튼을 터치하면 하치 공 광장에 관해 포스퀘어 유저들이 코멘트로 남긴 정보를 볼 수 있다. 그리고 동시에 '나는 지금 시부야의 하치 공 광장에 있다.'라는 정보를 친구들에게 전달할 수 있다.

포스퀘어는 트위터나 페이스북과 연동할 수 있는 기능이 있기 때문에, 체크인 정보는 포스퀘어의 친구들뿐 아니라 트위터의 팔로워(Follower)들에게도 전달된다. 나도 가끔 이 서비스를 이용하는데, 예를 들어 출장 때문에 하네다 공항에서 탑승을 기다리면서 트위터에 "삿포로 출장 때문에 현재 하네다 공항에. 곧 출발." 등의 코멘트를 포스퀘어의 위치 정보와 함께 올리기도 한다.

반대로 친구들이 체크인한 정보도 전달받는다. "지금 신주쿠

역에 있음.", "지금 긴자의 ○○ 레스토랑에 있음." 등의 정보가 여기저기에 있는 친구들로부터 오는 것이다.

포스퀘어의 모듈화 전략

"그게 뭐가 재미있는 거야?"라고 생각할 사람도 있을 것이다. 그렇게 생각하는 사람들을 위해 포스퀘어의 매력에 대해 정리해 보도록 하겠다.

우선 포인트 시스템을 들 수 있다. 어딘가에서 체크인을 하면 포인트를 쌓을 수 있는 것인데, 처음 가 본 곳에서 체크인을 하면 5포인트, 가 본 적이 있는 곳에서 하면 1포인트이다. 그리고 똑같은 곳을 몇 번이고 들러서 체크인을 하면 '그 장소에서 가장 많이 체크인한 사람'이라는 의미로 메이어(mayor, 시장)라는 호칭을 받게 된다. 메이어 기능은 가게에서 광고를 하기 위해 이용되기도 하는데, 마케팅 분야에서 굉장히 주목을 받고 있다. 예를 들어 어떤 레스토랑에서 '메이어가 되면 5퍼센트 할인해 드립니다.'라고 포스퀘어 상에 공지를 하면, 메이어가 되기 위해 사람들이 찾고 자연스럽게 집객과 연결되는 방식이다.

포인트를 많이 모으면 같은 지역의 랭킹에 자신의 계정이 올라간다. 랭킹에 들어가기 위해 유저들은 이곳저곳을 다니면서 체크인을 하고, 포스퀘어 이용도는 더욱 높아지게 된다.

또한 '배지(badge)'라는 기능도 있다. 쉽게 비유하자면 훈장과 같은 것인데, 계정을 등록하고 어떤 장소에서 처음 체크인을 하면 "당신은 처음으로 체크인을 하셨습니다. 축하드립니다!"라는 메시지와 함께 '최초 체크인' 배지를 받는다. 그리고 몇 군데에서 체크인을 완료하거나 메이어가 되는 등 어떤 행동을 달성할 때마다 배지를 받을 수 있다. 이는 포스퀘어를 이용하는 동기를 높여 준다.

포스퀘어의 두 번째 매력은 정보력이다. 『자갓 서베이(Zagat Survey)』라는 레스토랑 가이드북이 있는데, 이 책은 일반 레스토랑 이용자들을 상대로 설문 조사를 해서 그 결과를 바탕으로 레스토랑을 평가한다. '다베로그(食べログ)'[1]와 같은 인터넷 기반의 레스토랑 평가 사이트보다 앞서서 이용자들의 입소문을 반영하는 시스템을 종이책으로 실현한 것이다. 미국에서는 1979년부터 발행되었고, 현재 세계 89개 도시에서 발행되고 있으며, 일본에서도 부동산 정보 사이트인 친타이(CHINTAI)에서 도쿄판, 간사이판(오사카, 교토, 고베), 나가노판을 발행하고 있다.

포스퀘어는 자갓과 연계하여 장소 정보와 레스토랑 평가를 연결시킨 서비스를 제공하고 있다. 포스퀘어로 어떤 가게에 체크인을 하면 자갓의 평을 보면서 가게에 대한 정보를 얻을 수 있다. 포스퀘어로 체크인할 수 있는 '장소'는 가게나 시설 측에서 프로필 페이지를 만들 수 있는 구조로 되어 있지만, 동시에 이용자들도 거기에 '추천 정보'를 쓸 수 있다. 자갓의 가이드북에 기재된 평가들이 덧붙여 제공되는 것이다. 이런 제휴를 통해 프로필 페이지는 꽤나 충실하고 정보량도 풍부해져 실용성이 높다.

즉, 포스퀘어라는 플랫폼이 만들어지고, 그 위에 가게나 소비자, 『자갓 서베이』와 같은 가이드북이 참여하여 에코시스템(생태계)이 형성된 것이다.

에코시스템의 형성을 위해, 포스퀘어는 다음의 몇 가지 장치를 고안했다.

> 첫째, 스스로는 철저히 모듈(module)로 남아, 거대 플랫폼에 의존할 것
>
> 둘째, '장소'와 '정보'의 교차점을 잘 설계할 것
>
> 셋째, 교차점에 이용자들을 접속시키기 위해 '체크인'이라는 새로운 수법을 도입할 것

이들에 대해 하나씩 살펴보자.

첫째, 포스퀘어는 트위터나 페이스북 등 이미 시장을 이끌어 가는 거대한 플랫폼과 연계하고, 스스로는 플랫폼의 일부분인 모듈이 되는 전략을 세웠다. 소셜 미디어를 제로 상태에서부터 만들어 보급하는 것은 성공 가능성이 희박한 일이다. 신흥 소

셜 미디어인 포스퀘어가 엄청난 기세로 이용자 수를 늘릴 수 있었던 것은 페이스북이나 트위터와 연결되는 동선을 잘 설계했기 때문이다.

포스퀘어의 인기가 상승하던 2010년 봄, 리드라이트웹(Read Write Web)이라는 뉴스 미디어가 포스퀘어 이용자들의 동선을 분석한 적이 있다. 그에 따르면 포스퀘어의 방문자 수 중 구글 검색 경유로 유입된 사람은 전체의 24퍼센트였다고 한다. 한편, 트위터나 페이스북 등의 소셜 미디어에서 포스퀘어로 유입된 사람은 구글 경유의 2배는 되었다. 트워터에서 21퍼센트, 페이스북에서 19퍼센트로 총 40퍼센트가 소셜 미디어를 경유한 것이다.

이는 포스퀘어가 트위터나 페이스북과 연동이 되어 있기 때문이다. 포스퀘어는 처음에 등록할 때부터 트위터나 페이스북 계정을 그대로 이용할 수 있다. 예를 들어 트위터 계정을 포스퀘어에 등록하면, 그 후로 포스퀘어로 체크인한 정보들이 전부 트위터에도 전달되는 구조를 갖고 있다.

이를 통해 트위터 상의 팔로워들도 포스퀘어라는 서비스를 알게 되는 메리트가 생긴다. 지금까지 포스퀘어에 대해 잘 모르던 사람들도 '도대체 이건 무슨 서비스인 거지?'라며 흥미를 가지게 된다.

트위터의 이용자는 전 세계에 약 1억 명이 있다. 페이스북 이용자는 약 5억 명으로 미국 인구보다 많아졌다. 신규 진출자가 이러한 거대 플랫폼을 능가하려는 것은 좋은 전략이 아니다. 특히 지금처럼 소셜 미디어가 난립하고 있는 상황에선 더욱 그렇다. 특출하게 탁월한 서비스가 아닌 이상, 회원 수를 크게 늘리는 것은 굉장히 어려운 일이다.

이런 상황에서 다른 플랫폼의 생태계에 '업혀서' 일부분의 기능을 담당하는 모듈로 참가하여 공존공영을 꾀하는 방법은 현재 소셜 미디어의 세계에서는 일반적이 되고 있다. 예를 들어 최근 몇 년간 포스퀘어와 같은 위치 정보 서비스와 더불어 큰 인기를 끌고 있는 '플래시 마케팅(flash marketing)' 서비스도 그렇다고 할 수 있다.

플래시 마케팅은 공동 구매나 소셜 커머스(social commerce)라고도 불리는데, 미국의 그루폰(Groupon)[2]이 대표적인 기업으로 일본에서도 유사한 서비스가 많이 나오고 있다. 《마이니치 신문(毎日新聞)》과 같이 오래된 미디어에서도 '마이폰(毎ポン)'이라는 서비스를 시작할 정도이니, 어느 정도 주목을 받고 있는 분야인지 알 수 있을 것이다.

트위터가 낡은 비즈니스를 살리다

플래시 마케팅에 대해서는 일본의 벤처 회사가 만든 '피쿠(ピ

ク)'라는 서비스의 사용 방법을 예로 들어 설명하도록 하겠다.

우선 피쿠에 메일 주소와 비밀번호, 그리고 자신이 살고 있는 장소를 등록하여 계정을 만든다. 그러면 거주지 근처의 각종 매장에서 발행한 할인 쿠폰이 잔뜩 보인다.

"일식집 ○○의 9000엔짜리 와규 코스가 3000엔에!"

"인기 공연 티켓이 8000엔에서 5500엔으로!"

"셀룰라이트와 피하 지방 제거! 60분에 9800엔짜리 서비스를 4900엔에!"

이런 형태의 새로운 쿠폰들이 매일 피쿠 사이트에 올라온다. 이용하고 싶은 사람은 구입 버튼을 클릭하고 신용카드로 결제를 하면 된다.

하지만 이런 할인 쿠폰은 언제나 사용할 수 있는 것이 아니고, 최저 신청자 수가 가게마다 설정되어 있다. 예를 들어 9000엔의 와규 코스를 3000엔에 파는 쿠폰이 '100명 이상'이라고 설정되어 있으면, 100명 이상이 쿠폰을 신청하지 않으면 계약이 이루어지지 않고 3000엔짜리 이용 쿠폰을 얻을 수 없게 된다. 게다가 각 쿠폰에는 구입 가능한 기한도 존재한다.

정해진 시간 내에 최저 신청자 수를 넘기기 위해서는 이용자들 간의 협력이 필요하다. 피쿠의 쿠폰 화면에는 '믹시 체크인'이나 '트윗하기', 페이스북의 '좋아요' 버튼이 설치되어 있어, 이러한 버튼들을 클릭하면 쿠폰 정보를 자신의 코멘트와 함께 여러 소셜 미디어에 올릴 수 있다.

피쿠의 쿠폰 정보는 트위터나 페이스북, 믹시와 같은 커다란 소셜 그래프(인간 관계도)를 가진 거대 플랫폼 위에서 교환되고, 거기에서 이용자들은 '지금 이 쿠폰이 싸게 나온 것 같네.' 혹은 '이거 괜찮을 거 같은데?' 등 이런저런 이야기를 주고받을 수 있게 된다. 피쿠의 웹사이트는 소셜 그래프를 전혀 가지고 있지 않다. 완전히 다른 소셜 그래프에 의존하는 서비스인 것이다.

피쿠 사이트에서는 쿠폰 정보와 함께, 목표 달성까지 앞으로 남은 시간을 초 단위로 보여 주고, 거래가 이뤄지기 위해 필요한 신청자 수 모집 현황도 실시간으로 표시함으로써 초조함을 불러일으킨다. 즉, 이곳에서는 '정보를 제공하는 곳'과 '정보에 대해 다른 사람들과 의견을 나누는 곳'이 완전히 분리되어 있는 것이다. 그리고 후자의 경우 스스로 제공하지 않고 거대 플랫폼에 업혀서 의존하는 구조로 되어 있다.

원래 인터넷의 공동 구매 서비스는 1990년대 말부터 이미 존재하고 있었다. 대단한 기술이 필요한 것도 아니고 새롭게 발명된 참신한 서비스도 아닌 것이다. 단지 1990년대 당시에는 페이스북과 같은 거대 SNS나 트위터처럼 실시간으로 정보를 교환할 수 있는 소셜 미디어가 없었을 뿐이다. 그래서 당시의 공동 구매는 유저들 간의 정보 교환을 이메일에 의존해야 했다. 이메일의 경우, 유저 각자가 정보를 보낼 수 있는 곳이 평소에 같이 일을 하는 직장 동료나 현실 세계의 친구 등으로 한정되어 있었다. 그리고 친구 한 명에게 공동 구매 정보가 실린 메일을 보내도 그 친구 외의 사람들에게는 정보가 퍼지지 않았다. 어차피 이메일이란 것은 '1대1'로 정보를 주고받는 시스템으로 실시간성이 보장되지 않아 공동 구매의 기반으로는 적합하지 않았다. 결과적으로 공동 구매 서비스는 유행을 타지 못하고 사라져 버렸다.

그렇지만 트위터라는 실시간성이 극도로 높고 자신이 발언한 정보가 팔로워 모두에게 공유되는 '다대다(多對多)'의 정보 공유 서비스가 출현하자 상황은 급변했다. SNS 이용자라면 공동 구매 정보뿐만 아니라 진행 상황까지 실시간으로 파악할 수 있으니, 누구나 축제에 참여하여 떠들썩하게 분위기를 띄울 수 있게 된 것이다.

1990년대에 이미 존재했던 공동 구매라는 오래된 서비스가 2010년 전후가 되면서 플래시 마케팅이라는 새로운 이름으로 부활할 수 있었던 배경에는 트위터와 같이 실시간성이 높은 소셜 미디어의 보급이 존재한다.

막대한 소셜 그래프와 실시간성을 가진 트위터 덕분에 피쿠와 같은 서비스들은 스스로 소셜 그래프를 구축하지 않고도 이미 형성된 에코시스템에 참가할 수 있다. 이는 트위터나 페이스북과 포스퀘어의 관계와 완전히 같다고 할 수 있다.

정리하자면, 소셜 미디어의 새로운 계층(hierarchy) 구조가 나타나고 있다고 말할 수 있다.

트위터, 페이스북과 같은 초대형 플랫폼은 수억 명, 수십억 명의 등록된 이용자를 확보하고 있고, 각각의 이용자들이 어떤 식으로 친구들이나 지인들과 연결되어 있는지를 나타내는 소셜 그래프를 가지고 있다. 포스퀘어, 그루폰과 같은 중급 규모의 모듈은 초대형 플랫폼의 소셜 그래프를 재이용하는 형태로 특화된 서비스를 운영한다. 그리고 트위터를 사용하기 쉽게 만들어 주는 어플리케이션, 페이스북이나 트위터 상의 친구 관계를 분석해 주는 서비스, 혹은 페이스북 팬페이지의 관리를 대행해 주는 소기업 등은 소규모 모듈에 해당한다.

이런 계층 구조 중에서 포스퀘어 같은 경우는 '자신이 있는 장소를 알려 주는' 역할을 하며 현실 공간과의 접속성을 무기로 트위터나 페이스북 등의 거대 플랫폼에 의존하는 형태로 중급 규모의 모듈로 성장했다.

모듈은 소셜 그래프라는 기반을 가지고 있지 않다. 그러므로 이미 소셜 그래프를 확보하고 있는 거대 플랫폼에 비해 유리함이 없기 때문에 다른 부분에서 이용자를 끌어 모으지 않으면 안 된다. 포스퀘어는 앞서 내가 제시했던 세 가지 장치 중 '스스로는 철저히 모듈로 남아, 거대 플랫폼에 의존할 것' 이외에도 나머지 두 가지를 잘 녹여내어 굉장히 매력적인 서비스를 구축했다.

내가 제시한 두 번째 장치는 '장소'와 '정보'의 교차점을 잘 설계하는 것인데, 이제까지 위치 정보를 지인들에게 통지하는 방식의 서비스는 많이 있었다. 하지만 포스퀘어만큼 널리 보급된 서비스는 없었다. 예를 들어 구글은 '구글 래티튜드(Google Latitude)'라는 위치 정보 기반의 SNS를 2008년에 시작했다. 이용자가 자신은 물론 지인들의 위치 정보를 확인할 수 있는 서비스였다. 하지만 구글 래티튜드에서 공유되는 위치 정보는 '위도 ○시 ○분 경도 ○시 ○분'과 같이 지도상의 좌표일 뿐이었다. 즉, 구글 지도 위에 지인의 위치를 표시해 주는 것이다. 하지만 이런 정보를 받으면 '내 친구가 지도상 이 위치에 있다는 것은 알겠어. 그런데 이걸로 뭘 할 수 있는 거지?'라고 의아해했을 것이다.

이에 비해 포스퀘어는 '위치'가 아닌 '장소'를 보여 준다. GPS로부터 위도와 경도 데이터를 받고 이를 바탕으로 주위의 온갖 상점과 시설 등을 리스트로 표시하고, 그중에서 이용자가 있는 곳을 고를 수 있게 되어 있다. 정보를 받은 사람도 의아해하지 않고 '아, 이 친구 지금 시부야의 도큐백화점에 있구나. 저녁도 되어 가는데 반찬이라도 사고 있는 거 아냐.'라고 생각할 수 있을 것이다. 그리고 포스퀘어는 이러한 '장소'를 단지 시설명이나 상점명으로 이용하는 것이 아니라, 거기에 부가 가치 정보를 덧붙이는 것을 생각했다.

가상 공간과 현실 공간의 연계, 새로운 세계가 열리다

앞서 소개한 것처럼 포스퀘어는 자갓 서베이와의 제휴를 통해, 이용자가 어딘가의 가게에서 체크인을 하면 자갓 서베이 웹사이트에 올라와 있는 댓글이나 평가를 볼 수 있게 했다.

한 이용자가 어떤 상점이나 시설에 가려고 할 때, 그곳에 어떤 정보가 있는지를 스스로 찾아보지 않으면 안 된다. 예를 들어 유명한 프랑스 레스토랑에 간다고 하면, 사전에 가이드북이나 맛집 소개 책자를 찾아보거나 인터넷에서 사용자들의 리뷰를 검색할 것이다. 하지만 포스퀘어는 그 행위들 사이의 틈을 줄여서 '어떤 장소에 가는' 행위와 '그 장소에 관한 정보를 얻는' 행위를 체크인을 통해 하나로 엮는다.

장소와 정보의 연계를 포스퀘어는 점점 늘리고 있다. 《월스트리트 저널》이나 《뉴욕 타임스》 등 신문사와도 제휴를 했는데, 예를 들어 2010년 밴쿠버 올림픽에서는 경기장 주변의 시설이나 상점에 가서 체크인을 하면 《뉴욕 타임스》의 레스토랑 가이드나 관광 정보가 표시되는 서비스를 제공했다. 또한 《월스트리트 저널》이 가지고 있는 과거 기사와 미국 내의 다양한 장소를 연계하여, 예를 들어 뉴욕의 골드만삭스 본사 앞에서 체크인을 하면 '골드만삭스는 법무부로부터 수사를 받고 있으며…….' 등의 뉴스가 표시되는 흥미로운 시도를 하기도 했다.

장소와 정보의 연계는 현실 공간과 가상 공간의 연계라고 할 수 있다. 현실 공간의 한 점인 '장소'와 인터넷이라는 가상 공간 속에 존재하고 있는 코드인 '정보'가 결합되는 것이다. 이 두 가지 공간의 접합은 새로운 세계의 막을 열고 있다.

얼마 전에 《뉴욕 타임스》에 "트위터를 넘어서—당신에게 거리의 진짜 모습을 보여 주는 어플리케이션"이라는 제목의 기사가 실렸다. 포스퀘어의 매력을 소개하는 이 기사에는 다미안 버질이라는 29세의 소셜 미디어 컨설턴트가 등장한다. 취재 기자는 로저스미스 호텔에서 그와 만났다. 뉴욕의 렉싱턴 애비뉴에 있는 이 호텔은 포스퀘어 이용자들에게도 인기가 있는 장소로 500여 명의 이용자들이 1300회 이상 체크인을 한 곳이다. 그리고 버질은 이 격전지에서 '메이어'가 되었다. 앞서 설명한 것처럼 메이어라는 것은 포스퀘어상의 특정한 장소에 최고로 체크인을 많이 한 사람을 뜻한다.

버질은 전부 열두 군데 장소에서 메이어의 칭호를 획득하고 있으며 이제까지 서른네 개의 배지를 받았다. 그는 취재 기자에게 이렇게 이야기했다.

"오프라인 세계에서 재미있게 노는 방법이 변했습니다. 이를테면 휴일에 집에 있기보다는 밖으로 나가 영화를 보는 것이 더 낫다고 생각하게 된 것이죠. 영화관에 가면 배지를 받을 수 있으니 가만히 있을 수 없게 됩니다."

오프라인 세계는 인터넷이라는 가상의 세계가 아닌, 우리들이 살고 있는 현실 공간을 말한다. 버질은 오프라인을 이제까지는 인터넷과 연결되어 있지 않은 아날로그의 세계라고 생각하고 있었다. 그렇지만 포스퀘어와 같은 서비스는 오프라인 세계를 온라인에 연결시키고 있다. 이제까지 가상과 현실의 경계선은 명확하게 존재했고, 사람들은 가상과 현실이 대립하는 개념이라고 생각했다. 그러나 포스퀘어와 같이 공간과 시간과 웹과 인간관계를 동시에 엮어 주는 새로운 서비스가 등장하면서, 가상과 현실의 경계선이 점차 모호해지고 있다.

오프라인의 현실 공간에 온라인이 진출하면서, 인터넷은 사람들이 밖에서 활동하기 위한 기반이 되어 가고 있다. 원래 인터넷 세계는 집 안의 컴컴한 방 안에 있는 컴퓨터라는 고정 기기를 중심으로 이뤄졌기 때문에 히키코모리 같은 이미지를 가지고 있었다. 그렇지만 인터넷이 컴퓨터에서 아이패드 같은 태블릿(Tablet)[3]이나 스마트폰 등 모바일 기기로 주 무대를 옮겨 가자 그런 부정적 이미지도 사라지고 있다. 이제는 너무도 당연한 이야기가 되어 버렸지만, 인터넷은 집 안에서만 이용될 필요도 없으며, 밖으로 진출한 인터넷의 활용 범위는 무궁무진하다.

밖으로 진출한 인터넷의 예를 들어 보자. 뉴욕에는 '스트리트 벤더(Street Vendor)'라 불리는 포장마차가 거리 곳곳에 들어서 있다. 월스트리트에서 4번가, 업타운, 이스트 빌리지까지 그 수가 1만 개 이상이라고 한다. 그곳에서는 핫도그나 햄버거 등의 패스트푸드에서부터 세계 각국의 요리, 자연식 등 온갖 종류의 음식을 가볍게 즐길 수 있다. 1년에 한 번 벤디 어워드(Vendy Award)라는 포장마차를 대상으로 한 콘테스트까지 열리고 있을 정도로 널리 보급되어 있다.

최근 이 업계에 트럭으로 가게를 내는 새로운 업태가 등장했다. 이른바 '푸드 트럭(Food Truck)'이다. 푸드 트럭은 기존의 포장마차보다 훨씬 다양한 요리를 내놓고 있다. 예를 들어 '유기농 재료만을 사용한 햄버거'나 '프랑스의 카페에서 내놓는 안주 요리' 등을 맛볼 수 있으며, 그중에는 레스토랑에 버금가는 맛을 자랑하는 가게도 적지 않다.

푸드 트럭의 또 하나의 특징은 트위터나 페이스북에 계정을 만들고 끊임없이 정보를 발신한다는 점이다. 예를 들어 '파파페로네(PapaPerrone)'라는 피자 푸드 트럭은 트위터에 매일 다음과 같이 트윗을 남긴다.

오늘은 소시지가 있어요.

오늘은 칼조네(밀가루 반죽으로 재료를 감싸 구운 피자)를 준비! 그런데 가지는 뺐어요.

오늘은 개인적 사정으로 55번가에는 못 가요. 수요일에 가겠습니다.

파파페로네는 지금 여름휴가 중이에요. 헛걸음하지 마세요.

오늘은 차량 수리를 맡겨서 쉽니다. 수요일에 부활합니다.

저희 트럭에서 같이 일하는 여성분의 나이를 맞추시면, 오늘 미트볼을 공짜로 드립니다.

오늘은 55번가의 그 장소에!

기존의 포장마차는 대체로 동일한 장소에서 장사를 하지만, 푸드 트럭은 신출귀몰하기 때문에 같은 장소에서 매번 볼 수가 없다. 그래서 단골손님이라 해도 우연이 아니면 원하는 푸드 트럭과 만나기가 어렵다.

그렇지만 푸드 트럭이 트워터에서 이런 식으로 정보를 담아 트윗을 날리면, 그 가게를 맘에 들어 했던 손님은 푸드 트럭의 계정을 팔로우하고 오늘은 포장마차가 어디에 있고, 어떤 음식을 추천하는지, 이번 주는 언제 쉬는지 등의 정보를 실시간으로 받을 수 있다.

이런 방식으로 이제까지처럼 일기일회(一期一會)의 존재가 아니라, 어렵지 않게 고객과 지속적으로 관계를 맺을 수 있게 된 푸드 트럭은 새로운 업태로 확고한 존재감을 갖추고 고객들의 앞에 설 수 있게 되었다.

'그때 그 포장마차 정말 맛있었는데. 다시 가고 싶은데.'라고 생각한 사람들은 포장마차의 계정을 팔로우한다. 그러면 포장마차의 위치 및 영업 정보를 입수할 수 있을 뿐만 아니라 "어제 갔는데 맛있었어요."라든지, "다음 주 수요일에 가겠습니다. 기대할게요!"와 같은 답신(reply)을 남기고 포장마차와 교류할 수도 있고, 다음에 가게를 방문하면 "저번에 답신 고마웠어요."라는 식의 대화도 가능해진다.

앞의 사례는, 고객과 푸드 트럭이 일회성 관계가 아니라 지속적인 관계를 맺어 가고 있음을 보여 준다. 이는 이동하는 포장마차와 고객의 새로운 연결이라 할 수 있다.

'장소'와 '정보'의 교차점을 잘 만들어, 이를 통해 포장마차와 고객 간의 새로운 통로가 열린다. 이 새로운 통로야말로 이제까지와는 다른 수평적 관계성을 만들어 내고 있다. 이는 항상 서로의 존재를 의식하고 확인하는 관계이다.

거기에는 단순히 돈과 물건의 교환뿐만이 아니라 공감과 공명이 존재하며, 그렇기 때문에 지속적인 관계가 형성되는 것이다. 이 책에서는 이를 '인게이지먼트(engagement)'라는 광고 용어로 부를 것이다. '약혼'이나 '계약' 등으로 해석되는 인게이지먼트는 '관계 맺기'를 뜻한다. 기업이 소비자에게 과대 광고로 상품을 사게 하거나 집중적 캠페인 광고로 소비자의 주목을 끄는 방법이 아니라, 기업과 소비자 사이에 제대로 된 신뢰 관계를 구축하여 그런 관계 속에서 상품을 거래하는 방식을 말한다. 광고계에서는 그런 관계성이 매스 미디어가 쇠퇴한 다음의 세계에서는 굉장히 중요해질 것이라고 몇 년간 강조해 왔으며, 이를 '인게이지먼트'라는 용어로 부르고 있다.

예전 매스 미디어 광고의 세계에서는 소비자와 기업의 관계가 '일방적'이었다. 각 가정에 구비된 한 대의 텔레비전과 한 대의 라디오, 그리고 매일 배달되는 신문과 정기 구독하는 잡지가 집약된 정보를 전달할 뿐이었다. 매체의 수도 극히 적었다. 이런 미디어 앞에서 소비자는 밀려드는 파도와 같은 정보를 단지 받아들일 뿐이었다. 이렇게 일방적인 정보의 흐름밖에 존재하지 않았기에 관계성 또한 일방적일 수밖에 없었다. 소비자가 능동적으로 정보를 선택할 여지는 거의 없었다.

이제는 소셜 미디어를 통해 기업과 소비자의 관계가 지속적인 관계로 바뀌고 있다. 어떤 푸드 트럭을 트위터에서 팔로우할 것인지의 선택은 소비자의 손에 달려 있다. 또한 단순히 푸드 트럭의 정보만을 얻을 것인지, 아니면 답신을 해서 대화를 나눌 것인지, 소비자들은 관계의 속성도 선택할 수 있다.

물론 기업 측에서도 어느 정도는 소비자들과 개별적으로 관계를 맺을 것인지 아닌지를 선택할 수 있다. 즉, 양측 모두가 자유로운 계약의 관계이다.

여기에 상하 관계는 존재하지 않는다. 손님이라고 위세를 부릴 것도 없고, 기업들도 상품을 팔고 돈만 받으면 그만이라는 태도를 가질 수 없으며, 대기업이라고 소비자를 무시할 수도 없다. 수평적이면서도 상호 존중하는 관계가 생겨나고 있는 것이다.

자신만의 언어를 가지고 관계 맺기

'주객일체(主客一體)'라는 말이 있다. 선(禪)에서 유래한 말로 손님 대접이란 것은 초청을 한 주인이 일방적으로 하는 것이 아니라, 주인과 손님이 협력하여 하나가 되어 만들어 나가는 것이란 의미이다. 주인과 손님 사이에는 그 장소에서 생겨난 예술에 대한 공명이 있어야 한다. 서로가 공명해야만 주인과 손님이 같은 장소를 공유하며 일체감을 느끼고 그 속에서 멋진 예술이 탄생할 수 있다.

이를 다도(茶道)의 세계에서는 일좌건립(一座建立)이라 한다. 아즈치모모야마 시대(安土桃山時代)[4]에 3대 호상(豪商)으로 불린 이들이 있는데, 센노 리큐(千利休), 쓰다 소큐(津田宗及), 이마이 소큐(今井宗久)가 그들이다. 이들은 또한 다도의 3대 장인으로 알려져 있다. 사카이의 거상이던 리큐와 소큐 간에는 다음과 같은 일화가 전해져 온다.

어느 눈 내리는 밤, 소큐는 문득 생각이 들어 리큐가 있는 곳으로 찾아 갔다. 리큐도 그의 방문을 예상하고 있었다. 소큐는 예상했던 대로 골목길을 향해 활짝 열려 있는 문을 통해 다실로 들어갔다. 안내를 청하고 다실 안에 앉아 있으니 리큐가 준비한 것으로 보이는 향이 그윽하게 퍼지고, 정원에 쌓이는 눈과 밤의 어둠과 집 안에서 흘러나오는 불빛의 대비가 표현할 수 없을 만큼 멋진 풍경을 만들고 있었다.

잠시 후 리큐가 먹빛의 옷을 걸치고 나타났다. 둘은 은근한 향기 속에서 인사를 나눴다. 그리고 어디에선가 살짝 문이 열리는 소리가 들렸다. 그러자 리큐는 "밖에다 물을 길어 오라고 부탁했는데 지금 돌아온 것 같군요. 모처럼 오셨으니 물을 갈도록 하죠."라며 다실의 주전자를 가지고 밖으로 나갔다.

소큐는 화로를 보았다. 숯을 넣은 방법이 어찌나 훌륭한지 소큐는 불의 모양에 감격하고 말았다. 물끄러미 바라보다가 소큐는 선반의 숯을 집어 들어 화로 안에 있는 숯 위에 새로운 숯을 올렸다. 그러고는 작은 빗자루로 정리를 하고 리큐를 기다렸다. 이윽고 리큐가 돌아오자 소큐는 이렇게 전했다.

"불의 모습이 너무 맘에 들었습니다. 하지만 새로운 물을 위해 불을 세게 해야겠기에 잠깐 손을 보탰습니다. 숯을 좀 넣었습니다만 쓸데없는 일일까 두렵습니다."

이 말에 리큐는 감탄하여 이렇게 대답했다.

"당신과 같은 손님을 만나는 것이야말로 차를 끓이는 보람인 것 같습니다."

그 후에도 리큐는 당시의 소큐를 회상하며 손님으로서 행하는 행동의 훌륭함에 대해 언제나 주위 사람들에게 말하곤 했다.

이렇듯 다도의 세계에서는 주인과 손님이 일체가 되어 장소를 만든다. 그것이 일좌건립이고 주객일체의 이상적인 모습이라 할 수 있다. 서양의 전통 문화가 주인과 손님의 관계를 고정시키는 것에 비해, 일본의 전통 문화는 주객일체를 강조하며 주인과 손님의 관계를 항상 대등하고 공명하며 서로 협력해 가는 것으로 여긴다. 손님도 '나는 손님이니까.'라고 여기며 뻣뻣하게 있지 않는다. 자신이 무엇을 생각하는지, 자신의 취향은 어떠한지를 말로 표현하지 않고, 주인을 관찰하고 그에 맞춤으로써 손님으로서 행할 수 있는 바람직한 행동을 한다.

주객일체의 사상은 일본 문화의 많은 분야에서 찾아볼 수 있다. 예를 들어 꽃꽂이를 살펴보자. 좋은 글이 많이 올라와 있는 '월명비석(月明飛錫)'라는 블로그가 있다. 이 블로그를 운영하고 있는 쇼카(逍花) 씨는 이케노보(池坊)[5]의 전서(傳書)에서 "꽃꽂이를 하는 것은 꽃을 보는 사람과 함께 신선한 이슬과 같은 생각을 만들어 가는 것이다.", "지인에게 전달되어 서로의 관계 속에서 탄생하는 생각이야말로 꽃보다 더욱 신선하다."라는 문장을 인용하며 이렇게 쓰고 있다.

이 문장은 실은 '꽃꽂이를 하는 사람과 꽃'의 관계뿐 아니라 '제작자와 감상자'의 관계에 대해서도 말하고 있다고 생각한다. 꽃꽂이 교실에서 같은 꽃을 쓴 작품이더라도 꽃꽂이를 하는 사람에 따라 다른 향이 나는 것을 보고 놀랐다. 꽃꽂이를 하는 사람이 각자 다른 개성을 가지고 있기 때문에 차이가 나타나는 것이지만, 그 차이는 서로가 서로를 인정을 하고 즐기기 때문에 가능한 것이기도 하다.

이런 것들이 가능한 이유는 역시 서로 같은 가치관을 공유하고 있다는 신뢰가 있기 때문이라고 생각한다. 꽃의 아름다움은 꽃이 가지고 있는 본연의 아름다움에 꽃꽂이를 하는 사람의 보이지 않는 생각이 스며들어 생겨난다. 그렇기 때문에 꽃을 보는 사람은 보이지 않는 것을 떠올리며 마음속으로 아름다운 생각을 만들어 나가는 것이 가능하다. 그럼으로써 다른 사람의 가치관을 허용하는 것도 가능해진다.

꽃꽂이 방법이 사람마다 다르기 때문에 같은 작품이 나오는 일은 결코 없다. 하지만 각자 다른 방법으로 만들어진 작품을 서로가 이해할 수 있다.

꽃이 꽃으로 존재할 때에는 단지 예쁜 존재일 뿐이다. 하지만 꽃꽂이라는 양식에 따라 다양한 기예가 구사되고, 만드는 이들의 표현 방법에 따라 다양한 모습으로 바뀐다. 꽃꽂이를 통해 다시 태어나게 된 작품들에는 꽃꽂이를 같이하는 사람들과 함께 숨겨진 의도나 문맥을 공유할 수 있는 즐거움이 있다. 쇼카 씨는 이렇게 쓰고 있다.

이는 모두가 표현자이면서 동시에 감상자라는 위치에 있기에 성립되는 세계가 존재하고, 그 장소에 모인 사람들이 같은 세계관을 가지고 일정한 종류의 규칙을 공유하고 있어서 가능한 것이다. 또한 감상자도 수동적으로 작품을 보는 것이 아니라 적극적으로 표현자의 의도나 취향, 기술을 파악하고 공감하기에 새로운 즐거움이 생겨난다. 다도의 표현을 빌리자면 '손님으로서의 행동'이라고 할 수 있다.

그녀는 또한 다음과 같이 덧붙였다.

일본 문화에서 비롯된 주객일체의 상호 커뮤니케이션이 인터넷에서도 성립할 가능성이 있다고 생각한다. 정확히 말하면 일부에서는 이미 성립했다고 생각한다. 인터넷이 어느 정도 비슷한 가치관이나 흥미를 가진 사람들을 이어 주었다. 블로그의 댓글이나 트위터를 보면 이미 주객일체의 관계가 존재하고 있다.

이 글에 나는 깊이 공감했다. 모든 것이 수평적으로 이루어지는 인터넷 세계에서는 '가치관이나 흥미를 공유'하고 있는 사람들, 즉 콘텍스트를 공유하고 있는 사람들이 연결되며 그 안에서 인게이지먼트가 형성된다. 이는 소비자와 기업의 관계를 말할 때도 그렇지만, 소비자와 소비자라는 개인 간의 관계에서도 성립된다. 마찬가지로 기업과 기업의 관계에서도 인게이지먼트가 형성될 수 있을 것이다.

인게이지먼트라는 관계 속에서 기업과 개인을 나누는 주체라는 틀은 해체되고 있다. 다시 말하면, 기업이든 개인이든 하나의 독립된 캐릭터로 인격을 가지고 말하지 않는다면 누군가와 인게이지먼트를 형성하는 것은 불가능하다. 자기만의 언어로 말할 수 있는 존재만이 인게이지먼트를 통해 다른 주체와 연결될 수 있는 것이다.

예를 들어 트위터는 '자기만의 언어로 말할 수 있는가?'가 굉장히 중시되는 세계이다. 기업이 공식 계정을 취득해도 무미건조한 공식 코멘트 같은 트윗만 올린다면 팔로우할 사람은 극히 적을 것이다. 반대로 짧은 140자 안에 따뜻한 인간적 존재가 느껴지는 기업의 공식 계정에는 많은 사람들이 애정을 가지고, 결과적으로도 많은 팔로워가 생길 것이다.

개인 계정도 마찬가지이다. 트위터 이용자 중에는 팔로워의 숫자를 늘리는 것만을 목적으로 하는 사람들도 있다. 그들은 트위터에서 누군가가 자기를 팔로우하면 '맞팔'이라고 하여 상대방도 팔로우해 주는 사람이 있다는 것을 악용해, 매일 무수히 많은 사람들을 팔로우하고 맞팔해 주지 않는 사람들은 '언팔로우(Unfollow)'했다가 다시 팔로우하는 등 의미 없는 행동을 계속한다. 트위터에 올리는 내용도 "안녕하세요!", "오늘도 힘내요!" 같은 인사말이 대부분이어서 정보 가치도 없다. 이런 사람들은 어쨌거나 팔로워 숫자만 늘리고, 그 결과를 가지고 '팔로워를 늘리는 방법을 ○○만 원에 판매합니다.'와 같은 형태로 사기를 친다. 이런 수상한 사람들이 인터넷 세계에는 수없이 많다.

이런 사람들은 계정의 주체는 개인이지만, 거기엔 인간적인 모습이 결여되어 있고, 자신만의 언어도 갖고 있지 않다. 단지 숫자에만 집착하는 무기질적인 존재이다. 그래서 개인이더라도 그들은 누구와도 인게이지먼트를 형성하지 못한다.

기업이냐 개인이냐의 문제가 아니다. 그 안에 인간적 매력이 있는가, 자신만의 언어로 이야기하는가가 인게이지먼트를 형성하고 상호 존중을 느끼기 위해 절대적으로 필요한 것이다. 그렇기 때문에 매스 미디어 광고와 같이 임팩트 있게 정보를 전달하는 것이 인게이지먼트에서는 필요하지 않다.

서로가 콘텍스트를 공유할 수 있는 장소를 만드는 것이 중요하다. 그리고 그런 장소에서 '정보를 전달하는 쪽'과 '정보를 받는 쪽'이라는 고정된 관계성이 아니라 주객일체가 되어 서로 정보를 교환하는 관계성을 구축해야 한다.

그렇다면 그런 장소는 어디에 존재하고 거기에서 형성되는 인게이지먼트는 어떻게 만들어지는 것일까? 앞서 설명한 것처럼 장소는 정보를 전달하는 쪽에 의해 일방적으로 만들어지지 않는다. 주객일체가 되는 인게이지먼트의 세계에서는 소비자와 기업의 상호 이해를 바탕으로 장소가 생겨난다. 즉, 소비자 측이 어느 정도 적극성을 가지고 참가하여 기업에 인게이지먼트를 요구하는 '행동'이 필요하다.

인터넷의 새로운 패러다임, 체크인

그렇다면 여기에서 말하는 '행동'이란 것은 어떤 것일까? 이 질문에 직접적으로 답하기 전에, 일단 포스퀘어의 이야기로 돌아가 보자. 포스퀘어는 '장소'와 '정보'를 연결한다. 이런 연결에 의해 기업과 개인 사이에 새로운 통로가 열리고 거기서 인게이지먼트가 형성된다.

그리고 장소와 정보가 연결된 지점에 소비자가 도달하도록 하기 위해 포스퀘어가 준비한 것이 '체크인'이라는 개념이다. 어떤 장소에 도착해서 체크인을 하면 다양한 정보를 얻을 수 있고 다른 사람들과 연결될 수 있다. 체크인이야말로 포스퀘어의 세 번째 교묘한 장치이다.

나는 포스퀘어가 에코시스템을 잘 기동시키기 위해서 세 가지의 장치를 준비했다고 앞서 언급했다. 다시 한번 짚고 가도록 하겠다.

첫째, 스스로는 철저히 모듈로 남아, 거대 플랫폼에 의존할 것
둘째, '장소'와 '정보'의 교차점을 잘 설계할 것
셋째, 교차점에 이용자들을 접속시키기 위해 '체크인'이라는 새로운 수법을 도입할 것

체크인은 원래 호텔에서 숙박 수속을 할 때나 비행기의 탑승 수속을 할 때 쓰는 말이다. 포스퀘어에서는 '내가 이 장소에 있다.'라고 통지하는 수속을 뜻하며, 이를 통해 그곳의 정보를 얻거나 자신의 장소를 지인들에게 알릴 수 있다.

하지만 체크인은 숙박 수속이나 탑승 수속이나 현재 위치에 대한 수속뿐 아니라, 실은 더 커다란 가능성을 가지고 있는 개념이다. 나는 체크인이야말로 인터넷의 새로운 패러다임이 될 수 있다고 생각한다.

체크인이 왜 그렇게 중요한지를 이제부터 설명하도록 하겠다.

앞에서 포스퀘어보다 먼저 지인들에게 위치 정보를 알려 주는 서비스를 한 구글 래티튜드를 소개했다. 구글 래티튜드는 포스퀘어와 같이 시설이나 상점 등의 '장소'를 알려 주는 것이 아니라 단지 위도와 경도라는 지도상의 좌표를 통지하는 별 의미 없

는 서비스였지만 또 하나 커다란 결함이 있었다.

구글 래티튜드는 자신의 위치를 자동적으로 지인들에게 송신해 버리는 구조로 되어 있었던 것이다. 이는 이용자들에게 민폐라고밖에 할 수 없는 방식이었다. 갑자기 친구로부터 메일이 와서 거기에 "○○씨는 당신 근처에 있습니다! ○○씨는 오후 2시 정각에 도쿄 도미나토구에 당신이 있던 장소에서 500미터 떨어진 곳에 있습니다. ○○씨가 지금 어디에 있는지를 알고 싶으시면 구글 래티튜드를 체크해 보세요."라고 써 있다고 생각해 보자. 다수의 이용자들은 '왜 지인이 있는 장소를 멋대로 알리고, 내가 있는 장소까지 알리냐'며 반감을 갖게 되었다. 구글은 이로 인해 엄청나게 많은 비판을 받았다.

게다가 구글 래티튜드에서는 기본 설정에 자신의 장소를 알리는 기능이 켜져 있었다. 즉, 자기도 모르는 사이에 현재 있는 곳을 지인들에게 알리도록 설정되어 있었던 것이다. 자신의 위치를 알리지 않기 위해서는 기본 설정을 변경하지 않으면 안 되었다.

이는 프라이버시 침해 문제를 불러일으켰다. 프라이버시 문제는 실제로 인터넷 광고에서 굉장히 중요한 이슈이기도 하다. 다수의 인터넷 광고가 '멋대로 고객 정보를 수집해서 자기 맘대로 고객들에게 광고를 붙이는' 구조를 취하고 있기 때문이다.

이런 방향성을 가장 강하게 가지고 있는 것이 라이프로그(lifelog) 광고이다. 라이프로그는 직역하자면 '생활 행동 기록'이라 할 수 있다. 이용자의 행동 기록을 수집해 거기서 이용자들이 '무엇을 원하고 있는지'를 추측하고 적합한 정보를 제공하는 것이 라이프로그 광고이다.

라이프로그 광고가 주목받게 된 배경으로는 두 가지 요인이 있다. 첫째는 1990년대 후반 이후에 인터넷 기업이 가지고 있는 고객 데이터가 점점 비대해진 것이다. 사람들이 라쿠텐 시장(楽天市場)[6]이나 아마존에서 상품을 구입할 때마다 라쿠텐이나 아마존의 서버에는 사람들의 구매 이력이 계속 축적된다. 믹시에는 사람들이 어떤 친구와 관계를 맺고 있는지를 나타내는 마이미쿠와 같은 소셜 그래프가 쌓이고 매일 쓰이는 믹시 일기의 내용도 축적된다. 구글에는 지메일(Gmail)의 내용이, 트위터에는 사람들이 올린 트윗이, 다베로그에는 레스토랑의 정보나 사진, 댓글들이 쌓인다.

'이런 정보들이 정리되지 않고 쌓여서 방치되면 아깝지 않나? 뭔가 가치 있게 활용하는 방법이 없지 않을까?'라는 생각에서 라이프로그를 추구하는 목소리가 나오기 시작했다. 고객의 과거 구매 이력을 분석하면 다음에 그 사람이 무엇을 살 것인지를 추측할 수 있을 거라 생각하게 된 것이다.

또 하나의 요소는 광고업계가 인터넷에서 '새로운 광고 모델'을 추구했다는 것이다. 인터넷 광고의 역사를 잠시 돌이켜보면, 처음에 보급되었던 것은 '배너(banner)' 방식이었다. 야후(Yahoo)

와 같은 포털사이트의 메인 페이지에 커다랗게 표시되는 광고가 배너이다. 최근에는 '디스플레이 광고'라고 불리기도 하는데, 이런 식의 가장 심플한 인터넷 광고의 구조는 인터넷이 보급되기 시작했던 1990년대 후반에 이미 성립되었다.

그렇지만 배너 광고는 야후와 같이 집객력이 있는 일부 대규모 사이트를 제외하곤 순식간에 규모가 줄어들었다. 처음에는 인터넷으로 보는 광고가 신기해서 클릭하던 사람들도 금방 질려버렸고, 웹 사이트가 점점 늘어나며 각 사이트의 집객력이 떨어지고 배너 광고의 클릭 수도 줄었기 때문이다.

그런 상황에서 등장한 것이 검색 연동형 광고였다. 구글이나 야후의 검색기에서 '자동차'라는 키워드로 검색을 하면, 중고차 가게나 자동차 용품점의 광고가 표시되는 식의 모델이다. 한 번 클릭당 지불하는 금액을 입찰로 설정하는 식이기 때문에, 경우에 따라서는 저렴한 가격으로 광고를 낼 수도 있는 모델로 선풍적 인기를 끌었다. 이제까지 고가의 매스 미디어 광고는 엄두도 못 냈던 중소기업들이나 개인 사업자들도 광고를 낼 수 있었으므로 이런 광고 모델에 참여하는 기업 수도 한꺼번에 증가했다.

종래의 매스 광고가 집중적으로 정보를 뿌리는 방식이었다면, 검색 연동형 광고는 검색 키워드 하나하나에 적용되어 타깃 고객을 세분화할 수 있었다. 이 책의 1장에서 사용한 표현을 쓰면, 커다란 강물이 아니라 수없이 많은 비오톱에 기반한 광고가 가능한 모델이 등장한 것이다.

일본에서 검색 연동형 광고가 시작된 것은 2002년이었다. 지금은 야후의 한 부문이 된 검색 연동 광고 전문 기업인 오버추어(Overture)가 일본 법인을 설립하고 일본 내에 대리점 망을 전개하기 시작한 것이 시초였다. 그 후 구글도 일본 시장에 뛰어들어 시장이 급속도로 커지기 시작했다.

하지만 그 후로 광고 시장에서는 혁신이 일어나지 않고 있다. 블로그의 내용에 맞춰 광고를 붙여 주는 구글의 애드센스(AdSense)라든가, 블로그에서 상품을 소개하고 실제 구입으로 이어졌을 때 매출에 따른 보수를 받는 어필리에이트 광고 등 다양한 시도가 이뤄지고 나름의 성과도 거두고 있지만 결정적 수단이 되기엔 부족하다. 특히 인터넷이 일상생활의 폭넓은 부분까지 차지하게 되면 될수록 인터넷 광고의 가능성에 대한 기대감도 높아지는데, 이에 부응할 수 있는 모델이 등장하지 않아 초조함이 더해지고 있는 실정이다.

이런 초조감이 광고 대리점이나 기업을 이상한 방향으로 몰고 가고 있다. 블로그가 붐을 일으키면 "이제는 블로그 마케팅이다!"라고 호들갑을 떨고, 별 의미도 없는 블로그 만들기에 열을 올린다. 정보 유통 방식 자체가 크게 변하고 있는데도, 종래의 매스 미디어 광고식 발상을 그대로 가지고 인터넷 광고에 적용하려고 하니 실패만 계속 반복되는 것이다. 인터넷 공간은 매스 미디어 광고와 같이 완벽하게 통제할 수 있는 세계가 아니기 때문에 무리하게 컨트롤하려고 하면 오히려 역효과를 불러일으키고 비판을 받는 것이 당연한데도, 이를 이해하지 못하는 사람이 많다.

그 부분은 차치하고, '고객의 행동을 더 잘 예측할 수 있을까?', '고객과 상품을 보다 정교하게 매치할 수 있을까?'와 같은 클라이언트 기업이나 광고업계의 바람은 라이프로그에 대한 강한 기대감으로 이어지고 있다.

인터넷 기업 쪽에서는 고객의 행동 이력이 막대하게 축적되어 데이터화되고 있다. 그리고 광고업계 쪽에서는 그런 행동 이력을 기반으로 소비자 행동을 예측하고자 하는 욕구가 커지고 있다. 이 두 가지 요인이 만나면서 라이프로그에 대한 기대감이 높아지고 있다.

라이프로그는 어디까지 진화하는가?

혹시나 해서 말하자면, 나는 라이프로그 기술이나 비즈니스를 부정하는 것이 아니다. 오히려 라이프로그의 가능성이 굉장히 크다고 생각한다.

지금 나와 있는 라이프로그 중에서 가장 유명한 것은 아마존의 서비스일 것이다. 아마존은 수많은 고객의 구매 이력을 분석하여 관련성을 찾아내 '이 상품을 산 사람은 이런 상품도 사겠지.'라는 생각으로 "안녕하세요, ○○님. 추천해 드릴 상품이 있습니다."라는 식으로 추천 기능을 제공한다. 이것이 전형적인 라이프로그이다.

예를 들어 휴대 전화를 사용하는 사람들의 행동 이력은 굉장히 폭넓고 깊이 있게 수집, 축적될 수 있다. 누구에게 전화를 하고 메일을 보내는지, 어떤 웹 사이트를 보는지, 어떤 사진을 찍는지, 그리고 GPS 기능이 탑재된 휴대 전화라면 지도상의 어디로 이동하고 있는지를 알 수 있다. 전자 결재 시스템이 부착된 휴대 전화라면 어느 역에서 교통 카드를 사용했는지, 어느 편의점에서 물건을 샀는지도 알 수 있고, 전자 나침반이나 가속도계가 내장되어 있다면 어느 방향으로 가고 있는지 얼마나 빠른 속도로 가고 있는지도 알 수 있다.

이런 정보를 모아서 분석할 수 있다면, 그 사람이 앞으로 어떤 행동을 할지 어느 정도는 예측할 수 있지 않을까?

이것이야 말로 라이프로그 광고가 궁극적으로 추구하는 장래 비전이다. 구글 등은 벌써 이런 비전을 매일 생각하고 있고 최고경영자 에릭 슈미트(Eric Emerson Schmidt)는 샌프란시스코에서 열린 행사에서 앞으로의 미래상에 대해 다음과 같이 이야기했다.

"컴퓨터와 스마트폰의 조합으로, 검색 엔진에 키워드를 입력하지 않아도 길을 걸으면서 알고 싶은 것을 검색할 수 있는 날이 언젠가 올 것입니다. 컴퓨터가 사람의 기억을 꺼내어 물건을 잃어버리는 것을 방지하고, 사람 대신에 자동차를 운전하고, 전화 통화할 때 실시간으로 통역을 해 줄 날이 올 것입니다."

검색 엔진이 진화한 모습이 바로 이런 시스템이라고 본 슈미트는 이를 "세렌디피티(serendipity) 검색 엔진이라고 생각하면 좋겠다."라고도 말했다. 세렌디피티는 '우연한 행복'을 뜻하는 단어로, 인터넷 세계에서는 '자신이 찾으려고 하지도 않았는데 우연히 너무 좋은 정보를 발견했다.'라는 뉘앙스로 쓰이고 있다.

세런디피티의 반대말로는 '단절화'가 있을 것이다. 인터넷에 대해 비판적인 어르신들은 "검색 엔진이 정보를 단절화시켜 버린다."라고 말한다. 이는 정말로 맞는 말이다. 키워드로 검색을 하는 검색 엔진은 아무래도 키워드에 끌려갈 수밖에 없고, 키워드에 걸리지 않는 정보는 나오지 않는다. 그래서 단절화가 일어나고, 어떻게 하면 우연히 좋은 정보를 만나게 할 수 있을까 하는 문제가 커다란 과제가 된다. 그래서 슈미트는 "미래의 검색 엔진은 키워드로 검색하는 것이 아니라 라이프로그 방식으로 움직일 것이므로 단절화는 일어나지 않을 것"이라고 주장한다.

라이프로그는 생활 행동 기록을 수집하는 것으로 사람들이 가지고 있는 무의식을 가시화하고 데이터베이스화한다. 이를 100퍼센트 분석하는 것이 가능해지면 라이프로그가 정보 유통의 모든 것을 장악하는 것도 불가능한 일은 아닐 것이다.

우리는 아무것도 하지 않아도, 혹은 단순히 매일 거리를 걷고 물건을 사고 친구들과 식사를 즐기고 책을 읽거나 DVD를 보기만 해도 자동적으로 자신에게 가장 적합한 정보를 받을 수 있다. 자신과 관계없는 광고를 받고 불쾌할 일도 없고 스팸 메일도 물론 완벽히 차단된다. 기업도 소비자도 광고 대리점도 모두 행복한 구도가 아니겠는가.

치명적 문제, 프라이버시 침해

하지만 몇 가지 문제가 있다. 우선 컴퓨터 파워에 관한 것이다. 라이프로그를 유용하게 사용하기 위해서는 분석의 정밀도를 결정적으로 높여야만 한다. 그러지 않으면 자신과 관계가 없는 정보를 받게 되고 순식간에 스팸 메일처럼 쓸모없게 된다.

현재의 컴퓨터 성능으로는 이런 정밀도에 아직 한계가 있다. 앞에서 쓴 것처럼 아마존은 나름대로 라이프로그를 잘 활용하여 추천 서비스를 제공하고 있지만, 이는 책이나 DVD, 음악 시디 등 엔터테인먼트적인 요소가 강한 상품이기 때문에 분석이 비교적 용이하다고 할 수 있다. 이것이 일상생활에 필요한 잡화나 식료품에서 경제 정보, 정치 기사로까지 확대되어 모든 분야에 응용된다면 이야기가 달라진다. 게다가 아마존은 아마도 100만 대에 가까운 수의 서버 컴퓨터를 가동시키고 있는데, 이 정도 규모의 시스템을 갖추고 있는 기업은 구글 정도밖에 없을 것이다. 일본 기업이 아마존과 비슷한 시도를 하려고 해도 아마 컴퓨터의 한계 때문에라도 불가능할 것이다.

또한 컴퓨터의 성능만이 문제가 아니다. 계산 방법(알고리즘) 자체도 지금의 방식보다 고도화시킬 수 있을지 아직 알 수가 없다. 획기적인 알고리즘을 누군가가 발견하지 않으면 혁신은 더 이상 이뤄지지 않을지도 모른다.

하지만 이런 것들은 기술적 문제이기 때문에 시간이 지나면 해결될 가능성이 충분히 높다. 어쨌거나 구글과 같이 기술력이 아주 뛰어난 기업이 뛰어들면 몇 년 후, 늦어도 십 수년 후에는 라이프로그 기술이 실용화 단계까지 도달할 수 있을 것이다.

그렇지만 라이프로그는 더 중요한 문제를 안고 있다. 그것은 '프라이버시 침해'의 문제이다. 라이프로그는 어떤 방식으로 프라이버시를 침해하여 사람들의 기분을 나쁘게 하는 것일까?

얼마 전에 경제산업성 주도로 '정보 대항해 프로젝트'가 진행되었다. 다양한 분야의 인터넷 기술 개발을 추진하여 구글이나 애플과 같은 미국의 IT기업들과 대항하기 위한 시도를 한 것이다. 이 프로젝트는 굉장히 흥미로웠는데, 나도 이에 관한 책(『웹 국산력(ウェブ国産力)』)을 한 권 쓸 정도였다. 이 프로젝트에서 채택

된 서비스 모델 중에는 라이프로그와 같은 맥락의 것이 다수 있었다.

예를 들어 어떤 백화점은 다음과 같은 시도를 했다. 입구에 스이카(Suica)[7]와 같은 IC 카드를 읽을 수 있는 리더기와 안면 인식 기능이 달린 카메라를 설치해 손님이 카드를 터치하고 지나가면 'ID123번 고객이 지나갔음. 123번 고객의 얼굴은 이러이러함'이라는 식으로 기록한다. 이 고객이 2층의 남성복 코너에 가서 셔츠를 고르고 있으면 근처의 카메라가 고객을 포착하고 얼굴을 인식해 '이 고객은 방금 입구를 지났던 123번 고객과 같은 얼굴의 사람이고, 지금 셔츠를 고르고 있음'이라고 기록한다. 그리고 며칠 후에 다른 일로 같은 고객이 백화점에 들르면 점원이 "지난번에는 셔츠를 보셨지만 구입은 하지 않으셨네요. 신상품이 들어왔으니 한번 보시겠어요?"라고 추천한다.

이런 방식은 고객의 이름이나 주소 등의 정보를 취득하는 것이 아니라 어디까지나 IC 카드 번호로 관리를 한다. 그래서 개인정보보호법에는 저촉되지 않는다. 하지만 내가 강의 중에 이 서비스를 소개하면 그 자리에 있는 사람들 중 거의 전원이 언제나 기분 나쁜 표정을 짓는다.

그렇다. 법적 문제는 없지만, 어쨌거나 기분이 나쁜 것은 피할 수 없는 것이다. 여기에 라이프로그의 치명적 문제가 자리 잡고 있다. 개인정보보호법에는 "고객의 정보를 무단으로 제3자에게

건네면 안 된다.", "고객 정보를 무단으로 목적 외의 용도로 사용하면 안 된다."라는 조항이 있지만, 이를 지키기만 하면 법률 위반은 되지 않는다. 기업이 제대로 대처하면 법적 문제는 일어나지 않는다.

그렇다면 어떻게 판단해야 좋을까? 애매한 부분도 있기 때문에 경제산업성이나 총무성이 가이드라인을 정해서 제시한다면, 기업 측에서는 안심하고 서비스를 제공할 수 있을 것이다. 하지만 '기분이 나쁘다'는 반응은 법률과는 관계가 없다. 개인정보보호법에 저촉되지 않아 합법이든 아니든 사람들은 법률과 상관없이 프라이버시를 침해당한다고 생각하고 기분이 나쁘다고 느낀다.

물론 사람들이 느끼는 불쾌감은 시대나 국가에 따라 일정하지 않다. 미국인과 일본인의 프라이버시 의식을 비교하면 분명히 일본인 쪽이 더 민감하다. 하지만 같은 일본인 중에서도 40대나 50대의 중년층에 비하면, 모바일 사이트 등에 자신의 사진이나 프로필을 올리는 데 익숙해져 있는 10대의 젊은 층은 프라이버시에 크게 신경 쓰지 않는다.

원래부터 프라이버시라는 개념 자체가 근대 사회의 산물이라는 설도 있다. 예를 들어 고대 로마의 주택은 파티오(patio, 중정(中庭))가 중심에 있고 방들이 사각형으로 파티오를 둘러싸고 있는 구조였다. 파티오와 맞닿아 있는 면에는 커다란 창이나 문이

열려 있었고, 도로와 접하고 있는 바깥쪽 면은 전부 벽으로 되어 있었다. '밖'과 단절되어 도둑이 침입할 수 없게 되어 있었던 것이다. 하지만 '안'에 해당하는 파티오는 방들과 빈틈없이 이어지고 그 사이에 있는 창이나 문은 열려 있었기 때문에, 집 안에서 프라이버시라는 것은 전혀 존재하지 않았다. 즉, 사실(私室)이라는 개념이 없고 같은 집에 사는 사람들끼리는 모든 생활을 공유하는 구조였던 것이다.

이는 일본에서도 마찬가지였다. 오래된 농가에 가면 방과 방을 구분하는 경계가 단지 얇은 종이 한 장일 뿐이라 목소리도 있는 그대로 다 들리고 애초부터 옆방을 지나가지 않으면 다른 방으로 이동할 수 없는 구조로 되어 있는 것이 보통이다. 일가족이 모이는 연회 때에는 종이로 된 문을 걷어 내면 커다란 방 하나가 되기도 한다. 이래서는 고등학생 아들이 몰래 여자 친구를 불러들이는 일 같은 건 상상도 할 수가 없다.

이처럼 프라이버시의 감각은 시대와 공간에 따라 다르고 변하는 것이기 때문에, 언젠가 사람들이 프라이버시 같은 것을 신경 쓰지 않을 날이 다시 올지도 모를 일이다. 그리고 의외로 그런 날이 멀지 않았을지도 모른다.

프라이버시의 이야기는 이 책의 본론에 해당되는 내용은 아니기 때문에 이쯤에서 접을까 한다. 어찌되었든 현시점에서 프라이버시 침해에 관해 이용자들이 기분 나쁘다고 느끼는 문제는 해소되지 않았다. 그리고 이 문제가 해소되지 않는 이상, 암암리에 사람들의 정보를 수집하는 라이프로그가 일반적으로 받아들여지는 것은 어려울 것이다. 이것은 미국에서든 일본에서든 마찬가지이다.

체크인은 프라이버시 문제를 해소할 수 있는가?

이처럼 라이프로그를 바탕으로 개인 정보를 활용하여 이용자들에게 전달하는 방식은 현시점에서는 실행에 어려움이 많은 모델이다.

동시에 예전처럼 매스 미디어가 정보를 전달하는 방식은 이미 소멸해 가고 있다. 획일적인 정보가 획일적으로 유통되고, '다른 사람도 사는 것 같으니 나도 사야겠다.', '회사 동료보다 조금이라도 좋은 물건을 사야지.'라는 과시형 기호 소비가 이뤄지던 시대는 2장에서 설명한 것처럼 이미 끝났다고 할 수 있다.

그렇기 때문에 라이프로그인가 매스 미디어인가 하는 양자택일의 문제에 정답은 있을 수 없다. 다른 방식, 새로운 정답이 있어야 하며, 나는 그 새로운 정답이 바로 '체크인'이 아닐까 생각한다.

'암묵과 명시'라는 사고방식이 있다. 암묵은 '의도를 드러내지 아니함', 명시는 반대로 '분명하게 드러내 보임'이라는 의미를 가진다.

미국의 인터넷업계에는 '암묵 웹(Implicit Web)'이라는 용어가 있다. 인터넷 백과사전인 위키피디아 영어판에서는 이렇게 설명하고 있다.

암묵 웹은 2007년에 만들어진 개념으로, 인터넷에서 수집한 개인 정보를 통합하여 하나의 인간 행동의 전체상으로 집약하는 것을 전문으로 하는 웹사이트이다. 암묵 데이터에는 어떤 버튼을 클릭했는가 등의 정보나 평소에 어떤 미디어를 보는가 등 이용자가 명시적으로 입력한 정보가 아닌 다양한 데이터가 포함된다.

이 설명은 그야말로 라이프로그를 말하고 있다. 하지만 이런 암묵 웹에서도 나도 모르는 곳에서 내 개인 정보가 누출되고 있다는 프라이버시 침해의 불안은 어찌되었건 발생할 수밖에 없다. 게다가 현시점에서는 컴퓨터 파워나 알고리즘의 문제 때문에 정확한 정보 수집이 어디까지 가능할지도 장담할 수 없다.

그렇기 때문에 라이프로그와는 다른 명시적인 방법이 부상하고 있다. 명시적 방법이란 이용자가 자신의 행동을 제대로 의식하고 있는 상태에서 다른 사람에게 정보를 알리는 것을 말한다.

라이프로그는 무의식적으로 데이터가 축적되는 데 비해, 명시적 방법은 축적된 데이터가 눈앞에 보이는 형태로 존재하고, 이용자의 선택에 의해 제3자에게 데이터가 넘어가도록 되어 있어 자신도 모르는 사이에 개인 정보가 누출되고 있을 거라는 불안이 생기지 않는다. 즉, 명시적 방법을 통하면 프라이버시 문제를 일으키지 않는 강고한 구조를 구축할 수 있다.

그리고 포스퀘어의 체크인이야말로 명시적 방법의 대표적인 예라 할 수 있다. 포스퀘어의 체크인은 앞서도 설명한 것처럼 현재 자신의 위치 정보를 이용자가 체크인 버튼을 터치하여 지인들에게 공개하는 행동이다. 체크인을 하면 '그 장소의 정보를 얻는' 동시에 '내가 지금 여기에 있다'고 친구들에게 알릴 수 있다. 자신도 모르는 사이에 현재 자신의 위치 정보가 다른 사람에게 발송되는 것이 아니라, 이용자가 의식적으로 체크인이라는 행동을 통해 정보를 전송하는 것이다. 이를 통해 '자신이 지금 있는 장소'라는, 생각하기에 따라 굉장히 위험하게 쓰일 수도 있는 정보를 이용자가 불안해하지 않고 지인들에게 알리는 것이다. 앞서 서비스를 시작했던 구글 래티튜드가 위치 정보를 자동으로 보내는 '암묵적 방법'이었던 것과 비교하면 그 차이는 명확하다.

체크인은 프라이버시 침해의 불안을 해소함과 동시에 또 다른 중요한 의미를 내포한다. 체크인 서비스 이용자는 자신이 정보를 얻는 방법을 선택할 수 있다. 즉, 정보 수집에 자주성이 반영된 것이다. 라이프로그에서는 암묵적으로 수집된 이용자의 행동

이력을 기반으로 시스템이 분석을 하여 '이 사람은 이러한 정보를 찾고 있을 것이다.'라고 결론을 내리고 그에 맞춰 정보를 발신한다. 여기에 이용자의 자주적 선택권은 없다. 하지만 체크인은 이용자 스스로가 결정을 내리는 구조이다. 어디에서 체크인을 할지, 그 장소의 정보를 찾을지 말지를 이용자가 정하는 것이다. 체크인을 하지 않는 이상 정보가 일방적으로 흘러갈 일도 없고, 체크인하지 않은 장소에서 개인 정보가 표시될 일도 없다.

무한한 정보의 바다에 부표를 띄우다

이는 콜럼버스의 달걀과 같은 것일지도 모르겠다. 라이프로그를 둘러싼 다양한 문제를 체크인이라는 방법이 단지 작은 차이점 하나로, 단지 휴대 전화의 버튼을 터치하는 작은 행동 하나로 180도 바꿔 버렸기 때문이다.

그리고 체크인이라는 사고방식은 다른 분야에서도 응용되기 시작하고 있다. 예를 들어 필로(Philo)라는 웹 서비스는 자신이 보고 있는 텔레비전 프로그램에 '튠인(Tune-in)'하는 구조를 생각했다. 튠인은 '텔레비전 채널을 맞춘다'는 의미이다. 필로에서는 텔레비전 프로그램에 이용자가 튠인하여 지금 그 사람이 어떤 프로그램을 보고 있는지를 친구들과 공유하는 것이 가능하다.

필로에 로그인하면 친구들이 어떤 텔레비전 프로그램에 튠인해 있는지, 거기서 어떤 대화가 이뤄지고 있는지, 무엇이 화제가 되고 있는지 알 수 있다. 이 서비스는 재미있는 프로를 찾기 위한 매력적인 방법이 될 수 있다. 이용자는 필로의 친구가 튠인하고 있는 재미있는 프로그램을 자신도 같이 보면서 재미가 있으면 튠인을 한다. 튠인 정보는 이용자와 연계된 트위터나 페이스북에도 올라가고, 그러면서 이런 서비스가 있다는 정보가 확산된다.

푸드스파팅(Foodspotting)이라는 위치 기반 SNS는 레스토랑에서 주문한 음식에 체크인을 하는 서비스이다. 음식 사진을 찍어 장소와 상점명, 음식 이름을 알리고, 그 정보를 친구들과 공유한다. 그리고 어떤 장소에서 '점심을 먹고 싶다.'라고 생각하면 푸드스파팅을 실행시켜 근처의 가게를 검색하여 사진을 보면서 레스토랑을 고를 수 있다.

페이스북이 2010년에 도입한 '좋아요!' 버튼도 체크인과 비슷한 방식이라 봐도 될 것이다. '좋아요!' 버튼은 다른 어떤 사이트나 블로그에도 설치할 수 있도록 페이스북이 일반 공개한 서비스이다. 만약에 당신이 자신의 블로그에 '좋아요!' 버튼을 설치한다면, 어떤 독자가 당신 블로그의 글을 읽고 재미있다고 생각할 때 '좋아요!' 버튼을 클릭해 줄 가능성이 있다. 그러면 '좋아요!' 정보는 그 독자의 페이스북 친구들에게도 즉시 보이게 된다. 그리고 '오, 이 블로그 재미있어 보이는데.'라며 흥미를 보일 친구들이 나타날 가능성이 생긴다. 즉, '좋아요!' 버튼은 블로그의 글이나 인터넷 기사에 체크인할 수 있는 장치인 것이다.

이렇게 체크인은 광범위하게 확장될 가능성이 있는 개념이다. 체크인의 의미를 좀 더 넓게 바꿔 보자. 체크인은 '장소', '방송 프로그램', '음식', '블로그의 글', '기사' 등 정보를 모으기 위한 부표를 인터넷의 바다에 띄우는 행위라 말할 수 있을지도 모르겠다. 방대한 정보의 바다에서 아무런 단서 없이 정보를 모으는 것은 어렵다. 하지만 '지금 친구들이 보고 있는 텔레비전 프로그램', '지금 내가 있는 장소', '재미있어 보이는 블로그'와 같이 단서가 있으면, 그 단서를 축으로 필요한 정보를 좀 더 쉽게 찾을 수 있다.

이 단서라는 것은 말하자면 정보를 모으기 위한 '시점(視點)'과 같은 것이다. 어떤 위치, 어떤 방향, 어떤 시야각에서 정보를 얻는다는 의미에서의 시점이다. 우리가 어느 시점에 체크인을 한다는 것은 그 시점을 얻어 정보의 바다를 헤쳐 나갈 수 있다는 것이기도 하다.

'시점'이란 정보의 바다에 꽂혀 있는 하나의 축과 같은 것이다. 정보는 그 축의 주위에서 소용돌이치며 빨려들어 가고, 축은 정보를 한 곳으로 모아 준다. 그리고 우리는 손을 뻗어 축을 잡기만 하면(체크인하면) 된다. 이런 식으로 우리는 언제나 인터넷의 정보를 필터링하여 얻고 있는 것이다.

하지만 시점에 체크인하는 행동에는 한 가지 위험성이 내재해 있다. 그것은 바로 '단절화'의 가능성이다. 일정한 시점으로 세상을 본다는 것은 서 있는 위치나 방향, 시야각이 고정되어 있을 가능성이 있음을 시사한다.

'검색 키워드'라는 시점에서 본 시계(視界)는 그 키워드의 주위를 맴돌 뿐이고 바깥에 어떤 세계가 펼쳐지고 있는지는 알려 주지 않는다. 어딘가의 장소에 체크인을 하면 그 장소에 대해서는 빠르고 정확한 정보를 얻을 수 있지만, 무작정 인터넷을 헤맬 때처럼 전 세계의 이런저런 장소의 정보는 얻을 수 없다. 친구들이 보고 있는 텔레비전 프로그램에 체크인을 하면 다른 방송국의 프로그램에 대해서는 알 수가 없다. 재미있어 보이는 블로그에 체크인을 하면 그 외에 다른 재미있는 블로그가 어디 있는지 역시 알 수 없다. 즉, 시점은 언제나 고정되어 있기 때문에, 그런 고정된 자세야말로 단절화의 위험을 부른다.

이는 커다란 딜레마라 할 수 있다. 시점의 고정과 단절화는 표리일체(表裏一體)이기 때문이다. 시점을 고정시키지 않으면 정보를 제대로 모을 수 없고, 시점을 고정시키는 순간 정보는 단절화되고 만다.

인터넷이라는 정보의 바다는 너무나 광대하다. 이제까지 우리는 정보를 얻기 위해 '검색 키워드'나 '장소'라는 시점을 들여왔다. 이런 방법은 확실히 정보 수집을 용이하게 해 주었지만, 한편으로 정보를 단절화시켜 드넓은 세계를 볼 수 없게 했다.

그렇다면 어떻게 하면 좋을까?

「존 말코비치 되기」와 《허핑턴 포스트》

여기서 또 다른 포인트를 제시해 보려 한다.

「존 말코비치 되기(*Being John Malkovich*)」라는 영화가 있다. 1990년대 후반에 만들어진 미국 영화로 기상천외한 작품이다. 일본 배우 기쿠치 린코(菊地凛子)와 교제한다고도 알려져 있는 스파이크 존즈(Spike Jonze)의 작품으로, 제목의 '존 말코비치'란 실제 존재하는 성격파 배우 존 말코비치를 가리킨다. 한 사무실 빌딩의 7층과 8층 사이에 존재하는 '7.5층' 안쪽에 구멍이 뚫려 있는데, 그 구멍에 들어가면 15분 동안 존 말코비치의 머릿속에 들어갈 수 있다는 기묘한 설정이 이야기의 중심축이다.

구멍을 발견한 주인공은 돈을 받고 손님들을 존 말코비치의 머릿속으로 차례차례 들여보낸다. 돈을 낸 사람들은 말코비치의 머리에 들어가 말코비치의 눈을 통해 세상을 보고 말코비치가 바라보는 방식으로 세상을 받아들인다. 다시 말해, 말코비치의 '시점'을 가지게 된다.

포스퀘어는 그야말로 「존 말코비치 되기」를 실현한 것과 같은 새로운 서비스를 2010년 중반에 시작했는데, 바로 '로케이션 레이어(Location Layer)'라는 서비스이다. 처음에 로케이션 레이어에는 뉴스 블로그 미디어 《허핑턴 포스트(Huffington Post)》[8]와 인디 영화 케이블 채널인 '아이에프시(IFC)'[9]가 참가했다.

이용자가 로케이션 레이어를 사용하겠다고 선택하면, 포스퀘어에서 "《허핑턴 포스트》를 로케이션 레이어로 이용하시겠습니까?", "IFC를 이용하시겠습니까?"와 같은 선택지가 뜬다. 《허핑턴 포스트》를 선택한다고 해 보자. 그러면 그다음부터 어떤 장소에서 체크인할 때마다 그 장소에 관한 《허핑턴 포스트》의 기사가 표시된다. 이용자는 그 기사를 읽고 '이곳에 대해 《허핑턴 포스트》가 이렇게 분석하고 있구나.', '이 장소에서 이런 사건이 있었구나.'라고 생각하게 될 것이다. 다시 말하면 어느 장소에서 체크인을 하든 '《허핑턴 포스트》의 눈'으로 그 장소를 보게 된다는 것이다.

《허핑턴 포스트》는 아리아나 허핑턴(Arianna Huffington)이라는 여성이 2005년에 만든 웹 서비스로, 유명 필진들의 정치 칼럼을 읽을 수 있는 곳으로 출발했다. 지금은 정치뿐 아니라 경제나 사회, 문화, 연예까지 커버하며 신문사를 능가하는 조회 수를 자랑한다. 정치적으로는 진보 쪽에 서 있다고 알려져 있다.

《허핑턴 포스트》의 로케이션 레이어를 사용하여 다양한 장소에서 체크인을 하며《허핑턴 포스트》의 '눈'으로 그 장소를 바라본다는 것은, 아리아나라는 진보적 유명 인사의 시점으로 그 장소들을 보는 것이라고도 할 수 있다. 즉, 아리아나 허핑턴의 '눈'을 빌려 마치 그녀의 머릿속에 들어가서 세상을 보는 것과 같은 체험이 가능한 것이다.

이런 체험에는 반드시 정보의 '흔들림'이 뒤따른다. 당신의 가치관이나 세계관과 아리아나의 가치관이나 세계관이 다르기 때문이다. 만약에 당신이 아리아나의 열렬한 팬이라고 해도 두 사람이 똑같은 가치관이나 세계관을 가질 수는 없다. 아무리 가까운 사이라고 해도 미묘한 차이가 있고 그 차이가 정보 수집 방법에 흔들림을 만든다.

그리고 이 흔들림이야말로 단절화를 넘을 수 있는 돌파구가 될 수 있다. 앞서 언급했던 시점은 검색 키워드, 장소, 텔레비전 프로그램, 관심 블로그와 같이 인격이 없는 무기물들이었다. 그런 무기물에 의존하는 이상, 어떻게 해도 시점은 고정되고 단절화를 향하게 된다. 그렇지만 각자 다른 가치관과 세계관을 가지고 있는 사람을 시점으로 삼는다면 단절화를 피하는 방향으로 체크인할 수 있는 가능성이 있다.

라이프로그와 같은 방식은 어떻게 해도 '미지의 세계'에 도달하기 힘들다. 아마존에서 쇼핑을 한다고 하면, 아마존은 언제나 당신의 구매 이력만을 분석하여 "이 상품은 어떻습니까?"라며 상품을 추천할 것이다. 이제까지 한 번도 산 적이 없는 카테고리의 상품을 추천하는 경우는 거의 없다.

하지만 트위터로 지인들의 타임라인을 보고 있으면, 평소에 흥미가 없던 정보들이 여기저기서 튀어나온다. 트위터를 하는 사람이라면 누구나 이런 경험을 하고 있을 것이다.

"평소에 만화는 전혀 읽지 않는데 누군가가 '이거 진짜 재미있어.'라고 트윗을 해서 나도 사 봤는데 너무 재미있어서 밤을 새서 읽었다니까."

"트위터에서 본 유튜브 동영상으로 발레를 처음으로 봤는데, 이런 표현의 세계는 또 처음이라 깜짝 놀랐어."

이런 경험을 우리는 매일 반복하고 있다.

블로그에서도 비슷한 경험을 한다. 키워드로 검색해서 들어간 블로그의 글에는 자신이 검색한 키워드와 관련된 내용만 쓰여 있다. 그렇지만 그 블로그가 마음에 들어 이웃으로 추가를 하거나 '구글 리더(Google Reader)'과 같이 블로그의 리더 어플리케이션에 등록을 하면 새롭게 업데이트된 글들을 볼 수 있다. 그렇게 해서 평소에 별로 관심을 가지지 않았던 분야의 이야기까지 읽을 수 있고, 어떤 정보에 새로운 호기심이 생겨 관심을 가지게 될지도 모른다.

다른 사람의 관점으로 세상을 바라보다

'관점(perspective)[10]'이라는 말이 있다. 어떤 방향에서, 혹은 어떤 가치관으로 세상을 보는 구조를 말한다. 시점이 '어떤 위치에서 세상을 보는가'를 의미하는 데 비해, 관점은 위치뿐만 아니라 방향이나 가치관 등 인간만이 가지는 '사고(思考)'를 포함한다.

《허핑턴 포스트》의 로케이션 레이어를 사용하여 특정 장소에 체크인하면 아리아나 허핑턴의 관점으로 그 장소를 볼 수 있다. 이는 단지 장소라는 시점에서 세계를 보는 것과는 전혀 다른 것이다. 장소라는 시점에서 세계를 보는 행위는 자신의 위치와 방향과 시야각을 고정한다. 하지만 아리아나의 관점에서 세상을 보는 행위는 아리아나의 세계관과 가치관에 따라 세상을 바라보는 것이다.

관점은 사람에 따라 제각각이다. 특히 독특한 세계관을 가진 사람이나 교양이 있는 사람, 혹은 특정 분야에 대해 해박한 전문가의 관점을 얻을 수 있다면 분명 재미있을 것이다.

로케이션 레이어와 비슷한 예를 일본에서 찾자면 '거리 탐방'을 테마로 한 흥미로운 텔레비전 프로그램들을 들 수 있을 것이다. 방송인 타모리(タモリ)가 일본의 유서 깊은 거리를 산책하며 진행하는 「부라타모리(ブラタモリ)」, 배우 치이 다케오(地井武男)가 도쿄 시내를 돌아다니며 진행하는 「치이산보(ちい散歩)」, 일러스트레이터인 요시다 루이(吉田類)가 각지의 술집을 다니며 술과 요리를 즐기고 단골손님들과 이야기를 나누는 「요시다 루이의 주점 방랑기(吉田類んの酒場放浪記)」 등이 방송되고 있다. 만약에 이런 프로그램의 로케이션 레이어가 제공된다면, 우리는 타모리나 치이 다케오, 요시다 루이의 관점을 얻어 그들의 독특한 시선으로 거리를 바라보게 될 것이다. 지금까지 별 생각 없이 걸어 다녔던 거리가 다른 조명을 받아 새로운 매력을 발산하게 될 것이다.

트위터에서 누군가를 팔로우하는 행위도, 팔로우한 상대의 관점을 체크인하는 행위라고 볼 수 있다. 트위터에서 유용하고 재미있는 트윗을 하는 사람을 발견하고, 그 사람을 팔로우한다. 그러면 그 사람이 트윗을 올릴 때마다 내 타임라인에 그 내용이 표시된다. 그 사람의 눈으로, 그 사람의 관점으로 세상을 보게 되는 것이다.

동시에 당신이 팔로우하고 있는 사람을 당신의 친구가 보고 '어, 이 사람 팔로우하면 재미있을 것 같은데.'라고 생각하고 새롭게 팔로우할 수도 있다. 내가 팔로우를 하여 상대로부터 얻은 정보와 팔로우를 하고 있는 사람을 동시에 친구들에게 보여 주게 되는 것이다.

이런 방식으로 '관점에 체크인'하는 행위가 이뤄진다. 앞서 썼던 것처럼 오늘날 다양한 소셜 미디어에서는 이런 행위가 활발히 이뤄지고 있다.

키워드나 카테고리나 장소와 같은 무기질을 시점으로 삼으면 참신한 정보는 웬만해선 들어오지 않는다. 하지만 다른 사람의 관점에 체크인하여 그 사람의 시점으로 세상을 보게 되면 신선하고 새로운 정보들이 흘러 들어온다. 다른 사람의 관점에 체크인한다는 행위를 통해 우리는 세상이 경이로움으로 가득한 곳이란 걸 새삼 깨닫게 된다.

관점에 체크인하며 정보의 바다를 건너다

그래도 아직 이렇게 반론할 사람이 있을 것이다.

"비슷한 사람들끼리 소셜 미디어에서 연결되면 인간관계가 단절화되지 않을까?"

소셜 미디어의 확산에 대해 강연을 하면 이런 의문을 제기하는 사람이 반드시 있다. 하지만 이런 사고방식은 완전히 틀린 것이다. 이 부분에 대해서는 다음 장에서 상세히 설명하도록 하겠다.

체크인 이야기로 돌아가 정리해 보도록 하자.

첫째, 체크인하여 관점을 얻는 행위는 자신이 가지고 있는 관점과 항상 어긋나며 작은 차이를 계속 만들어 낸다. '내가 구하는 정보'와 '체크인한 관점이 구하는 정보'가 미묘하게 다르고, 이런 어긋남은 수집되는 정보에 항상 노이즈를 일으킨다. 그리고 이런 노이즈가 바로 세렌디피티를 만들어 낸다. 기대하지 않았던 정보가, 이런 어긋남 속에 보물처럼 묻혀 있을 가능성이 있는 것이다.

둘째, 관점에 체크인하는 행위를 통해 정보 그 자체를 얻는 것도 중요하지만, 그 정보를 얻기 위한 관점을 얻는 것만으로도 충분히 의미가 있다. 그렇기 때문에 필터링의 기준도 대폭 낮아진다. 광대한 정보의 바다에서 한 조각의 유용한 정보를 건지는 것은 사막에서 바늘을 찾는 것 같은 작업이다. 상당한 어려움이 따르고 높은 기량이 요구된다. 하지만 그 바다 속에 잠재하고 있는 관점은 정보 전체의 양과 비교하면 굉장히 적기 때문에, 이를 찾는 작업은 비교적 용이하다.

셋째, 관점에 체크인하는 행위는 명시적이고 자주적이기 때문에, 라이프로그에서 발생하는 프라이버시 침해 문제를 피할 수 있다. 자기 스스로 누군가의 관점을 선택하여, 그 사람의 눈으로 세상을 보는 행위에서는 자기 자신을 드러낼 필요가 전혀 없다.

관점에 체크인함으로써 우리는 광대한 정보의 바다를 건너 권역이 세분화된 습지대의 비오톱 속을 헤치고 다니며, 거기에서 생식하고 있는 게나 새우나 물고기와 서로 공명하면서 작지만 풍요로운 세계를 만들어 갈 수 있게 된다.

4 큐레이션의 시대

정보의 바다는 끝없이 펼쳐지지만, 도대체 어디에 자신에게 도움이 되는 좋은 정보가 있는지를 정확히 아는 것은 매우 어렵다. 마치 나침반도 없이 나가 광대한 바다에서 길을 잃고 마는 것과 같다.

하지만 바다 곳곳에는 중심축이 있어, 그 축을 기준으로 정보가 모여들어 소용돌이를 만든다. 당신은 정보 그 자체를 찾을 필요가 없다. 어떤 축이 어떤 정보가 머무는 장소인가를 판단하고 그 축의 근처로 가서 축 주위의 물살에 손을 뻗으면 된다. 차갑게 튀어 오르는 물살 속으로 당신의 손을 넣고 부드럽게 물살을 가르면 주위에서 소용돌이치고 있는 정보가 당신의 눈에 확실히 보일 것이다.

우리는 누군가의 관점에 체크인하여 소란스러운 정보의 바다에서 적절하게 정보를 끌어낼 수 있다. 이에 대한 내용은 2장에서 자세하게 설명했던 '연결의 시대'와 상당 부분 겹친다.

사람과의 연결을 통해 우리는 적절한 정보를 얻을 수 있다. 현재 우리는 물건의 소비보다 사람과의 연결을 추구하고 있다. 이는 소비 사회와 정보 사회가 통합되는 커다란 흐름일지도 모르겠다.

지금은 소셜 미디어에 의해 세분화된 콘텍스트가 끊임없이 생성되며, 우리는 콘텍스트라는 이야기를 통해 공명하고 공감하고, 그리고 접속하여 서로에게 인정을 받을 수 있다. 그런 시대로 접어들고 있는 것이다. 마찬가지로 정보가 흐른다고 하는 것은 정보를 얻는다는 즉물적 기능뿐 아니라, '정보를 주고받는 사람과 사람이 연결되는' 공명 또한 동시에 일어나는 것을 의미하는 시대가 되었다.

즉, 오늘날 소비의 본질은 다음과 같이 표현할 수 있다.

상품의 기능		사람들 간의 연결
정보의 수집	+	사람들 간의 연결
시력 교정을 위해 안경을 구입하다		안경을 파는 다나카 씨의 해박한 지식과 인격을 신뢰하다

거기에는 공명과 공감을 낳는 콘텍스트의 공간이 필수불가결하며, 콘텍스트를 만들어 내기 위해서는 검색 키워드나 장소나 프로그램과 같은 물질적 시점의 축만으로는 부족하다.

바로 그렇기 때문에 '사람'이 들어가야 할 필요성이 있다. 사람이 들어가면 '축'은 자신의 위치나 각도를 상정하는 '시점'에서, 세상을 어떻게 바라보고 어떻게 평가할 것인가 하는 세계관이나 가치관을 반영하는 '관점'으로 진화한다. 그리고 인격을 가진 인간이라는 관점에 연결되어, 우리는 정보를 얻으면서 동시에 '관점=사람'과 연결될 수 있다.

다시 말하면, 관점이란 콘텍스트를 부여하는 사람들의 행위인 것이다. 그리고 우리는 '관점=사람'에 체크인을 하여 그 사람의 콘텍스트라는 창으로 세상을 보게 된다.

정보의 진위는 누구도 밝혀낼 수 없다

처음부터 우리는 정보의 바다와 정면으로 마주할 수 없다. 인터넷이 사회에 보급되기 시작할 무렵인 1995년에는 "앞으로 정보의 진위를 밝혀내는 미디어 리터러시(literacy, 읽고 해독하는 능력)가 중요해질 것"이라는 논의가 많았다. 지금은 매스 미디어가 정보를 집약해 주던 시대에 비해 정보의 양이 수백 배, 수천 배, 혹은 그 이상이 되었을지도 모른다. 그러한 광대한 정보의 바다에는 옳은 정보와 그른 정보가 혼재되어 있다. 이제까지는 신문이나 텔레비전이 '이것이 옳은 정보입니다.' 하면서 필터링을 해 주었기 때문에 그들이 제공하는 정보에 대해서는 어느 정도 믿어도 된다고 생각했다. 물론 그 안에는 오보나 날조도 있었지만, 정보의 정확도 측면에서는 대체로 신뢰할 만한 수준이었다.

하지만 인터넷에는 그런 필터링 시스템이 없기 때문에, 이용자 스스로 정보의 진위를 밝혀내야만 한다. 그래서 인터넷 시대에는 정보의 진위를 스스로 체크할 수 있는 미디어 리터러시가 중요하다는 식의 논의가 이루어졌던 것이다.

솔직히 고백하면 나 또한 과거에는 잡지나 책 등에 그런 말들을 쓴 적이 있다. 하지만 인터넷이 보급되고 15년이 지나고 되돌아보니, '진위를 밝혀내는' 능력 같은 건 도저히 습득되지 않은 것 같다. 오히려 그런 능력을 습득하는 것은 애초에 불가능하다는 것을 깨닫게 되었다.

잘 생각해 보자. 이미 어느 정도 수준의 1차 정보를 기반으로 무언가를 논하는 블로그라고 하면, '저 논리 전개는 이상하다.' 혹은 '논리가 틀렸다.'라는 지적이 가능하다. 예를 들어 '일본에서 자살자가 늘고 있는 것은 대기업이 사원들을 필요할 때만 쓰고 버리기 때문이다.'라는 글이 있다고 하면, 자살 증가의 원인에 대해 많은 논의가 이루어질 것이다. 하지만 그런 논의를 하기 위해서는 1차 정보가 사실이라는 공통의 인식이 전제되어야 한다. 즉, '자살자가 늘고 있다.'라는 사실을 전제로 모두가 논의를 펼치는 것이다.

반대로 누구도 검증할 수 없는 1차 정보가 쓰여 있는 경우, 어떻게 판단을 해야 할까? 예를 들어 '오자와 이치로(小沢一郎)를 기소한 검찰의 윗선과 민주당의 모 간부가 밀담을 했다.'라고 쓰여 있을 때, 보통 사람이라면 이를 검증하는 것은 100퍼센트 불가능하다. 신문사의 기자라고 해도 뒷이야기를 캐는 것은 쉽지가 않다. 그러므로 그 누구도 처음부터 '진위를 밝혀내는' 능력을 습득할 수 없다는 것이 극히 당연한 결론일 것이다.

한편, 만약에 '검찰의 윗선과 민주당의 모 간부의 밀담'이라는 이야기를 유명 정치 저널리스트가 자신의 이름을 걸고 기사를 썼다면 어떨까? '사실일지도 모르겠는데.'라고 많은 사람들이 신뢰할 수 있지 않을까. 그 이유는 간단한데, 과거에 그들이 썼던 기사 중에 신뢰할 만한 것들이 많기 때문이다.

즉, '사실의 진위를 밝혀내는 것'은 어렵지만, 그에 비해 '사람의 신뢰도를 파악하는 것'은 훨씬 용이하다고 할 수 있다.

게다가 한 사람의 신뢰도를 측정하는 것은 소셜 미디어 시대가 되면서 예전과 비교도 할 수 없을 만큼 쉬워졌다. 예를 들어 나는 블로그를 쓰고 트위터로 정보를 발신하고, 몇 개의 뉴스 사이트에 기사를 쓰기도 하며, 나를 인터뷰한 내용이 기사화되기도 한다. 내 이름을 구글 같은 검색 엔진으로 검색하면 과거의 기록들이 수만 건 나온다. 이것들을 읽으면 내가 과거에 어떤 내용의 글을 썼고, 어떤 발언을 했는지를 대부분 알 수 있다.

예를 들어 2년 전 즈음에 이야기했던 것과 정반대의 것을 오늘 이야기한다고 하면, 누군가가 검색을 해서 "사사키 씨, 당신이 2년 전에 이렇게 말했는데, 오늘은 다른 이야기를 하시네요. 어떻게 된 겁니까?"라고 지적할 수 있다.

이에 비해, 텔레비전에 나오는 전문가들은 굉장히 편하게 일을 하는 편이다. 텔레비전 쇼를 보고 있으면, 그날 스튜디오의 분위기에 따라 말을 계속 바꾸는 전문가들이 많다. '전문가'란 말을 쓰는 것이 민망할 정도로 일관성이 없는 사람들이지만, 그들이 아무렇지도 않게 그렇게 행동할 수 있는 것도 '시청자는 과거의 방송에서 한 발언을 기억하지 못한다.'라는 전제가 있기 때문이다.

물론 녹화를 해 두면 지난 방송을 볼 수 있지만, 귀찮기도 하고 그런 일을 할 수 있는 것은 웬만큼 시간이 있는 사람이 아니고는, 특정 분야의 연구자 정도밖엔 없을 것이다. 즉, 텔레비전이라는 것은 그 사람의 직함이나 외모나 코멘트의 분위기(고령자가 좋아할 만한 것들을 사탕발림하여 잘 말하는 사람들이 선호된다.)라는 패키지에 의존하여 신뢰가 성립하는 것뿐이며 과거의 행동 이력은 신뢰도에 반영되지 않는 세계이다.

이는 회사원들의 세계에서도 비슷할 것이다. 명함에 쓰여 있는 직함이라는 패키지만 있으면 신용을 받으며, 과거에 그 사람이 어떤 말을 했는지, 어떤 행동을 했는지는 큰 영향을 미치지 않는다.

하지만 인터넷은 그렇지 않다. 인터넷에서 활동한다는 것은 항상 자신의 행동이 과거의 행동 이력을 포함해 전부 투명하게 되어 검색 엔진에 키워드를 한 번 입력하는 것만으로도 간단하게 읽힐 수 있다는 것이다. 자신을 둘러싼 콘텍스트가 항상 주위를 맴돌고 있는 세계인 것이다.

이는 텔레비전에 출연하는 전문가와 같이 일관성이 없는 사람들에게는 두려운 세계가 아닐 수 없다. 하지만 거꾸로 생각하면, 이제까지 성실하게 일관된 말을 해 왔다면 언제나 신뢰를 얻는 배경을 유지할 수 있는 안정적인 세계라고도 할 수 있다. 쓸데없는 패키지를 씌우지 않아도 제대로 말하면 제대로 신뢰받을 수 있는 세계인 것이다.

현실 사회도 전체적으로 이런 방향으로 나아가고 있다. 텔레비전 쇼에서 쓸데없는 코멘트를 하는 사람들의 모순을 과거의 프로그램 기록과 대조해 가며 비판하는 블로그가 생겨났고, 그렇기 때문에 어떤 전문가의 이름을 검색하면 그를 비판하는 블로그도 함께 나타난다.

회사원들의 신뢰도도 마찬가지이다. 대기업 명함을 가지고 있어도 어쩌면 계약 사원일지도 모르고(실제로 텔레비전 방송국 명함을 가지고 있는 사람 중 대부분은 하청을 받은 프로덕션 사람들이다. 명함 구석에 작게 프로덕션의 이름이 적혀 있다.), 정사원이라고 해도 그 회사가 도산할 가능성도 충분히 있다. 지금과 같이 시시각각 변하는 환경 속에서 회사의 패키지로 얻은 신뢰는 불면 날아가는 종이와 같다고 할 수 있다.

그렇다면 전문가든 회사원이든, 자신의 과거 행동 이력으로 신뢰도를 높이려 노력하는 수밖에 없다. 그런 시대로 나아가고 있는 것이다.

이렇게 소셜 미디어상에서는 '사람들의 신뢰'라는 것이 가시화되고 금세 확인할 수 있는 구조로 되어 있다. 우리가 정보 그 자체의 진위를 밝혀내는 것은 거의 불가능하지만, 그 정보를 보내고 있는 사람의 신뢰도는 어느 정도 알 수 있다. 그렇게 때문에 '사람'을 관점으로 하는 정보 유통은 압도적인 유용성을 가지고 우리 앞에 모습을 드러내고 있다.

큐레이터란 무엇인가?

이러한 '관점'을 제공하는 사람을 오늘날 영미권의 웹에서는 '큐레이터'라 부르고 있다. 그리고 큐레이터가 하는 '관점의 제공'이 큐레이션이다. 이 책의 타이틀이기도 한 이 말에 대해서 드디어 소개할 시간이 왔다.

큐레이터라는 것은 본래 박물관이나 미술관의 '학예사(學藝士)'라는 의미로 사용되고 있다. 세계 곳곳에 있는 다양한 예술 작품의 정보를 찾아 모으고, 이를 빌려 오거나 수집한 후 전체를 일관하는 의미를 부여하여 기획전 등을 여는 일을 한다.

> 미술관이나 갤러리, 혹은 거리의 창고 등 장소를 가리지 않고 전람회 등을 기획하고 실현시키는 사람들의 총칭이 바로 큐레이터입니다. 형식도 전람회에 한정되지 않고 퍼포먼스 등의 이벤트나 출판물의 형식을 가져올 때도 있습니다. '작품을 골라 이들을 무언가의 방법으로 다른 사람에게 보여 주는 자리를 만드는 행위'를 통해 예술을 둘러싼 새로운 의미나 해석, '이야기'를 만들어 내는 사람들이라고도 할 수 있죠.
>
> —《미술수첩》 2007년 12월호

이는 무분별한 정보의 바다에서 특정한 콘텐츠를 기준으로 정보를 건져 올리고, 댓글과 같은 방식으로 소셜 미디어에 유통시키는 행위와 굉장히 비슷한 맥락의 일이다. 그래서 큐레이터라는 말은 미술관에 한정된 것이 아니라 지금은 '정보를 다루는 존재'라는 넓은 의미로 사용된다.

샤갈과 아방가르드 — 익숙한 그림이 새롭게 다가오다

미술계에서 큐레이션의 좋은 사례를 하나 들어 보도록 하겠다.

2010년 여름, 샤갈(Marc Chagall)의 전시회가 우에노의 도쿄예대 미술관에서 열렸다. 샤갈이라 하면 남녀가 공중에 둥둥 떠 있거나 천사가 날아다니는 것과 같은 환상적인 그림으로 유명하다. 부드러우면서 산뜻한 색조, 그리고 스토리를 간직하고 있을 것만 같은 다양한 등장인물로 인해 일본에서도 인기가 높은 화가이다. 그의 그림을 보고 있으면 행복해진다고 이야기하는 사람이 내 주변에도 많다. '사랑의 화가'라고도 불리는 그는 벨라라는 이름의 부인과 평생 사랑하며 살았다고 알려져 있다.

이런 요소들을 바탕으로 보면, 샤갈은 대량 소비적 관점에서 '한결같은 사랑을 고수했던 환상적 작풍의 작가', '꿈꾸는 여성들에게 인기가 높은 작가'라는 패키지로 다뤄질 수 있다. 실제로 일본에서 열리는 샤갈 전시에 가면, 대부분 대량 소비에 익숙한 중장년 여성들로 꽉 차 있다.

하지만 도쿄예대 미술관의 전시회에는 전혀 다른 분위기가 흐른다. 이제까지의 대중적인 샤갈과는 전혀 다른 광경이 그의 작품 속에 펼쳐져 있다.

전시회의 타이틀은 '샤갈과 러시아 아방가르드와의 만남'이다. 러시아 혁명을 계기로, 부르주아적인 예술을 뛰어넘기 위해 나타난 러시아의 전위 예술 운동이 실은 샤갈과도 깊은 관계가 있다는 콘셉트의 전시였다. 러시아 전위주의 작가들과 샤갈이 같이 전시되는 것은 아마 처음이었는데, 전시회를 기획한 파리 퐁피두센터의 큐레이터 안젤라 람프(Angela Lampe)는 전시 카탈로그에 이렇게 썼다.

> 이제까지 열린 어떤 샤갈의 전시회에서도 그와 고국의 아방가르드 사이에서 오간 수많은 상호 교류에 대해 다루지 않았다는 사실은 충격적이다. 샤갈의 의지에 답하기 위해 퐁피두센터는 오늘 새로운 도전에 임한다. 풍부한 컬렉션을 바탕으로 드디어 샤갈의 그림을 러시아 아방가르드 작품과 함께 전시하는 것이다.

샤갈은 19세기 후반에 러시아의 비테프스크에서 태어났다. 모스크바에서 서쪽으로 수백 킬로미터 떨어진 곳으로 지금은 벨라루스에 속하는데, 예로부터 유태인이 거주하는 곳이었다. 샤갈

또한 유태계 러시아인이었다.

샤갈이 태어난 때는 제정 러시아가 막을 내리던 시기였다. 그가 수도인 상트페테르부르크의 미술학교에 진학할 무렵, 러시아에서는 서구의 고갱이나 고흐의 영향을 받은 프리미티비즘(Primitivism, 원시주의)이 태동하고 있었다. 이는 제정 러시아의 부르주아적 예술에 반발하여, 러시아의 대지를 뿌리로 하는 민족적 근원성을 표현하려는 운동이었다. 그들은 가게의 간판, 직물, 장난감, 아이들의 데생, 낙서 등 이제까지 예술이라고 여겨지지 않았던 것들을 모티브로 하여 강렬한 색채와 간결한 화풍, 왜곡된 원근법으로 거칠고 야성적인 작품을 그려 나갔다. 샤갈도 이에 영향을 받아 원시적인 그림을 그렸다.

샤갈은 스물두 살에 벨라를 만난다. 그녀는 당시에 아직 열네 살이었지만, 둘은 장래에 결혼을 약속하는 사이가 된다. 하지만 실제로 결혼식을 올리기까지는 6년이란 시간이 걸렸다. 샤갈이 미술 공부를 위해 파리로 건너갔기 때문이다.

예술의 도시 파리에서 샤갈은 마티스, 고흐의 영향을 강하게 받아서 매우 밝고 강렬한 색을 사용한 작품을 그리게 된다. 「아틀리에」라는 제목의 작품은 밝은 실내를 그린 것인데, 고흐의 「아를의 반 고흐의 방」을 떠올리게 한다.

그는 후에 "내 작품의 색채는 프랑스에서 만들어졌다."라고 여러 번 언급했다. 샤갈은 러시아의 프리미티비즘과 서구의 포비슴(Fauvism, 야수파)의 밝은 색채를 융합해 자신만의 화풍을 확립해 나갔다. 러시아의 토착 뿌리와 포비슴의 강렬한 색채, 그리고 사물을 분해하고 재구성하는 큐비즘(cubism, 입체파)과 같은 조류가 섞이며 샤갈의 작품이 만들어진 것이다.

예를 들어 1911년에 그려진 「나와 마을」이란 대작이 있다. 양동이를 든 농가 아낙의 모습과 구약성서에 나오는 붉은 소의 머리 부분이 겹쳐지고, 멀리 러시아 정교회의 돔이 보인다. 이렇게 토착적 모티브가 큐비즘적으로 구성되어, 민족적 근원성과 20세기의 새로운 화법이 혼연일체를 이룬다.

이 시기에 러시아에서는 말레비치(Kazimir Severinovich Malevich)나 라리오노프(Mikhail Fyodorovich Larionov)와 같은 화가들에 의해 샤갈과 비슷하게 프리미티비즘과 큐비즘을 융합시키는 '입체 미래주의(Cubo-Futurism)' 등의 조류가 일어나고 있었다. 이는 러시아 아방가르드로 진화해 나간다.

파리의 샤갈과 러시아의 전위주의 작가들은 서로 동시대적으로 강하게 호응하고 있었다. 1914년 샤갈은 러시아로 귀국하여 얼마 후에 벨라와 결혼한다. 그리고 3년 후에 러시아 혁명이 발발한다. 샤갈은 혁명 정부로부터 의뢰를 받아 고향인 비테프스크에 인민미술학교를 창립했다. 그는 모스크바나 상트페테르부르크 등의 도시에서 예술가들을 초청했고, 이는 새로운 체제의 러시아 예술계에서 아방가르드를 추진시키는 동력이 된다.

그러나 샤갈이 부른 말레비치가 쉬프레마티슴(suprématisme, 절대주의)을 주창하며, 그들 사이에 조금씩 괴리가 생기게 된다. 쉬프레마티슴은 기하학적 추상주의로, 흰 바탕에 새까만 사각형만을 그린 작품처럼 매우 단순하고 구성적인 회화를 추구했다.

말레비치는 카리스마를 발휘하며, 샤갈이 세운 인민미술학교를 쉬프레마티슴의 거점으로 바꿔 갔다. 학교 내에서 영향력을 잃자 샤갈은 결국 쓸쓸히 고향을 떠난다. 그리고 1920년대부터 스탈린주의가 대두하자 그는 혁명에도 환멸을 느끼고 프랑스로 건너간다. 그 후로 샤갈은 아방가르드를 떠나 자신만의 독특한 화풍 세계를 구축한다.

프랑스가 제2차 세계 대전에 휘말리고 독일에 점령당하자, 유태계 러시아인이었던 샤갈은 또다시 망명을 떠나 미국으로 건너간다. 전쟁이 끝나 가던 1944년, 사랑하는 부인이 세상을 떠나고 샤갈은 낯선 이국땅에 홀로 남겨진다.

비탄에 잠긴 그는 미술 동향과는 거리를 둔 독자적인 세계에 빠져들어 환상적인 작풍의 그림을 그린다. 부인을 잃고 나서 부서진 행복의 상징인 것이다. 기억 속에 있는 친구들의 모습, 고향의 몽환적 풍경, 그리고 그 속에서 꼭 안고 있는 젊은 부부의 모습이 향수를 자아내면서 환상적인 느낌을 안긴다.

'샤갈과 러시아 아방가르드와의 만남' 전시회는 앞에서 언급한 시간적 흐름에 따라 샤갈의 작품, 그리고 라리오노프 등 러시아 아방가르드 작가들의 작품을 나열한다. 시간에 따른 샤갈의 작풍 변화를 볼 수 있고 러시아 화가들과의 연관성도 알 수 있으며, 러시아 전위주의나 포비슴, 큐비즘에서 샤갈이 어떤 영향을 받아서 어떤 작품을 만들었는지도 볼 수 있다. 그리고 마지막 부분에서는 우리에게 친숙한 '환상적인' 샤갈이 등장한다.

이를 통해 이제까지 대량 소비적 관점에서 '한결같은 사랑을 고수했던 환상적인 작풍의 작가'라는 패키지로 포장되었던 샤갈의 익숙한 작품들이 전혀 다른 빛을 발하기 시작한다. 러시아의 민족적 근원성과 아방가르드와의 관계, 샤갈이 마지막으로 도달한 세계, 그리고 그 세계 속에 잠재적 무의식처럼 존재하는 그의 뿌리와 전위적 사상이 보인다. 이런 것들이 그의 그림 속에서 떠오르며, 우리의 '눈'에 새로운 감동이 일어난다.

이것이야말로 바로 콘텍스트의 힘이다. 이 전시회는 샤갈이라는 콘텐츠에서 기존의 패키지를 벗겨내고 새로운 콘텍스트를 부여한 것이다.

그리고 이 콘텍스트를 부여한 것이 바로 퐁피두센터의 큐레이터인 안젤라 람프이다. 그가 가지고 있던 샤갈이나 러시아 전위주의에 대한 지식과 교양, 그리고 예술에 대한 깊은 통찰력이 있었기 때문에 이런 콘텍스트가 풍부한 의미를 가지고 우리의 눈앞에 나타날 수 있었다.

콘텐츠와 콘텍스트의 상호 보완성

콘텍스트라는 요소가 함께 존재하기 때문에 우리는 콘텐츠를 깊고 풍부하게 즐길 수 있다. 그리고 콘텐츠와 콘텍스트는 어느 한쪽이 빠져서는 안 되는 상호 보완적인 관계를 이루고 있다. 콘텍스트는 결코 '콘텐츠의 부수적 배경' 정도의 존재가 아니다.

물론 샤갈이라는 콘텐츠가 퐁피두센터 큐레이터의 콘텍스트가 없어도, 천재가 만들어 낸 훌륭한 그림이라는 사실에는 변함이 없다. 배경 지식이 없어도 보는 순간 마음을 움직이고 깊은 감동과 충격을 주는 작품은 세상에 얼마든지 존재한다. 그런 의미에서 콘텍스트는 어차피 콘텐츠를 따라가는 존재이고, 단독으로 성립할 수 있는 요소는 아니다.

하지만 예술의 세계에는 콘텍스트가 없으면 결코 누구도 인지할 수 없는 콘텐츠도 존재한다. '아웃사이더 아트(outsider art)'가 바로 그런 경우이다. 프롤로그에서 소개했던 조지프 요아컴도 아웃사이더 아티스트로 알려져 있다.

아웃사이더 아트란 미술사의 흐름과 무관한 비주류 예술을 일컫는 폭넓은 개념으로, 주류 미술 교육을 받지 않은 독학자들이 제작한 예술을 이른다. 프로 화가도 아니고 정식으로 교육을 받지 못했거나 정신적 장애가 있는 사람, 종교적으로 차별당하는 사람 등이 그 시대의 미술 이론이나 유행과는 전혀 관계없이 순수한 창작 의욕만으로 만든 작품을 말한다.

아웃사이더 아티스트로 일본에서 가장 유명한 사람은 아마 헨리 다거(Henry Darger)일 것이다. 그는 생전에 가족도 친구도 없는 고독한 노인이었다. 시카고의 한 병원에서 청소부로 근무했던 그는 주말마다 성당 미사를 다니며 일생을 보냈다. 금이 간 안경을 테이프로 고정시키고 낡아 빠진 기다란 군용 코트 차림에 다리를 끌며 걷고, 다른 사람들과 이야기하는 일은 거의 없이, 가끔씩 날씨에 관한 이야기를 할 때도 결코 상대의 눈을 마주치지 못했던 고독한 사람이었다 한다. 우리 주위에도 있을 법한 인물이다.

그는 1963년에 81세로 세상을 떠났다. 집주인이던 네이선 러너와 기요코 러너 부부가 그의 방에 들어섰을 때 그곳은 거대한 쓰레기장이었다. 신문이나 잡지 등 온갖 잡동사니가 천장에 닿을 듯한 높이까지 쌓여 있었고, 탁자나 침대 위에는 오려진 사진과 그림, 낡은 구두, 싸구려 종교 장식품 등이 너저분하게 널려 있었다.

네이선은 방을 정리하던 중에 여행용 가방 안에서 놀라운 것들을 발견하게 된다. 『비현실의 왕국에서(*In the Realms of the Unreal*)』라는 타이틀이 붙여진 열다섯 권의 소설 원고가 들어 있었던 것이다. 타자기로 깨끗하게 정리된 원고가 전부 합쳐 1만 5000페이지에 달했다. 그리고 이 긴 소설을 형상화한 그림책이 세 권 딸려 있었다. 그 안에 담긴 수백 장의 그림 중에는 길이가 3미터 이상 되는 대작도 있었다.

『비현실의 왕국에서』는 제목 그대로 현실에 존재하지 않는 세계를 무대로 하는 판타지 소설이다. 비비안 걸스라는 이름의 일곱 자매가 주인공인데, 이들은 귀엽고 천진무구했으나 동시에 놀라울 정도로 용기가 있고 전략을 세우는 데 재능이 있었다. 비비안 걸스가 활약하는 무대는 아동 노예 제도를 둘러싸고 참혹한 전쟁이 벌어지는 세계였다. 아마도 미국의 남북 전쟁을 모티브로 했다고 생각되는 이 작품에서는, 아동 노예를 소유하고 있는 글랜델리니아라는 사악한 성인 남자들의 진영과 비비안 걸스의 아버지와 숙부들이 이끄는 기독교 국가 간에 기나긴 전쟁이 계속된다.

바이올렛과 동생들이 큰 소리로 외치며 말을 달리자 제미니 부대를 향해 전력 질주했던 글랜델리니아인들이 그녀들의 뒤를 쫓았다. 그들이 너무 빨리 쫓아오자 바이올렛은 말했다. "우리도 총을 쏠 수 있다는 것을 보여 줘야겠는데." 그녀들이 쫓아오던 글랜델리니아인들을 향해 피스톨을 당기고 몇 분 안 되어 열 명이 쓰러진다. 이 작은 소녀들을 처음 본 글랜델리니아인들은 깜짝 놀라고 만다. 귀엽고 약해 보이는 일곱 명의 여자아이들이 자신들을 향해 총을 쏠 줄은 상상도 못했던 것이다. 소녀들이 노렸던 글랜델리니아인은 한 명도 빠짐없이 총에 맞고 즉사한다.

—『비현실의 왕국에서』 중에서

다거가 그렸던 것은 결코 순수한 판타지가 아니었다. 그는 스스로 갈고 닦은 독특한 표현력으로 참혹한 장면을 계속 써 내려갔다. 잔인한 묘사와 귀여운 그림체의 조화로 누구도 흉내 낼 수 없는 불가사의한 분위기의 세계가 만들어졌다. 그러므로 이 작품이야말로 진정한 의미의 예술이라고 할 수 있을 것이다.

제니트리의 길은 공포로 뒤덮여 있었다. 공포와 분노, 눈물과 광란, 그리고 비탄의 울음소리가 허공에 울려 퍼졌다. 글랜델리니아인들은 학살을 하며 날뛰었다. 아이들의 어머니들은 눈물을 흘리며 아이들이 죽어 가는 모습을 보며 미쳐 갔다. 마을의 감옥은 여자아이들로 꽉 차서 금방이라도 터질 것 같았다. 미쳐 날뛰는 글랜델리니아인들은 광기, 살인, 공포 그 자체였다.

—『비현실의 왕국에서』 중에서

아마도 다거는 평생 여자와 교제한 적이 없었던 것 같다. 한 번도 만져 본 적 없는 여성에 대한 몽상이 소녀에 대한 성적 환상으로 바뀌었는데, 그것이 범죄 행위로 이어진 것이 아니라 장대한 이야기로 승화되었다. 삽화에 그려진 비비안 걸스는 항상 순진무구하며 귀여운 모습이다. 어린 소녀들은 (다거가 여성에 대한 지식이 부족했기 때문에) 남자의 성기를 가지고 있으며, 성행위는 일절 묘사되어 있지 않다. 그 대신에 아이들에 대한 잔혹한 고문이 반복적으로 그려져 있다.

그는 19세기 말에 시카고에서 태어나 세 살 때 어머니와 사별하고 고아원에 맡겨졌는데, 기괴한 행동을 일삼아 정신병원으로 보내진다. 열일곱 살에 드디어 병원에서 탈출하여 시카고로 돌아가, 그 후로 55년 동안 여기저기 병원에서 청소부나 접시닦이 등의 일을 했다. 그리고 75세가 되어 거동이 불편해지자 일을 그만두고 죽을 때까지 연금으로 생활했다.

그는 『비현실의 왕국에서』를 전적으로 자신을 위해서 그렸으며, 누구에게 보여 주거나 출판할 생각은 전혀 하지 않았다. 근대 예술의 주류와는 전혀 관계가 없는 장소에서, 태평양 구석의 무인도에 혼자 떠내려 온 표류자처럼 살면서 자신의 작품에만 몰두했다.

만약에 그가 죽고 나서 아파트 주인이 작품에 주목하지 않았다면, 혹은 '기분 나쁜 도착증 환자의 망상'이라며 비웃고 작품을 버렸다면, 다거의 작품은 우리의 눈앞에 나타나지 못하고 사라졌을 것이다.

하지만 다행히도 집주인 네이선 러너는 저명한 사진가로, 시카고 바우하우스(Bauhaus)의 멤버이자, 일리노이 공대의 교수이기도 했던 인물이다. 러너가 다거의 유품에서 '예술'을 발견했기 때문에, 다거의 상상의 산물은 예술로서 세상에 공표될 수 있었다. 즉, 다거의 『비현실의 왕국에서』라는 콘텐츠에 러너가 콘텍스트를 부여한 것이다.

여기에서는 콘텍스트와 콘텐츠가 각각 거의 비슷한 정도로 중요성을 가지고 병존하고 있다. 러너가 없었다면 다거의 작품은 예술이 되지 못했을 것이며, 물론 다거의 작품이 없었다면 러너가 그것을 발견하는 일도 없었을 것이다. 상호 보완적 관계인 것이다.

아웃사이더 아트를 발견하는 큐레이션

아웃사이더 아트를 창작한 다거와 같은 은둔자나 정신 질환자는, 창작자 본인이나 주변 사람 모두 그가 예술을 하고 있다는 의식을 공유하고 있지 않다. 만약 정신병원에 장기 입원하고 있는 환자가 그림을 그렸다고 해도, 그것들은 어디까지나 치료나 교육을 목적으로 그린 것으로 인식되어 환자의 병실에 걸리거나 간호사들에 의해 쓰레기통에 버려질 것이다.

예를 들어 일본의 아웃사이더 아트계에는 지적 장애인 야시마 고이치(八島孝一)란 작가가 있다. 그는 집에서 복지 시설로 가는 길에 매일같이 이런저런 물건을 주워서 이를 셀로판테이프로 묶어 작품을 창작한다. 과자 봉지, 빈 용기, 기계 부품, 볼펜, 칫솔, 단추, 구슬, 카드 등이 그의 작품 재료이다. 미술에 관한 지식이 없는 사람의 눈에는, 단순히 잡동사니를 모아 만든 쓰레기 더미로만 보일 수도 있다.

하지만 야시마가 다니는 시설에는 미술대학 출신의 모리 미키오(森幹夫)라는 직원이 있었다. 모리는 야시마의 작품에 흥미를 가지고 소중하게 보관했다. 작품을 사진으로 찍어 하나하나 정성스럽게 포장하고, 제작 연도와 타이틀을 붙여 파일로 묶어 친구인 도예가 시미즈 노리카즈(清水哲一)에게 보여 줬다. 결국 야시마의 작품은 모리와 시미즈라는 두 사람의 큐레이션을 경유하여 세상에 알려졌다. 모리와 시미즈가 콘텍스트를 부여하자, 그 전까지는 단지 '쓰레기 더미'에 지나지 않았던 작품에 의미가 생기고, 노이즈의 바다에서 건져 올려져 미술계의 본무대로 나온 것이다.

또 한 명, 이번에는 여성 아웃사이더 아티스트를 소개하려 한다. 매우 기구한 삶을 살았던 그녀의 이름은 알로이즈 코르바스(Aloise Corbaz)이다.

그녀는 19세기 후반 스위스 로잔의 중산층 가정에서 태어났다. 평범한 사춘기 시절을 보낸 그녀는 우체국에서 일하는 아버지를 비롯해 음악을 좋아하는 가족의 영향으로 어렸을 때부터 합창단에 들어가기도 했다. 열 살 때에 어머니와 사별했지만, 큰언니가 어머니 역할을 하며 알로이즈를 키웠다. 알로이즈는 우수한 성적으로 바칼로레아(중등 교육 수료증)를 획득했으며, 재봉 전문학교에 진학했다.

그녀는 오페라 가수가 되겠다는 꿈을 가지고 있었다. 20대가 되어 알로이즈는 프랑스인 사제와 사랑에 빠진다. 하지만 이 있어서는 안 되는 사랑은 엄격한 큰언니의 분노를 사고 그녀는 고향을 떠나 독일의 라이프치히로 가서 가정교사가 된다. 그 후 그녀는 포츠담으로 가서 독일 제국 최후의 황제였던 빌헬름 2세의 궁정 사제의 집에서 가정교사를 하면서, 궁중 생활의 화려함에 설렘을 느낀다.

1911년 빌헬름 2세가 이끄는 독일은 제국주의적 확장 정책을 펴며 열강들과 심각하게 대립한다. 알로이즈는 궁정 구석에서 남몰래 황제를 향한 사랑을 키워 갔지만, 그 꿈이 이루어질 리는 없었다. 그녀는 공상 속에서나 황제와 사랑을 속삭이곤 했다.

1914년에 제1차 세계 대전이 발발하고, 알로이즈는 독일을 떠나 고향 로잔으로 돌아온다. 그즈음부터 그녀는 지리멸렬한 언동을 반복한다. 여기저기 직장을 전전하고 그때마다 주위와 갈등을 일으켰으며, 빌헬름 2세에게 전해질 리 없는 러브레터를 계속 썼다. 결국 그녀는 서른한 살에 정신병원에 강제로 입원하게 되는데, 병명은 정신 분열증이었다.

2년 뒤에 알로이즈는 같은 스위스에 있는 라 로젤 정신병원으로 옮겨져 그곳에서 77세로 세상을 떠날 때까지 남은 생애를 보낸다. 병원을 옮긴 직후부터 그녀는 궁정이나 오페라, 연극 등을 모티브로 한 '사랑에 빠진 여자'의 그림을 그리기 시작했다. 그녀는 색연필이나 크레용을 사용해, 마치 선글라스를 쓴 것처럼 새파랗지만, 동시에 텅 빈 듯이 보이는 신비로운 눈동자를 가진 여성을 생명력 넘치는 모습으로 그렸다. 그녀의 작품 속에는 열정, 관능, 슬픈 사랑의 아픔 등 인간의 감정이 생생히 담겨 있다.

하지만 그녀의 초기 작품은 누구에게도 알려지지 않고 병원에서 폐기되어 지금은 전혀 남아 있지 않다. 그녀의 작품이 주목을 받게 된 것은 1930년대 말 병원의 의사들이 그녀의 작품에 관심을 보이기 시작했기 때문이다. 의사들은 알로이즈에게 그림 도구를 제공하고 작품을 보존시켜 미술계에 공개했다.

전혀 새로운 '관점'을 찾아낸 정신과 의사들

왜 이 시기에 의사들은 갑자기 알로이즈의 작품을 예술로 평가하기 시작했을까? 아웃사이더 아트라는 개념은 1920년대 유럽에서 처음 생겼다. 정신과 의사들이 심리학적 흥미를 가지고 환자들이 만든 것들을 수집해 연구한 것에서 아웃사이더 아트가 시작되었다. 일례로 독일 하이델베르크 대학 부속병원의 정신과 의사였던 한스 프린츠호른(Hans Prinzhorn)은 500명의 환자가 그린 5000점의 작품을 수집해 『정신병자의 예술성(*Artistry of the mentally ill*)』이라는 책을 썼다. 이 책에서 그는 정신 의학적 견지에서뿐만 아니라 예술적 관점에서도 환자들의 작품을 분석하고 있다.

그리고 거의 같은 시기에, 훗날 아웃사이더 아트의 최고의 작가로 불리게 되는 아돌프 뵐플리(Adolf Wölfli)[1]의 작품을 분석한 스위스의 정신과학 서적이 출간되었고, 이것이 '정신 질환자가 만든 것을 예술 작품으로 인정'하는 전혀 새로운 '관점'이 되었다. 게다가 유럽의 선구적인 예술을 모색해 온 초현실주의자들이 이런 흐름에 호응하는데, 이는 달리 말하면 정신과 의사들이 발견한 '정신병 환자들의 예술'이라는 관점에 초현실주의자들이 체크인을 했다고 해도 좋을 것이다.

'현실을 넘어선 현실'을 추구하는 초현실주의자들은 머릿속에 떠오르는 상념을 그대로 문자로 옮기는 '자동필기'나 잠자는 동안 꾸는 꿈을 기술하는 기법 등을 사용한다. 이를 통해 잠재의식 속에 숨어 있는 무의식, 이성을 넘어선 있는 그대로의 무의식을 그려 내고, 상식과 제도의 틀에서 벗어나 인간 본래의 '삶'에 도달할 수 있을 것이라고 그들은 생각했다. 그러므로 '정상'이라는 관념의 틀에 얽매여 있지 않은 정신병 환자들이 그린 그림은 초현실주의자들이 지향하는 목표에 부합하는 것이었을 것이다.

독일 태생으로 초현실주의의 대표 화가로 알려져 있는 막스 에른스트(Max Ernst)는 1922년 파리에 갈 때, 프랑스 시인 폴 엘뤼아르(Paul Éluard)에게 줄 선물로 출간된 지 얼마 되지 않은 『정신병자의 예술성』을 가져갔다. 이 책은 독일어로 쓰여 있었는데, 정신 질환자들이 그린 작품이 풍부하게 실려 있었기 때문에 파리의 초현실주의자들 사이에서 선풍적 인기를 끌었다.

알로이즈의 작품은 바로 이 시기에 발견되었다. '정신 질환자의 작품을 예술로 본다'는 관점에 여러 사람들이 체크인을 하여, 그 관점이 많은 지지자를 확보하게 되고, 이것이 각지의 정신병원에도 확산되어 알로이즈처럼 이제까지 알려지지 않았던 아웃사이더 아티스트들이 대량으로 발굴되기 시작한 것이다. 이는 아웃사이더들의 예술이라는 콘텐츠를 발굴하기 위해 콘텍스트를 만든 큐레이터들의 활동이 얼마나 중요한가를 말해 주는 일화이다.

이런 흐름을 더욱 가속화시켜 새로운 개념을 형성한 것은 프랑스의 장 뒤뷔페(Jean Dubuffet)라는 예술가였다. 그는 1945년 정신병 환자나 범죄자, 사회 부적응자, 아마추어 화가, 어린이 등의 작품에서 나타나는 거칠고 순수한 형태의 예술을 이르고자 '아르 브뤼(Art Brut)'라는 용어를 만들었다. 이는 인공을 가하지 아니한 자연 그대로의 상태의 미술이란 뜻이다. 그는 아르 브뤼를 다음과 같이 정의 내렸다.

> 예술 교육을 받지 않고, 특정 문화와 연결되지 않고, 자급자족으로 이뤄지는 창작 활동으로, 작가는 어떤 사회적 인지나 찬사에도 관심이 없으며, 작품을 감상하는 사람도 존재하지 않지만, 독창적이고 일관성 있는 표현 체계가 작품 속에 내재하고 있다.

거기에 존재하고 있는 것은 단지 '표현하고 싶다'는 충동이다. 아웃사이더 아티스트들이 그렇게 생생한 표현 충동을 떠오르는 대로 표현한 것뿐이라면, 큐레이터들은 도대체 무슨 가치를 더한 것일까?

다거를 발견한 사진가 러너와 야시마 고이치의 작품을 세상에 알린 간호사 모리와 도예가 시미즈, 알로이즈를 발견한 정신과 의사들. 아웃사이더들의 작품을 예술로 인지하는 큐레이션은 그들의 작품에 도대체 어떤 콘텍스트를 부여한 것일까? 그리고 그 관점은 도대체 어떤 것일까?

대량 소비의 끝에서 보이는 생생한 현실

고이데 유키코(小出由紀子)라는 일본인 큐레이터가 있다. 아웃사이더 아트의 분야에서 일본 최고라고 알려진 사람이다. 원래 미술 큐레이터 일에 흥미가 있던 그녀는 대학을 졸업하고 시세이도(資生堂)에 입사했다. 기업 문화부란 부서에 배치된 그녀는 일상생활 속 친숙한 것들에서 아름다움을 발견하는 전시 등을 기획하는 일을 맡았다.

고이데가 아웃사이더 아트와 만난 것은 1990년 남편의 미국 발령과 함께 시세이도를 그만두고 시카고로 건너간 이후부터였다. 그녀는 그곳에서 지인의 소개로 네이선 러너 부부를 알게 되어, 그의 스튜디오에 쌓여 있던 헨리 다거의 그림을 보게 되었다. 그녀는 다거의 그림이 간직한 화려함, 몽환적 분위기, 그리고 남성의 성기를 가진 소녀들의 기묘함에 압도되었다. 그리고 이것이 이미 세상을 떠난 작가가 50년도 전에 그린 것을 알고 깜짝 놀랐다.

그녀는 이 세계에 완전히 매료되었고, 빌 트레일러(Bill Traylor)나 마르틴 라미레스(Martin Ramirez) 등 미국의 다른 아웃사이더 아트 작품을 접하면서 점점 빠져들었다. 그녀는 나중에 이렇게 회상했다.

왜 그렇게 기묘한 그림에 끌렸냐고요? 제가 사회인이 되었던 1980년대는 버블 경제기로 예술계에 돈이 넘쳐흘렀던 시기였습니다. 각지에 미술관이 난립했고 부유한 개인이나 기업이 유럽과 미국에서 유명한 그림을 사들였고 상업 미술이 창의적이라고 절찬을 받던 그런 시기를 도쿄에서 보냈죠. 그래서 반발이 생겼는지도 모르겠어요. 평가나 반응 같은 걸 바라지 않고 그냥 그리는 것에 몰두하는 그들의 자세는 버블의 악취를 깨워 주는 신선한 충격이었죠.

—『아르 브뤼-열정과 행동』(고이데 유키코 편저) 중에서

아웃사이더 아트는 내가 2장에서 설명했던 전후 사회의 대량 기호 소비와 180도 다른 지평에 서 있다. 생생한 인간의 무의식이 대량 소비의 기호들을 경유하지 않고 예술가와 관객 사이에서 공유되는 세계인 것이다.

버블이 붕괴하고 대량 기호 소비가 쇠퇴하며, 드디어 새로운 '연결'의 소비 사회가 열리고 있다. 대량 소비 시대의 마지막 전성기였던 1990년대에 대량으로 등장한 밀리언셀러가 만든 버블에 흥에 겨워 춤추던 콘텐츠업계는 아직도 기호 소비의 꿈에서 깨어나지 못하고 서서히 죽어 가고 있다.

고이데는 아웃사이더 아트에서 1990년대의 거품이 걷히고 반드시 찾아 올 신세계를 예감했는지도 모른다. 그리고 그녀는 일본 최초의 아웃사이더 아트전이 된 윌리엄 호킨스(William Hawkins)와 빌 트레일러의 전시회를 1991년에서 1992년에 걸쳐 도쿄의 '더 긴자 아트스페이스'(나중에 시세이도 갤러리에 통합)에서

전시하고, 1993년에는 로스앤젤레스에서 대규모 '패럴렐 비전(Parallel Vision)' 전시를 세타가야(世田谷) 미술관으로 가져온다.

그녀는 아웃사이더 아트를 "무방비의 타자와 마주하는 외경과 경이와 감동"이라 설명했다. 아르 브뤼라는 말을 만든 장 뒤뷔페는 이렇게 표현한다.

> 솜씨 좋은 가수의 노래보다도 평범한 소녀가 계단을 청소하며 부르는 노래 쪽이 내 마음을 흔든다. 각자 좋아하는 취향은 다를 것이다. 나는 작은 것을 좋아한다. 마찬가지로 아직 새싹과 같은 상태를, 서툰 부분을, 그리고 미완성의 모습과 조잡한 것을 좋아한다. 나는 광석 속의 다이아몬드 원석을 좋아한다. 같이 있는 불순물과 함께 말이다.

하지만 그 '원석'이 결코 순수한 것만은 아니다. 비비안 걸스와 같은 귀여운 소녀의 그림 뒤편에 다거의 어두운 성적 환상이 감춰져 있는 것과 같이, 그곳에는 황폐한 욕망과 망상과 질투와 부정의 상념도 흐르고 있다. 그야말로 '무방비의 타자'이기 때문에 이에 공감을 하기도 하지만, 반대로 혐오감을 느끼는 사람도 있을 것이다.

그렇다. 이는 우리가 인터넷상에서 다른 사람의 생각과 마주할 때에 공명하기도 하지만 근거를 알 수 없는 비판이나 증오,

망상과 같은 행동을 보이는 것과 마찬가지이다. 양쪽 모두 결코 순수한 것은 아니다.

일본에서는 아웃사이더 아트가 '지적 장애인들의 작품'이란 이미지가 강하다. 그래서 '아웃사이더'라는 말 대신에 '에이블 아트(Able Art, 가능성의 아트)'라는 말이 쓰이기도 한다. 어느 쪽이더라도 '약자들이 그리는 순수한 그림'이라는 뜻이 담겨 있다. 하지만 아웃사이더 아트의 원래의 입장으로 돌아가 생각해 보면, 이는 결코 순수한 것이 아니라는 것을 알 수 있다.

"예술은 폭발이다!"라는 말로 유명한 오카모토 타로(岡本太郎)는 『신판 오늘의 예술(新版 今日の芸術)』이라는 책에서 마음속 끝까지 쫓아와 보는 사람을 끊임없이 압도하는 예술은 "단지 싫은 것"이며, 불쾌감과 혐오감도 같이 따라온다고 쓰고 있다. 괴로움, 상처, 고뇌, 망상, 우리 안의 범죄성이나 마음속 암투를 밝은 곳으로 끄집어내 본다고 하자. 우리의 마음 깊숙한 구석에 있는 노이즈를 끌어올려서 이와 직접 마주 보는 것은 대단히 위험한 행동일지도 모른다.

그렇기 때문에 1930년대에 국민을 철저하게 통제하려 했던 나치 독일은 아웃사이더 아트와 같은 것들을 철저히 말살하려고 했다. 전위적인 표현주의 작품을 '퇴폐 예술'이라 하고 타락한 것이라며 부정했다. 이 시기에 나치는 전위적 예술 작품과 정신 장애자의 작품을 함께 건 '퇴폐 예술전'이라는 전시회를 뮌헨에서 열며 '거봐, 전위 예술이란 거랑 정신 장애자가 그린 거랑 다를 바가 없잖아. 이런 것이 퇴폐가 아니고 뭐겠어.'라는 생각이 들게끔 했다.

언제나 권력자에겐 사람들의 생생한 잠재의식과 적나라한 욕망이 위협이 된다. 그래서 이들을 최대한 배제하려 한다.

이는 지금도 인터넷이라는 미디어를 통해 우리의 생각이 현실로 나타나는 것에 대해 '화장실 낙서'나 '노이즈 덩어리', '인신공격과 비방뿐'이라고 비난하고 있는 기존 미디어에게도 통하는 이야기라고 할 수 있다. 그들은 자신들의 통제에서 벗어나 사람들의 생생한 목소리가 현실로 뛰쳐나오는 것을 두려워한다.

왜 큐레이션이 필요한가?

아웃사이더 아트는 생생한 표현의 욕구 충동만이 존재하는 세계이다. 그리고 보는 사람 쪽에서도 그런 생생함을 그대로 받아들이고 싶어 하는 욕구가 있다. 이것이 아웃사이더 아트라는 분야를 성립시켰다고 할 수 있다.

그렇다면 만드는 사람과 보는 사람 사이에 존재하는 큐레이터는 도대체 어떤 일을 하는 것일까?

고이데 유키코는 내 취재에서 이렇게 답했다.

"아웃사이더 아트에선 창작과 큐레이션이 분리됩니다."

주류 예술에서 만드는 쪽은 표현자이며 동시에 자신의 작품이 이 시대에 어디에서 어떻게 받아들여질지를 편집자의 관점에서, 비즈니스 감각을 가지고 생각하는 존재이기도 하다. 창작자이며 동시에 큐레이터이며 에디터이기도 하고 프로듀서이기도 하고 프로모터가 되지 않으면 안 된다. 일본 현대 예술에서 선구적으로 이런 길의 극단을 걷고 있는 사람이 바로 무라카미 다카시(村上隆)[2]이다. 무라카미는 세계 시장에서 자신의 작품을 팔기 위해 철저하게 역사와 시장을 분석하고 계산하고 치밀한 전략을 세운다. 그는 『예술기업론(藝術起業論)』이라는 책에서 이렇게 쓰고 있다.

> 예술 작품만으로는 자립할 수 없다. 감상자가 없으면 작품도 성립하지 않는 것이다. 물론 작품의 판매도 고객이 있기 때문에 가능하다. 어떤 분야에서든 당연시되는 영업의 철칙이 예술의 세계라고 해당 안 된다 하는 것은 정말로 자기 편한 대로 하는 말일 수밖에 없다.

> 서양에서는 예술에 대해 이른바 일본적이고 애매한 개념인 '아름다운 색채'와 같은 감동을 원하지 않는다. 지적인 '장치'나 '게임'을 즐기는 것이 예술에 대한 그들의 기본적 자세이다. 서양에

서는 예술 작품을 제작하는 불문율로 '작품을 통해 세계 예술사의 문맥을 만드는 것'이라는 요소가 존재한다. 내 작품에 고액의 가격이 붙는 것은 내가 이제껏 쌓아 온 문맥이 미국, 유럽의 미술사에 침투했다는 증거이기도 하다.

즉, 무라카미는 자신의 작품에 스스로 콘텍스트를 부여하여, 그 콘텍스트가 미국이나 유럽의 미술계에 접속할 수 있도록 전략을 세웠던 것이다. 그는 천재적 아티스트이면서 동시에 극도로 우수한 (자신의 작품에 대한) 큐레이터라고도 할 수 있다.

그는 모에계(萌え系)[3]의 표현 방법을 채용하며 동시에 오랜 일본화풍의 전통을 흡수하면서 이를 통해 현재 일본 젊은이들의 정신 상태를 절묘하게 담아낸다. 이것이 그가 말하는 '슈퍼플랫(Superflat)'이라는 콘셉트이다. 이렇게 낡은 것과 새로운 것, 모에계의 하위문화와 일본화풍의 전통을 이종 교배한다는 콘텍스트는 서양의 예술계에서 압도적인 지지를 받는 데 성공했다.

그렇지만 아웃사이더 아티스트들은 이런 전략적 발상을 일절 가지고 있지 않다. 바깥세상에는 흥미가 전혀 없고, 단지 자신을 위해서만 작품을 만드는 사람들이다. 그렇기 때문에 큐레이터라는 존재가 필요해진다. 아웃사이더 아트에 콘텍스트를 부여하고, 이를 현대 예술계에 알리는 작업이 필요한 것이다.

즉, 예술이라는 커다란 플랫폼 위에 창작과 큐레이션이 분리되어, 이들이 각각 모듈화되어 존재하는 구조를 이루고 있다고 할 수 있다.

여기서 고이데의 말을 들어 보자.

> 아웃사이더 아티스트는 자기 이외에 다른 요소를 일절 추가하지 않고 원시적인 표현 행위만을 특화시키는데, 나는 큐레이터로서 그들의 그런 방식에 매력을 느낍니다. 프로 예술가의 경우, 작품으로 표현하는 단계에서 이미 예술계의 조류나 시대적 배경을 의식적이건 무의식적이건 고려하고 있습니다. 작가의 평가라는 것은 아무리 발버둥을 쳐도 기존의 미술사적 문맥과 조합되며 생겨나는 것이기 때문이죠. 하지만 아웃사이더 아트는 그런 문맥 같은 건 진혀 신경 쓰지 않습니다. 그래서 나 같은 제3자의 큐레이터가 미술사 속으로 '끌어들이거나' 연결점을 만들 필요가 있습니다.

그녀가 말하는 큐레이션이란 제대로 평가받지 못했던 아웃사이더 아트를 미술사의 어딘가에 연결시키거나 접점을 찾는 작업이다. 즉, 콘텍스트를 찾거나 콘텍스트라는 '축'을 깊이 박거나 시대정신과 창작 사이에 긴밀한 연결점을 만들어 내는 것이라고 할 수 있다.

이렇듯 아웃사이더 아트가 '예술'로서 사람들에게 받아들여지기까지는 큐레이션의 힘이 컸다. 예를 들어 고이데가 큐레이션을 한 아웃사이더 아티스트 중에 다나카 유키(田中悠紀)라는 여성이 있다. 그녀는 매일같이 자신이 키우는 애견 '차타로(茶太郎)'만을 그리며 살고 있다. 그녀의 그림은 극단적으로 단순한 구성을 취하고 있는데, 그림 속 차타로는 타원형 얼굴과 사각형 몸에 작은 원형의 발과 귀가 붙어 있다. 그리고 밝은 색조의 원과 타원, 사각형이 종이 전체에 무수히 그려져 있다. 차타로는 간혹 슬픈 듯한 얼굴과 화를 내는 표정을 짓기도 하지만, 대부분 행복한 표정을 짓고 있다. 대체로 보고 있으면 즐거워지는 그림이다.

무한한 애정을 가지고 애견이라는 친근한 주제에 천착한 그녀의 창작 활동은 '사랑의 수고(Labor of Love)', 즉 순전히 자기만족을 위한 일로 이는 표현 행위의 원점이기도 한다. 동시에 철저한 평면성이나 조잡한 화풍, 화면에 빈틈을 용납하지 않는 강박증 등은 현대 미술의 흐름에 상당히 부합하기도 한다. 그림 풍은 보기에 따라 무라카미 다카시의 슈퍼플랫에 가깝게 느껴지기도 한다.

고이데는 2010년 가을 다나카를 비롯한 다섯 사람의 작품을 모아 'COUNTERPOINT(대위법)'이라는 타이틀로 뉴욕에서 기획전을 열었다. 고이데는 이렇게 말한다

"종래의 미술 정의로는 미술이라고 인지되지 못했거나, 지나쳐 간 것들을 내 손으로 미술사의 최첨단과 연결시키고 싶습니다. 그리고 미술이란 무엇인가라는 물음을 던짐으로써 기존의 정의를 흔들고 싶어요. 이러한 큐레이터로서의 야심이야말로 내

가 이 일을 계속하는 원동력이라고 생각합니다."

콘텐츠가 왕인 시대는 끝났다

아웃사이더와 인사이더의 경계, 그리고 이런 경계를 설정한 큐레이션의 방향성은 우리를 둘러싸고 있는 정보의 바다에도 적용될 수 있는 개념이다. 광활한 정보의 바다에 특정한 콘텍스트를 부여함으로써 새로운 정보를 만들어 내는 것, 그것이 바로 큐레이션이다.

한 미국인의 블로그에는 "콘텐츠가 왕이던 시대는 끝났다. 지금은 큐레이션이 왕이다."라는 말이 쓰여 있다. 1차 정보를 발신하는 것보다도 그 정보가 가지고 있는 의미, 그 정보가 가지고 있는 가능성, 그 정보가 가지고 있는 '당신에게만 필요한 가치'와 같은 콘텍스트를 부여할 수 있는 존재야말로 그 중요성이 커지고 있는 것이다. 정보가 폭발적으로 증가하고 막대한 양의 정보가 우리 주변을 앰비언트하게 만들고 있는 가운데, 정보 그 자체의 가치만큼이나 정보를 필터링하는 큐레이션의 가치가 높아지고 있다.

큐레이션 저널리즘이라는 말도 만들어져 쓰이고 있다. 1차 정보를 취재해 글로 쓰는 행위의 가치는 앞으로도 없어지진 않을 것이다. 하지만 1차적 취재 및 보도를 하는 저널리스트만큼이나, 스스로 특정 분야의 전문가가 되어 이미 존재하는 막대한 정보를 분류하고 유용한 정보를 골라내어 수집하고 다른 사람에게 배포하는, 즉 큐레이션을 하는 사람들의 가치도 높아지고 있다. 이는 '정보'라는 것의 가치를 180도 회전시키는 획기적인 패러다임의 전환이다. 이제 우리 앞에 큐레이션의 시대가 펼쳐질 것이다.

아웃사이더와 인사이더의 경계가 흔들리다

다시 아웃사이더 아트의 이야기로 돌아가도록 하자.

아웃사이더 아트의 정의는 시대나 국가에 따라 변해 왔다. 원래 프랑스에서 장 뒤뷔페가 아르 브뤼를 제창했던 배경에는, 인간 정신의 비합리성과 무의식을 추구했던 초현실주의자들이 있다. '이성의 바깥'이라는 틀 속에서 아르 브뤼가 다뤄졌던 것이다.

이것이 미국으로 건너와 아웃사이더 아트라는 말로 바뀌고 확산되며, 그 정의도 바뀌어 갔다. 당시의 엘리트에 대항하는 토착성이나 주변성과 같은 뉘앙스가 아웃사이더 아트라는 말에 녹아들어 갔다. 이 말은 1930년대에는 유럽에 대항하는 미국, 1970년대에는 세계 예술의 중심지인 뉴욕에 대항하는 미국 중서부, 서부, 남부를 의미하기도 했다. 또한 미술계를 지배하고 있는 유럽계에 대항하는 아프리카계 미국인이나 히스패닉을 의미하기도 했다.

아웃사이더 아트라는 말은 1972년에 영국의 초현실주의 연구가인 로저 카디날(Roger Cardinal)이 처음으로 사용했다. 그는 당시에 알베르 카뮈의 유명한 소설인 『이방인』을 언급했다. 『이방인』의 프랑스 원제는 'L'Étranger'였는데 영어판에서 'The Outsider'가 된다. 『이방인』은 예전에 실존주의가 붐을 일으켰을 때 일세를 풍미한 소설로, 평범한 한 남자가 엄마의 장례식 이후 사람을 죽이게 되고 법정에서 '태양이 눈부셔서' 죽였다고 진술하는 이야기를 담고 있다. "오늘 엄마가 죽었다."로 시작하는 간결한 문장으로도 유명하다.

이 소설은 평범한 인간이더라도 사회나 타인과의 관계에서 작은 흔들림이 생기면 언제라도 아웃사이더가 되어 버릴 수 있다는 걸 보여 준다. 이런 흔들림의 가능성은 늘 존재한다는 걸 말하는 작품이다. 즉, 아웃사이더라는 것이 이런 흔들림 위에서 성립한다는 것이다.

예술계에서는 20세기 들어 예술가들이 너무 미술 이론에만 집착하여, 본래의 '인사이더'의 부분에서 점점 탈피해 예전에는 아웃사이더의 영역이었던 부분까지 들어가게 된다. 원시적인 것, 토착적인 것, 그리고 무의식적인 것으로 예술의 표현이 점점 확대되었다. 아웃사이더 아트가 주류 예술계에서 평가받고 미술사의 한 위치를 차지하게 되는 일도 일어났다. 앞에서 소개했던, 미성년자 강간 미수 혐의로 전과자가 된 아돌프 뵐플리의 작품은 스위스의 베른 미술관에 클레(Paul Klee)의 대표작과 함께 나란히 소장되어 있다. 독거노인이던 헨리 다거의 그림도 뉴욕 현대 미술관에 수집되었다. 그리고 현재 활동하는 예술가들은 인사이더나 아웃사이더를 가리지 않고 그들의 작품에서 영감을 받고 있다.

이렇게 미술계의 주류인 인사이더와 비주류인 아웃사이더 간의 경계가 흔들리며 점점 애매해지고 이제는 그 경계선이 고정되어 있지 않다. 수십 년 후에는 그 경계조차도 완전히 융해되어 아웃사이더 아트라는 말 자체가 사라질지도 모른다.

정보 필터링 시스템 '시맨틱 보더'

앞에서 큐레이션이 아웃사이더 아트를 미술사의 한 부분과 연결하는 역할을 했다고 썼다. 이제까지 예술로 인정받지 않았던 작품을 인사이더의 아트로 큐레이션을 한 것인데, 이는 아웃사이더와 인사이더의 경계선을 새롭게 설정하여 '이것도 인사이더'라고 새롭게 정의했다고도 볼 수 있다.

시맨틱 보더(semantic border, 의미의 장벽)라는 말이 있다. 이 말을 나는 바이오홀로닉스(Bioholonics, 생명관계학)로 유명한 도쿄 대학교 명예교수 시미즈 히로시(清水博)의 『생명을 재파악한다—살아 있는 상태란 무엇인가(生命を捉えなおす)』라는 명저를 통해 알게 되었다.

세상의 복잡함은 끝이 없고, 끝없는 복잡함을 전부 자신의 세계로 끌고 들어오는 것은 불가능하다. 우리가 노이즈의 바다 전체와 직접 마주하는 것은 도저히 불가능하다. 그렇기 때문에 동물이나 인간은 다양한 정보의 장벽을 만들고, 그 장벽 안쪽에서 자신만의 규칙을 만든다. 즉, 외부에 있는 노이즈의 바다에서 자신의 규칙과 부합하는 정보만을 가져와서 컨트롤하는 것이다. 노이즈의 바다에는 다양한 정보가 무한하게 존재하지만, 그중에서 자기가 가지고 있는 규칙에 맞는 것들만 가져오는 것이다.

시미즈는 이를 '자기 세계의 의미적 경계'라는 의미에서 시맨틱 보더라고 부른다. 한 개인이 사회 속에서 살아가기 위해서는 사회로부터 정보를 얻는 것이 필수적이지만, 사회에 존재하고 있는 모든 정보를 얻다가는 정보의 노이즈에 파묻혀, 오히려 사회가 어떻게 변하고 있는지를 볼 수 없게 될 위험성도 있다. 그래서 거기에 '의미의 경계'로 시맨틱 보더를 만들지 않으면 안 된다. 즉, 정보를 필터링하는 시스템인 것이다.

예를 들어 사람들의 패션 트렌드를 알기 위해서는 많은 요소들 간의 관계를 찾아내야 할 것입니다. 그리고 자동차의 스타일에 대한 사람들의 취향이 어떻게 바뀌고 있는지를 예측하기 위해서는 데이터를 정리하는 작업이 필요할 것입니다. 어떤 기업이라고 해도 모든 스타일의 옷이나 차를 만들어 낼 수는 없으니까요. 그래서 그 기업의 가치관에 근거해서 정보를 정리하는 것이 필요합니다. 그리고 소비자들 또한 기업들 고유의 개성에서 나온 깊은 멋을 느끼고 싶어 합니다. 한마디로 기업 철학이나 기업 문화라 불리는 것들은 다양한 정보 속에서 그 기업이 찾고자 하는 (의미 있는) 정보를 찾아내거나 만드는 기준이 되기도 합니다. 이것이 기업의 시맨틱 보더에 해당합니다.

—『생명을 재파악한다』 중에서

여기에서 "기업의 가치관에 근거한 정보의 정리"라고 설명하고 있듯이, 시맨틱 보더는 콘텍스트의 원천이 된다. 그리고 이 책에서 이제까지 내가 언급했던 '관점'에 체크인한다는 것과 무수히 많은 큐레이터들이 이런 관점을 제공한다는 흐름에서 보자면, 소셜 미디어의 세계에서 시맨틱 보더는 큐레이터들에 의해 끊임없이 재구성되고 있다. 작은 비오톱의 권역이 만들어지고, 거기에서 법칙성이 나타나고, 이런 콘텍스트를 따라 시맨틱 보더에 의해 외부에서 정보가 받아들여지는 것이다.

큐레이션이 노이즈 속에서 정보를 찾아내어 그 정보에 콘텍스트를 부여하는 것은 '이제까지 아웃사이더 정보였지만 이런 의미를 부여하면 인사이더가 된다.'라는 식으로 시맨틱 보더를 재설정하여 가치를 만들어 내는 것이다.

창조의 조건: 개방성과 불안정성

중요한 것은 시맨틱 보더가 정상적으로 작동하기 위해서 두 가지 요건이 필요하다는 것이다.

첫째, 시맨틱 보더는 내부의 윤리를 통해서가 아니라 외부에 의해 만들어져야 한다.

둘째, 시맨틱 보더는 항상 재구성되어야 하며, 경직되지 말아야 한다.

기하학을 예로 들면, 명제(命題)를 끌어내기 위한 전제가 되는 공리(公理)와, 공리에서 도출되는 정리(定理)의 관계가 이러하다고 볼 수 있다. 정리는 인사이더의 법칙에 해당하지만, 아무리 정리를 분석해도 거기에서 공리는 도출되지 않는다. 공리는 정리의 전제이기에, 정리의 아웃사이더 세계에서 다시 한번 규정되기 때문이다.

그렇기 때문에 시미즈는 시맨틱 보더의 첫 번째 요건으로 "변화는 세계의 바깥에서 온다."라고 설명하고 있다. 그리고 그는 이렇게 지적한다. "이를 잊으면, 내부 윤리만으로 이뤄진 자폐적이고 독선적인 방향만 남을 것이다."

두 번째 요건은 시맨틱 보더가 항상 재구성되어야만 한다는 것이다. 경계가 고정되어 버리면, 아웃사이더의 세계에서 새로운 정보와 새로운 법칙이 나타나도 낡은 경계에서는 그러한 것들을 무시해 버릴 위험성이 있다. 즉, 자기 완결적으로 되어 버릴 가능성이 생긴다는 것이다.

이런 요건들은 단절화를 막고 항상 자신을 새롭고 다양한 상태로 지키기 위한 조건들이다. 이렇게 시맨틱 보더를 항상 신선하게 지키고, 더불어 내부에서는 '홀로닉 루프(holonic loop, 조화의 순환 고리)'를 구축해야 한다고 시미즈는 말한다.

홀로닉 루프는 과연 무엇일까? 이는 피드백(feedback)과 피드포워드(feedforward)라는 두 가지 사이클로 구성된다. 피드백이란 것은 에어컨의 온도를 설정하는 것처럼, 설정된 수치와 현상을 비교하여 언제나 그 차이를 없애는 작업이다. 피드포워드는 장래에 어떻게 될지를 미리 예측해서 그 예측에 따라 현재의 자신의 상태를 바꿔 가는 작업을 말한다. 예를 들어 수험생이 장래에 목표로 하는 대학을 정하고 그 목표를 달성하기 위해 공부를 하는 것이 피드포워드에 속한다. 시미즈는 피드백과 피드포워드를 묶어 홀로닉 루프라고 부른다. 생존을 위해 끊임없이 홀로닉 루프와 시맨틱 보더는 재구성되어야 한다.

> 자신의 내부 윤리(시맨틱스)로는 규정할 수 없는 새로운 양상과 끊임없이 부딪치며 자기 완결적(self-complete) 환경 속에서 살아가기 위해서는, 늘 새로운 법칙을 발견하거나 창조하면서 피드포워드 제어를 계속해 나가야 할 필요가 있다. 이를 위해서는 완결을 추구하며 자신의 경계를 항상 불확실하게 만들고, 자신의 내부를 불안정한 상태로 만들어 갈 필요가 있다. 자신의 상태를 불안정하게 하는 것은 새로운 경계를 끊임없이 만들어 가는 활동과 하나가 되며, 이는 새로운 창조를 위한 조건이 된다.
>
> —『생명을 재파악한다』 중에서

수많은 큐레이터가 존재하는 소셜 미디어 세계

시맨틱 보더와 홀로닉 루프의 구조는 내가 이 책에서 써 왔던 정보의 새로운 흐름과 정확히 호응한다. 콘텐츠와 콘텍스트, 그리고 콘텍스트를 만들어 내는 큐레이터의 관점과 이 관점에 체크인하는 사람들과 같은 구조인 것이다.

제3자인 큐레이터가 부여한 콘텍스트에 의해 관점은 항상 재구성된다. 큐레이터가 소셜 미디어의 보급과 함께 무수히 많이 생겨나는 만큼 관점도 무한대로 확장된다. 이것이 다름 아닌 시맨틱 보더의 재구성이다. 그리고 이처럼 시맨틱 보더가 불안정해지며 흔들림이 생겨나고 이 흔들림이야말로 세렌디피티(우연한 행복)의 원천이 된다.

매스 미디어가 주도하던 패키지 소비의 시대에는 '매스 미디어가 만든 정보만을 읽으면 괜찮은' 시맨틱 보더가 설정되어 있었지만, 그런 경계는 전후 60년을 거치며 완전히 경직되어 버렸다. 시미즈가 걱정하는 "내부 윤리만으로 이뤄진 자폐적이고 독선적인 방향"이 매스 미디어라는 조직 속에서 나타난 것이다. 그런 곳에서 세렌디피티가 나타날 리 없다.

그렇지만 2000년대에 들어와서 매스 미디어가 발신하는 정보와 개인이 발신하는 정보의 경계선이 애매하게 되었다. 자기 완결적인 매스 미디어는 눈에 띄게 쇠퇴하기 시작했으며 전문가 블로그에 대항하지 못하게 된 케이스도 이미 많이 나타났다.

정리를 해 보자.

아웃사이더 아티스트의 표현은 큐레이터에 의해 필터링되어 새로운 콘텍스트를 부여받는다. 그런 새로운 콘텍스트에 의해 인사이더와 아웃사이더의 시맨틱 보더가 확장되고 새로운 공기가 항상 인사이더 안으로 흐를 수 있게 된다. 이것이 예술을 활성화시키는 것이다.

마찬가지로, 우리를 둘러싸고 있는 광대한 정보의 바다에서 작고 다양한 비오톱에 맞는 정보가 무수히 많은 큐레이터들에 의해 필터링되고 있다. 이런 정보에 콘텍스트가 부여되고 콘텍스트는 큐레이터에 의해 수많은 사람들에게 전달되며, '무엇이 유용한 정보인가'를 판단하는 시맨틱 보더는 큐레이터의 관점에 따라 유동적이 되며 흔들리게 된다. 이 흔들림이야말로 세렌디피티의 원천이 된다.

미술계의 큐레이션과 다르게, 소셜 미디어의 큐레이션은 무수한 큐레이터와 무수한 콘텍스트에 의해 항상 재구성된다. 그렇기 때문에 시맨틱 보더가 고정되지 않고 언제나 신선한 상태로 유지될 수 있다.

큐레이션의 정의는 정보를 수집하고 선별하고 거기에 새로운 의미를 부여하고 공유하는 것이다. 수집되기 전에는 광대한 노이즈의 바다에 표류하고 있던 단편적인 정보들이 큐레이터에 의해 끌어 올려져 의미를 부여받고 새로운 가치로 빛나기 시작한다.

소셜 미디어 세계에는 무수히 많은 큐레이터가 존재한다. 그리고 우리는 큐레이터의 중층 구조 속에서 살아가고 있다. 트위터에서는 다양한 분야에서 영향력을 가진 이용자들이 각자의 팔로워에게 정보를 보내고, 믹시나 페이스북에는 다양한 커뮤니티가 생기고 있다. 블로그에는 각기 다양한 분야에 흥미를 지닌 독자들이 고정적으로 방문을 하며, 다베로그나 쿡패드, 포트래블(여행 정보 사이트) 등의 다양한 리뷰 사이트에서는 영향력을 지닌 리뷰어들이 직접 수집하고 재조합한 정보를 다방면으로 발신한다.

이렇게 복잡한 산맥과 같은 소셜 미디어에는 다양한 산등성이와 계곡과 경사지에 수많은 비오톱이 있고, 그 안에는 수많은 큐레이터가 존재하며 그들은 각기 다른 곳에서 생식하고 있는 사람들에게 매일매일 정보를 보낸다. 그곳에서는 무수한 큐레이터와 팔로워가 매일같이 접속하며 정보를 교환하고 있다.

매스 미디어가 만든 공동의 환상

이런 새로운 정보권역의 성장에 대해 "소셜 미디어는 취향이 비슷한 사람들끼리 이어지기 때문에 전체와 단절화된다."라고 비판하는 사람도 있다. 하지만 이는 '360도의 관계성'이 지켜지는 경우에나 해당되는 이야기이다. 구체적으로 말하면, 전후 사회의 인간관계가 그러했다. 그 당시에는 사택에 살고, 동료나 상사와 같이 술을 마시고, '같은 솥에서 지은 밥'을 나눠 먹는 전면적인 의존 관계로 인간관계가 만들어졌다.

사람들의 생활은 말하자면 '동심원'과 같은 공동체 속에서 이뤄졌다고 봐야 할 것이다. 회사가 마련한 사택에 살고 사원 여행에 참가하고 일요일에도 접대 골프나 가족 동반 친선 운동회에 참여한다. 게다가 '업계 질서'에 따라 동종업계의 다른 회사 사람들과도 같이 술을 마시고, 업계의 관례를 깨는 행위는 엄격히 배제되었다. 가족, 회사, 업계, 그리고 맨 위에는 국가가 있었으며, 국가 질서를 정점으로 하는 피라미드 구조가 일본 사회 구석구석을 지배했다.

이런 관계는 경제 성장을 지탱했던 '언젠가는 누구나 풍요로워질 수 있다.'라는 환상을 뒷받침했다. 이 시대에는 미래에 대한 계획도 세우기 쉬웠다. 평범한 남자는 고등학교나 대학을 졸업하고 기업에 입사하여, 사무직으로 들어온 스무 살을 갓 넘긴 여자와 20대 후반에 결혼한다. 사택에 살면서 꾸준히 저축하고 동시에 아이를 두 명 낳고 30대 중반이 되면 교외에 집을 짓는다. 자동차는 준중형급인 코롤라를 산다. 40대에 과장이 되고 50대에 부장으로 승진해 자동차도 고급 세단인 크라운으로 바꾼다. 그리고 운이 좋으면 정년이 되기 전에 임원으로 승진하거나, 아니면 자회사의 임원에 임명되며 사회 경력을 마무리 짓는다.

물론 이렇게 정해진 길을 따라가는 인생에 반감을 가지고 도중에 뛰쳐나가길 바라는 사람들도 적지 않게 있었다. 2장에서 소개했던 영화 「청춘의 살인자」에서 표현된 것처럼 말이다. 하지만 그런 도주가 가능한 사람은 일본 전체에서 보면 극소수에 지나지 않았다. '동심원' 커뮤니티는 탈출을 원하는 사람들에겐 냉정했지만, 원 안에 머물기로 한 사람에게는 고치 속에 들어간 것과 같은 편안함과 안락함을 제공했다.

즉, 이 시기의 사회는 '같은 솥의 밥', '말이 필요 없는 사이'와 같은 암묵적인 관계성으로 이뤄졌던 것이다. 그리고 이런 '암묵'의 관계를 지탱하던 것이 신문, 텔레비전과 같은 매스 미디어에 의해 만들어진 공동의 환상이었다. 모두가 같은 신문을 보고 같은 텔레비전 프로그램을 보고 같은 광고를 보고 같은 상품을 구입했다. 단 하나의 미디어 공간 속에 국민 전원이 들어가 있었다. 이것이 암묵적 상호 이해의 디딤돌이 되었던 것이다.

우리는 정보의 발신자이자 동시에 수신자이다

이렇게 전면적으로 '동심원'을 그리며 연결되어 있는 사회에 소셜 미디어를 억지로 집어넣는다면, '업계 커뮤니티', '회사 커뮤니티', '부서 커뮤니티'와 같은 동심원적 구성만 강화될 뿐이고, 단절화가 진행되는 것도 당연한 일이다. 이런 사회 구조를 당연시하는 사람들에게는 소셜 미디어가 취향이 비슷한 사람들끼리만 이어지는, 바람직하지 않은 것으로 비춰질 수도 있다.

하지만 이런 사람들은 지금 우리 사회의 인간관계가 다층, 다양해지고 복잡한 산맥처럼 구조가 변화하고 있다는 사실을 모르고 있다. 애당초 개인을 책임져 주는 회사나 업계와 같은 커뮤니티는 오늘날의 일본에는 존재하지 않는다. 우리는 이런 '동심원'적인 관계성이 아니라 좀 더 '다심원(多心圓)'적인 관계 속에서 살고 있다. 관계는 무수히 나타났다 사라지며 언제나 임의로 존재한다. 그리고 사람 사이의 신선한 관계는 항상 확인을 필요로 한다. 그래야만 명시적 관계로 변할 수 있다.

한 명의 개인은 다양한 면을 가지고 있다. 예를 들어 나는 IT 분야의 프리랜서 저널리스트로 일을 하지만, 웹에서는 어느 정도 영향력을 가지고 있다. 나는 2009년 말 무렵부터 큐레이션이라는 새로운 가능성을 인식하게 되었고, 트위터상에서 스스로 큐레이션 활동을 실험적으로 시작했다.

나는 매일 막대한 양의 정보를 웹에서 수집한다. 구글 리더 어플리케이션으로 블로그나 뉴스 사이트의 기사가 업데이트될 때마다 받고 있는데 구글 리더에 등록되어 있는 사이트의 수는 영어와 일본어를 합쳐 약 700개 정도이다. 이들 사이트에서 매일 1000~1500개 정도의 새로운 기사가 전달된다. 이들 기사를 전부 훑어보고 그중에서 수십 개의 기사는 본문을 읽는다.

그리고 그중에서 '이건 나중에 원고를 집필할 때 참고가 될 것 같은데.', '이 기사는 아주 중요한 것 같은데.'라고 생각한 기사는 스스로를 위해 북마크를 해 둔다. 그리고 어떤 때는 이 북마크를 많은 사람들과 공유하기도 한다. 그리고 왜 내가 이 기사를 중요하다고 생각하는지 코멘트를 달아 트위터에 올리면 많은 사람에게 도움이 되지 않을까 생각해 보았다.

나는 내가 인터넷의 세계가 어떤 구조 속에서 진화하고 어떤 시각에서 이런 진화를 지켜보면 좋은지에 대해서 남들과는 다른 독자적인 관점을 가지고 있다고 생각했다. 그리고 나의 관점에 공감하는 사람들이 있다면 내 트위터를 통한 큐레이션은 지지를 받을 것이라 생각했다.

그리고 실제로 시작해 보니, 생각보다 많은 호응이 뒤따랐다. 당초에 1만 명이 약간 넘었던 팔로워 수가 1년 남짓 후에 10만 명 가까이 늘었다. 지금은 십여 개의 기사를 트위터에 코멘트를 달아 소개하면 대략 수백 개의 답신이 오고 있다.

이런 문맥에서 말하면 나는 인터넷업계의 큐레이터이며 어느 정도의 영향력을 가지고 있다고 할 수 있다.

하지만 나는 인터넷 이야기뿐만 아니라, 동시에 음악이나 영화, 문학, 현대 예술 등 내가 좋아하는 분야의 이야기도 같이 한다. 물론 그런 분야에서 나는 전혀 인플루엔서(influencer, 영향력을 가진 사람)가 아니다. 좋아하는 해외 문학 분야에서는 유명한 번역가 등의 인플루엔서들에게 많이 의존하고, 음악 쪽에서는 음악계의 블로거들로부터 많은 영향을 받으며 이런저런 곡들을 찾아 듣는다. 일본 정치에 대해서 배우고 싶다고 생각할 때에는 좋아하는 저널리스트가 내게는 좋은 관점이 된다. 그리고 이런 정보를 얻는 장소는 잡지나 책뿐 아니라 블로그나 트위터, 페이스북과 같은 SNS, 유튜브 등 다양한 소셜 미디어로 분산되어 있다.

또한 나는 제대로 된 식사를 남몰래 즐기는 것을 좋아하고 스스로 요리를 하기도 한다. 하지만 물론 나는 요리의 프로가 아니고, 요리나 맛집에 관련된 책을 내지도 않는다. 레스토랑 등에서 외식할 때에는 다베로그에서 많은 글을 올리는 신뢰할 수 있는 리뷰어의 댓글을 참고한다. 그리고 요리를 할 때는 내 취향에 맞는 레시피 블로그를 몇 군데 정해 놓고, 블로그에 올라온 글을 보며 오늘 만들 요리를 찾는다.

나는 어떤 분야에서는 인플루엔서이지만, 다른 분야에서는 인플루엔서로부터 영향을 받는 팔로워이다.

단 한 번뿐인 만남

인플루엔서와 팔로워가 서로 만나는 공간이 정해져 있는 것은 아니다. 트위터와 같은 SNS, 리뷰 사이트, 혹은 책이나 잡지와 같은 종이 매체까지 포함해 다층 구조로 이루어져 있다.

나라고 하는 개인은 수없이 많은 분야와 관련이 있고, 그런 분야 하나하나를 통해 다른 사람과 관계를 맺는다. 그리고 이런 관계성은 다양한 미디어에 의해 다층화된다. 다심원적인 관계와 소셜 미디어의 보급이 확산되는 가운데, '관계성의 입체화'를 통해 수직과 수평으로 관계가 확장되는 일이 늘어나고 있다.

매스 미디어가 뒷받침하는 암묵적으로 동심원적이고 자기 완결적인 관계에서, 소셜 미디어가 뒷받침하는 명시적이고 다심원적이고 불확정적 관계로.

이렇게 우리의 상호 관계성은 오늘날 극적으로 변화해 가고 있다. 자기 완결적인 폐쇄적 관계는 정보의 흐름을 고정화시키고, 정보가 내부의 법칙에 의해 컨트롤되며 경직되게 한다. 경직이란 특징은 동심원적인 전후의 집단 사회에서는 적합했다고 볼 수 있다. 하지만 세계화가 진행되며 아웃사이드의 세계가 점점 변화하고 있는 시기에 정보의 경직화는 시대에 맞지 않는다.

한편으로 소셜 미디어의 불확정적인 정보 유통 구조는 외부에서 정보를 들여오고, 그럼으로써 시맨틱 보더는 항상 재구성된다. 이를 통해 내부의 법칙이 변화를 거듭하며 항상 정보에 흔들림이 발생한다. 이런 흔들림이야말로 우리 사회를 건전하게 발전시키기 위한 원동력이 된다. 우리는 지금 흔들림 없이 경직된 동심원적 폐쇄 사회에서 흔들림을 항상 만드는 역동적인 다심원적 개방 사회로 나아가고 있다.

시맨틱 보더는 끊임없이 재구성되며 고정되지 않는다. 매스미디어의 폐쇄적 구조로 인해 경직된 정보 유통이 재현성을 가지고 있던 것과 전혀 다르다. 소셜 미디어 안에 있는 정보는 결코 두 번 다시 재현되지 않는 흔들림과 함께 흐른다.

예를 들어 블로그에 쓴 글이 논란을 불러일으켰을 때, 누군가가 동의하는 댓글을 달고, 다른 누군가는 자신의 블로그에 반론을 써서 트랙백을 하는 일련의 '축제'가 항상 실시간으로 일어난다. 나중에 이런 논의를 정리해서 다시 보도록 할 수도 있지만, 논의가 일어났던 바로 그 순간순간의 사람들의 기분은 재현할 수가 없다. 때로는 화를 내고 때로는 슬퍼하고 때로는 얼굴에 홍조를 띈 채 흥분하며 논의에 참가하던 그 감정들 말이다.

'실시간 인터넷'이라고도 불리고 있는 트위터에서의 의사소통은 더욱 빠른 속도로 이루어진다. 누군가의 트윗에 반응하여 많은 사람들이 리트윗(RT, 다른 사람의 트윗을 인용하는 행동)을 하고 그 리트윗이 파도와 같이 사방팔방으로 전해지며 폭발적으로 정보가 전달되는 것이다. 이런 홍수와 같은 정보의 확산을 나중에 재현하는 것은 불가능에 가깝다.

즉, 소셜 미디어에서의 정보 유통과 연결은 항상 '일회성'이라는 단 한 번의 만남 속에 있다. 일기일회인 것이다.

3장에서 나는 다도의 센노 리큐가 사용한 주객일체란 말을 소개했다. 손님 대접이란 주인이 손님에게 일방적으로 하는 것이 아니라, 주인과 손님이 협력하여 함께 일체가 되어 만들어 나간다는 뜻이다. 거기서 주인과 손님 간에 공명이 발생하고 서로 공감하며 하나의 장이 공유되며 새로운 예술이 탄생할 수 있는 것이다.

일기일회는 이런 주객일체와 표리일체로 설명될 수 있다.

"단 한 번의 만남이라고 생각하고 그 사람과의 시간에 마음을 담아 보내는 각오."

주객일체가 된 장소는 일기일회라는 일회성에 의해 더욱 빛이 난다. 한 번밖에 존재하지 않는 자리에서 주인과 손님이 함께 공명하는 아름다운 만남이 만들어질 수 있는 것이다.

대통합의 출발 지점에서

인터넷의 역할에 '정보를 보내는 것'과 '사람과 사람을 연결하는 것' 두 가지가 있다는 것은 예전부터 언급되어 왔다. 검색 엔진은 '정보'에 특화된 서비스이며, 젊은이들이 별 내용 없는 이야기를 계속해서 주고받는 모바일 서비스의 대부분은 '연결' 위주이다.

세계 최대의 SNS인 페이스북은 원래 대학교 동창회 명부에서 시작됐다. 즉, 연결에 특화된 서비스였던 것이다. 이것이 점점 정보 유통 쪽으로도 나아가고 있다. 트위터도 마찬가지이다. 처음에는 '지금 점심 식사 중'과 같이 별 내용 없이 중얼거리던 연결 위주의 미디어라고 여겨졌지만, 진화하고 보급될수록 점점 중요한 정보들이 트위터상에서 오가게 되었다.

이렇게 처음에는 '연결'과 '정보'가 각각의 서비스로 존재했던 것이, 소셜 미디어의 진화와 더불어 서서히 통합이 되어 가고 있다. 이런 배경에는 소비나 정보의 유통 너머에 사람과 사람 간의 접속과 인정이 중요한 새로운 소비 사회의 도래가 있다.

연결 소비 사회라는 변화는 우리 사회를 얇지만 넓게 뒤덮고 있으며, 그 안에서는 정보와 소비와 연결이 전부 융해되고 일체화되어 하나의 구조로 변해 간다.

이를 인터넷의 대통합 이론이라고 말할 수 있을지도 모르겠다. 우리는 지금 이런 대통합의 출발 지점에 서 있는 것이다.

5 우리는 세계와 연결되어 있다

2010년에 「어바웃 엘리(*About Elly*)」라는 이란 영화가 일본에 개봉했다. 이란 영화라고 하면 가난하지만 건강하고 해맑은 아이들의 모습을 그린 「내 친구의 집은 어디인가」나 「천국의 아이들」 같은 작품이 떠오를 것이지만, 이 영화는 이란의 중산층 사람들이 주인공이다. 여성들은 역시나 머리에 스카프를 두르고 검은 옷을 입고 있지만, 그걸 제외하면 루이비통 가방을 들고 푸조(Peugeot)나 닛산(Nissan) 자동차를 타는 등 '가난한 생활을 그린 이란 영화'와는 선을 긋고 있다.

이 영화는 중산층 남녀 세 가족이 자동차를 타고 바캉스를 떠나는 장면으로 시작한다. 도중에 강가의 관광지를 지나가는데 다채로운 색상의 텐트로 뒤덮인 캠프가 보이고, 카스피 해안을 따라서는 멋진 별장이 늘어서 있는 등 일본과 크게 다르지 않은 분위기이다. 그러다 세 가족과 함께 바캉스를 떠난 젊은 보육사 엘리가 갑자기 행방불명이 되고, 남겨진 사람들의 이야기가 전개된다. 나머지 부분은 영화를 아직 보지 않으신 분들을 위해 설명하지 않겠다.

나는 이 영화를 아내와 함께 영화관에서 봤는데, 돌아오는 길에 택시 안에서 "그 남자 기분 정말 알 것 같아.", "그 부인 같은 사람 실제로 있잖아." 등의 대화를 나누며 좋은 분위기를 만끽했다. 우리에게 이질적인 문화를 가진 이란이라는 나라의 영화임에도, 등장인물들의 심리 상태가 아주 자연스럽게 느껴졌고 손에 닿을 듯 이해가 되었다. 작가 사와키 고타로(沢木耕太郎)는《아사히 신문》연재 칼럼「은(銀)의 거리에서」에서 이 영화를 언급하며 다음과 같이 썼다.

「어바웃 엘리」의 무대는 이란의 카스피 해 근처이다. 하지만 이는 미국 5대호 어딘가의 이야기라고 해도 좋고, 프랑스의 노르망디라고 해도 상관없다. 즉, 이 작품은 '이란 영화'라는 전제가 필요 없고, 그냥 영화로서 존재한다.

나에게 이는 놀랄 수밖에 없는 일이다. 이제까지 우리는, 적어도 나는 이란 영화를 언제나 이란의 영화로만 봐 왔다. 하지만 이 작품은 드디어 '이란'이라는 레테르를 떼고 '보편적인' 영화로서 받아들일 수 있게 되었다.

우리는 다양한 문화권역 속에서 살고 있다. 물론 일본인의 특성과 문화는 일본인이라는 민족이 사라지지 않는 한 결코 없어지지 않을 것이고, 우리는 그런 특이한 민족성에 자부심을 갖고 앞으로도 문화를 형성해 나갈 것이다.

그렇지만 한편으로 인터넷이라는 기술의 보급은 다른 층위에서의 새로운 변화를 불러일으켰다. 유튜브나 아이튠스 등에 의해 동영상이나 음악이 자유롭게 유통되고, 세계 곳곳에서 콘텐츠를 공유할 수 있게 된 결과, 콘텐츠가 앰비언트하게 된 것이다.

문화는 앰비언트하게 되어 국경을 넘는다

웹이나 유튜브, 아이튠스나 유스트림과 같은 온갖 종류의 새로운 미디어가 국경을 넘어 연결되고 있는 것은, 거기에서 탄생하는 문화적 공유 공간이 국경을 넘어 영향을 주고받는 것이기도 하다.

언어의 벽은 물론 존재한다. 그래서 책과 같은 텍스트 중심의 콘텐츠는 국경을 넘어 앰비언트하게 되기 힘든 면도 있다. 하지만 몇몇 우회로가 생기고 있는 것도 사실이다. 예를 들어 TED(Technology, Entertainment, Design)라는 각 분야 전문가들의 멋진 강연을 무료로 인터넷으로 제공하는 그룹은 오픈 번역 프로젝트라는 명칭으로 자원봉사자를 모집해 각국 언어로 강연을 번역하여 자막을 만들게 한다. 이미 400여 편의 영상에 일본어 자막이 올라와서 영어가 약한 일본인이라도 TED의 콘텐츠를 즐길 수 있다.[1)]

또한 일본어 출판 콘텐츠 중에서도 만화는 문자가 적어 일반적인 책보다 번역에 시간이 덜 걸리기 때문에 해외에 수출하기 쉬운 콘텐츠이기도 하고, 전자책의 시대가 되어도 킬러 콘텐츠로 주목을 계속 받을 것이다. 언어의 장벽은 커다란 장애이지만, 절대 못 넘을 장벽은 아니다. 콘텐츠가 앰비언트하게 되어 국경을 넘어 침투하는 세상이 된 것이다.

하지만 한편으로 앰비언트하게 움직이는 콘텐츠와 모순되게 보편주의의 붕괴도 계속 진행되고 있다. 보편주의란 무엇인가? 유럽에서 근대 시민주의가 성립하고, 유럽적인 시민 사회를 '보편적'이라 부르는 사고방식이 확산되었다. '인류는 평등하다.', '세계는 하나다.'라는 시민 사회적인 구호, 민주주의라는 정치 체계, 우애나 평등과 같은 이념 등이 전 세계에 적용되는 보편적 시스템이라는 생각이 보편주의이다.

문화적 측면에서도 유럽의 그림이나 조각, 연극, 클래식 음악이 이상적인 예술이며 세계 문화의 표준으로 군림하게 되었다. 아시아나 아프리카의 다양한 국가에 원래 존재하던 민족 음악은 '토속적(ethnic)'이라는 등의 라벨이 붙여져 신기한 관찰 대상으로 전락해 버린다.

그러나 이런 보편주의는 어차피 유럽의 기준에 지나지 않는다. 이슬람의 보편이나 남아시아의 보편이 유럽의 보편과 같다고는 말할 수 없을 것이다. 물론 메이지 이후에 '서구를 뒤쫓아 넘어선다.'라며 최근까지 노력해 온 일본도 모든 것의 보편 기준이 유럽과 같을 리 없다. 일본에는 일본 나름의 보편이 있어, 그 보편은 유럽의 보편과는 꽤나 어긋나 있다.

게다가 같은 국가 안에서도 이제 보편주의는 성립하지 않게 되었다. 예를 들어 미국 서부에서는 20세기 말 즈음부터 중남미의 히스패닉계 주민이 급증하여 스페인어권이 엄청난 기세로 확대되었다. 이런 현실에서 도대체 무엇을 보편이라 할 수 있을 것인가? 프로테스탄트를 믿는 앵글로색슨 백인이 만든 사회가 보편인가? 아니면 스페인어를 사용하는 히스패닉 문화가 보편인가?

보편주의의 종언

프랑스에서는 최근 몇 년 동안 '부르카 논쟁'이 벌어졌다. 이 편협한 논쟁이야말로 유럽적인 보편이 한 국가 내에서도 붕괴되고 있는 것을 상징한다고 볼 수 있다. 부르카는 이슬람 여성들이 쓰는 베일 같은 것인데, 프랑스 국민회의는 2010년 가을에 부르카의 착용을 금지하는 법안을 통과시켰다. 신원 확인이나 치안 문제, 여성 멸시 등이 이유로 거론되고 있지만, 프랑스 정부 자문위원회는 "부르카는 프랑스 공화국의 가치관과 맞지 않는다."라는 의견을 제출했다. 프랑스의 가치관이란 것은 프랑스어를 쓰고 프랑스풍의 식사를 하고 프랑스 스타일의 패션을 걸치고 프랑스 문화를 받아들이는 것이다. 프랑스적이지 않은 이슬람 문화는 프랑스에게는 받아들일 수 없는 것이다.

한편으로 아프간 전쟁이나 이라크 전쟁 등을 계기로 미국이나 유럽의 아랍 정책에 의문을 품게 된 사람이 프랑스 내에서도 늘어나, 그중에는 이슬람교로 개종한 프랑스인도 다수 나타났다. 백인계 프랑스인이 이슬람교로 개종한 경우, 그래도 그들은 프랑스인인가?

프랑스인이란 프랑스 국적을 가진 사람들로 '프랑스 민족'이란 것은 존재하지 않는다. 민족적 출신이나 종교적 신념을 묻지 않고 프랑스 국내에서 태어난 사람은 모두 프랑스 국적을 취득할 수 있다.

그렇다면 교의에 따라 부르카를 착용한 프랑스인 이슬람교도에 대해 왜 프랑스 정부는 부정적인 입장을 취한 것일까? 이는 커다란 모순이다. 그리고 이 모순이 어느 누구의 눈에도 분명하게 보일 정도로 가시화된 것은 프랑스를 비롯한 유럽 국가들이 가지고 있던 보편주의가 붕괴되고 있음을 여실히 보여 주는 것이다.

이제는 같은 국가에 살고 있다고 해서 같은 문화권역과 같은 가치관을 공유한다고는 누구도 생각하지 않는다. 일본도 마찬가지이다. 예전에 일본 문화는 도쿄에서 형성되어 텔레비전이나 신문, 잡지 등의 매스 미디어를 경유해 도시에서 지방으로 퍼져 나갔다. 하지만 지금은 일본에서도 도시 문화와 지방 문화 사이에 커다란 단절이 생겼으며, 전혀 다른 방향으로 진화하고 있다.

생활권이나 문화권이 사분오열로 갈라져 가는 상황에서 그 국가의 '보편'을 찾는 것이 정말 가능할 것인가? 이미 보편 같은 것은 존재하지 않을지도 모른다. 그렇게 생각하는 것이 지금은 자연스러워 보인다.

공유와 단절은 동시에 일어난다

• 보편주의가 붕괴하고, 세분화된 권역에서 폐쇄적으로 되어 가는 문화

• 한편으로 인터넷에 의해 앰비언트가 진행되고 개방적으로 되어 가는 문화

이 두 가지의 '문화'는 전혀 다른 세계의 이야기일까? 한편에

선 공유되고 한편에선 단절되고 있다. 같은 세계를 설명하고 있다곤 생각할 수 없을 것이다.

하지만 이들은 완전히 같은 세계이며, 양쪽 다 우리가 지금 살고 있는 이 시대의 문화를 설명하는 것이다. 왜냐하면 '단절'과 '공유'는 각각 다른 층위를 설명하고 있는 것에 지나지 않기 때문이다. 우리의 문화는 단절되고 동시에 공유되고 있다.

《뉴욕 타임스》의 칼럼니스트인 토마스 프리드먼(Thomas L. Friedman)은 2005년에 『세계는 평평하다(*The World Is Flat: A Brief History Of The Twenty-first Century*)』라는 책을 썼는데, 이 책에서 그는 세계 경제가 글로벌화에 의해 평평해지는(flat) 모습을 생생히 묘사했다. 이 책에 게일리 원이라는 32세의 젊은이가 등장한다. 그는 푸젠성(福建省) 출신의 중국인으로, 미국과 프랑스에서 교육을 받은 경영자이다. 게일리는 인터넷을 경유하여 음악이나 토크쇼를 전송할 수 있는 팟캐스팅(podcasting) 사이트를 운영하고 있다. 그는 다음과 같이 말한다.

"중국에는 (미국과) 다른 노래가 있고, 우리는 다른 것을 표현하고 싶을 거라 생각하지만, 하고 싶은 것은 같습니다.

모두가 보이고 들려지고 싶다고 생각하고 좋아하는 것을 만들어 공유할 수 있으면 좋겠다고 생각합니다. 전 세계의 사람들이 같은 기술 기반의 플랫폼에서 지식과 발상의 아이디어를 얻고 있지만, 거기에서 꽃피는 문화는 다종다양합니다. 같은 토양에서도 다른 나무가 자랍니다."

저자인 프리드먼은 이렇게 쓰고 있다.

> 중국에서는 저렴한 비용과 낮은 장벽 덕분에 문화 콘텐츠를 창조하는 프로세스에 돈이 들지 않게 되었고, 그 결과 콘텐츠가 빠르게 보급되고 있다. 그래서 세계가 평평해진다고 해서 그것이 급격한 미국화로 이어지지는 않을 것이라 나는 확신한다. 오히려 지역의 문화, 예술 형식, 양식, 요리, 문자, 영상, 주장의 글로벌화가 촉진되면서 지역 콘텐츠가 글로벌화 될 것이다.

프리드먼이 말하려고 하는 것은 이런 것이다. 유튜브나 아이튠스 등 콘텐츠를 공유하기 위한 플랫폼이 글로벌화되면서, 미국에 살고 있건 중국에 살고 있건 혹은 아프리카에 살고 있건, 싼 가격에 콘텐츠를 발신하고 즐기고 공유하는 것이 전 세계 누구에게나 가능하게 되었다. 그렇기 때문에 비용은 점점 하락하고 국가별로 다른 부분은 거의 관계가 없게 된다.

이제까지는 정보의 발신 능력이 강한 국가의 문화가 다른 나라의 문화를 침투하는 것이 보통이었다. 전 세계에 영화를 배급할 수 있는 능력을 가진 할리우드 영화사, 전 세계에 시디를 팔 수 있는 힘을 가진 미국의 메이저 레이블과 같은 거대한 힘에 대항할 수 있는 정보 발신 수단을 미국 이외의 국가가 가지는 것은 굉장히 어려웠다.

그렇지만 인터넷 미디어가 보급되고 비용이 저하되면서 '정보 발신의 권력'이 별 의미를 가지지 못하게 되었다. 정보 발신이 매스 미디어로 집중되던 시대에나 정보 발신 행위가 권력을 가졌던 것이다. 그 시대까지는 정보의 공급이 수요를 쫓아오지 못했던 것이다.

하지만 지금은 정보량이 어림잡아도 수백 배에서 수천 배까지 증가하여 공급이 수요를 완전히 넘어서게 되었다. 이런 미디어 환경에서 정보 발신의 권력은 상대적으로 줄어들 수밖에 없다.

물론 좋은 영화나 좋은 음악, 좋은 책, 좋은 기사가 가치를 잃은 것은 아니다. 질 좋은 콘텐츠의 가치는 지금이나 예전이나 결코 변하지 않는다. 우리는 아마 앞으로도 계속 좋은 영화를 보고 싶어 하고 좋은 음악을 찾고, 그리고 좋은 소설이나 좋은 기사를 읽고 감동하며 인생을 보낼 것이다.

하지만 좋은 콘텐츠는 지금까지보다도 훨씬 수가 많아질 것이다. 지금까지는 프로가 만든 적은 수의 콘텐츠가 영화사나 출판사나 메이저 레이블이나 신문사를 경유해 확산되었지만, 지금은 유튜브나 블로그나 SNS 등을 통해 막대한 양질의 콘텐츠가 생겨나고 있다.

이것이야말로 새로운 인터넷 플랫폼 권력이다. 그리고 이것이 대형 영화사나 대형 신문사나 메이저 레이블이나 대형 출판사의 권력을 감소시키고 있다. 그 와중에 이런저런 비극이 일어나기도 할 것이다.

하지만 긴 시야로 보면 문화 형성 프로세스가 이렇게 변해 가는 것은 우리의 문화에 있어 결코 나쁜 것이 아니다. 아마도 단기적으로 가장 큰 문제는 좋은 콘텐츠가 그것을 필요로 하는 소비자들에게 제대로 전달되지 못하는 부조화가 발생하는 것이라 생각한다.

그렇지만 이런 부조화는 머지않아 해소될 것이다. 이것이야말로 내가 이 책에서 말하는 큐레이션이라는 관점의 가능성이다.

수평으로 연결되는 세계

이는 정보 접근의 패러다임을 전환시키고 있다. 미디어의 콘텐츠 발신 권력이 약해지고, 한편으로 콘텐츠 공유 플랫폼이 글로벌화하여 거대한 기반이 되어 간다. 글로벌화된 거대한 플랫폼 위에서 무수히 많은 비오톱이 형성되고, 그곳에 무수히 많이 큐레이터들이 나타난다. 우리는 여기저기에서 생식하고 있는 큐레이터의 관점에 체크인을 하고, 그들의 관점을 통해 정보를 종횡으로 얻는다. 글로벌한 플랫폼 위에서 콘텐츠나 큐레이터, 거기에 영향을 받은 팔로워 등이 무수히 많은 소규모 모듈이 되어 존재한다. 그러한 생태계가 탄생한 것이다.

이런 변화가 어떤 새로운 모습을 가져올까? 이제까지처럼 전 세계 사람들이 할리우드나 메이저 레이블의 콘텐츠만을 향유하는 것이 아니라, 그렇지 않은 얼터너티브(alternative) 콘텐츠도 소비할 수 있게 될 것이다.

전 세계의 발신자들이 자신이 살고 있는 지역에 관한 기사를 쓰고, 자신의 민족성을 기반으로 음악이나 영화나 책을 창작하고, 이런 다양한 콘텐츠를 세계로 발신한다. 자신의 문화권역과 깊은 관계가 있는 콘텐츠를 전 세계의 많은 사람들을 향해 발신할 수 있게 된 것이다. 이런 콘텐츠는 같은 국가나 민족이나 지역의 소비자뿐만 아니라, 여기에 '공감'할 수 있는 전 세계의 문화권역의 사람들에게 수용될 수 있다. 글로벌한 플랫폼 위에 보다 세분화된 문화권역의 콘텐츠가 종횡무진하며 유통되는 세계가 형성되고 있다.

국가별로 수직화된 정보권역에서는 매스 미디어가 붕괴하고, 세분화된 미들 미디어가 생겨나고 있다. 세분화된 미들 미디어는 지역을 벗어나 세계 속에서 수평적으로 바뀌고 있다.

1장에서 브라질의 뮤지션 에그베르토 지스몬티를 소개했다. 지스몬티를 듣는 사람들은 일본 국내에서는 아주 작은 비오톱에 점재하며 조용히 생식하고 있다. 미세한 비오톱이다. 하지만 글로벌하게 시점을 바꿔 보면 지스몬티를 듣는 사람들은 수만 명,

수십만 명, 혹은 수백만 명을 넘는다. 미국, 일본, 핀란드, 브라질, 베트남에 점재하고 있는 지스몬티의 비오톱은 '지스몬티를 듣는 사람들'이라는 같은 정체성으로 공명하는 공간을 형성하고 수평적으로 연결되어 가고 있다.

어디에나 있는 보통 사람들

앞서 언급한 이란 영화 「어바웃 엘리」에 대해서 작가 사와키 고타로는 이렇게 쓰고 있다.

> 등장인물은 이제까지의 많은 이란 영화와 다르게, 도시의 빈곤층이 아니고 시골의 농부들도 아니다. 세계 어디에나 있을 것 같은 고등 교육을 받은 중산층 남녀이다.
>
> 물론 여성들은 차도르로 머리카락을 숨기고 있다. 그리고 엘리가 사라지고 나서 혼란에 빠진 그들은 이런저런 말들을 주고받는데, 이를 통해 마음속 깊숙한 곳에 있는 전통적 가치관 같은 것이 드러나기도 한다. 그래도 이 영화는 다른 조건이 붙지 않는 '보통'의 영화라는 인상을 지울 수 없다.

사와키가 말한 '보통'은 '고등 교육을 받은 중산층 남녀'를 가리킨다. 즉, 이란 영화이건 미국 영화이건 혹은 일본 영화이건 간에 '고등 교육을 받은 중산층 남녀'를 그리고, 그런 사람들이 공감할 수 있는 이야기인 것이다.

조금은 고정관념에 사로잡힌 이야기일지 몰라도, 극단적으로 말하면 1980년대 즈음까지는 많은 일본인들이 미국 영화를 보고 백인 사회가 멋있다고 느끼고 동경했다. 반면에 이란 등 제3세계의 영화에 대해선 자신들의 생활과는 다른 가난하고 핍박받는 삶에 놀라고 어떤 의미에서 우월감을 가지고 감상했다는 것을 부정할 수 없을 것이다. 그리고 일본 영화에 나오는 가난한 젊은이에게는 자기 자신을 투영시키고 거기에서 리얼리티를 느꼈다.

하지만 지금 일본에서도 도시와 지방, 부유층과 빈곤층의 문화가 분열되고 '고등 교육을 받은 도시의 중산층'과 '교육을 제대로 받지 못한 지방의 노동자층'이 전혀 다른 문화권역을 생성하게 되었다. 너무 노골적일지 몰라도 이것이 2010년 일본의 현실이다.

어쩌면 '한 국가의 국민이 모두 같은 문화를 공유한다.'라는 사고방식 자체가 처음부터 환상이었을지도 모른다. 그 환상이 성립했던 것은 제2차 세계 대전이 끝난 후 잠깐의 시기뿐이었다.

예를 한 가지 들어 보자. 일본 사회학의 거두 중 한 명인 가토 히데토시(加藤秀俊)가 잡지 《중앙공론》 1957년 9월호에 발표한 「전후파의 중간적 성격」이라는 논문이 있다. 거기서 가토는 나라

(奈良)에 조사를 나갔을 때 겪었던 '놀랄 수밖에 없는 경험'을 소개한다. 다음과 같은 이야기이다.

내가 기록 사진을 찍을 때 쓰던 것은 주로 코이카의 II형이라는 사진기였지만, 그 마을의 한 청년이 잠깐 보더니 "아, 내 카메라랑 같은 거잖아. 렌즈는 2.8이구먼."이라며 최근에 발매된 렌즈의 밝기를 이야기하기 시작했다.

여기까지만 읽어도 2010년의 우리는 도대체 무엇이 '놀랄 수밖에 없는 경험'인지 전혀 알 수 없을지도 모른다. 가토는 계속해서 이렇게 쓴다.

이 청년이 대지주의 도련님인가 하니, 그렇지도 않았다. 집에는 땅도 별로 없고, 하는 일도 밭에서 농사를 짓는 것이었다.(덧붙이자면, 최근의 전국 통계에 의하면 카메라는 100세대 중 적어도 42세대가 1대씩 가지고 있으며, 보급률은 계속 오르고 있다고 한다.) 이 마을은 도시 근처의 농촌이라 최신 문화를 접하는 사람이 많을지도 모른다. 하지만 최근에 산골짜기의 시골 마을에 다녀온 선배의 말을 들어도, 그런 산속 마을의 젊은이들이 고급 양복을 입고 댄스를 배우고 재즈를 듣고 자동차 면허를 가지고 있다고 한다.

공장에서 일하는 젊은 남녀도 생활 자체는 우리 프티 부르주아

인텔리와 공통되는 부분이 많은 것 같다. 예를 들면 합창단은 교토대학 합창단과 똑같이 「유랑민」을 부르고, 휴일에 영화를 보러 가도 끝나고 돌아올 때는 찻집에 가서 아이스크림을 먹는다. 여공이라면 귀걸이 하나쯤을 가지고 있는 게 이상한 것도 아니고, 여대생들과 함께 「에덴의 동쪽」을 보러 가니 옆자리에 여공들이 멋을 내고 앉아 있었다. 오히려 그것은 당연한 것이 되었다. 그녀들의 취미나 복장으로 직업을 구별하는 것은 어렵다. 그리고 앞으로는 점점 더 어려워질 것이다. 특히 여성의 경우, 서양식 학교가 급속하게 늘어나며 적어도 겉보기만으로는 직업이나 신분을 전혀 구별할 수 없게 된 것 같다.

전쟁이 끝나고 12년이 지난 후 일본의 모습이지만, 그렇게 놀랄 만한 내용이 쓰여 있는 것은 아니다. 이 당시까지는 농촌의 젊은이와 도시의 '프티 부르주아 인텔리'가 전혀 다른 문화권역에 속해 있는 것이 당연하게 여겨졌다.

참고로 가토의 글이 쓰이기 1년 전에 정부에서 발간한 『경제백서』에 "더 이상 전후가 아니다."라는 유명한 말이 나오지만, 그 뒤에 이어진 고도 경제 성장 시대를 표현하는 '전후 사회'는 아직 이 시기에 시작되지 않았을지도 모른다.

중간 문화의 성쇠

그렇지만 전쟁 전까지 문화적으로 단절되어 있던 도시와 농촌, 지식 계급과 노동자 계급의 울타리는 전후의 푸른 하늘 아래에서 급속히 무너지기 시작한다. 미국화되어 비슷한 젊은이들의 문화가 급속도로 일본 사회에 퍼졌기 때문이다. 가토는 이런 중류화(中流化)를 농촌에서 몸으로 경험하고, 그 충격을 논문에 썼던 것이다.

이후에 미디어와 문화를 종횡으로 넘나들며 막대한 저작을 남긴 가토이지만, 이 시기에는 아직 약관 27세였다. 미국에 유학하여 시카고에서 『고독한 군중(*The Lonely Crowd*)』을 쓴 리스먼(David Riesman)에게 수학하던 그에게 일본 전후 사회의 급속한 변화는 민감하게 받아들여졌을 것이다.

전쟁이 끝나고 5년 동안은 과격한 정치의 계절이었다. 《중앙공론》, 《개조》가 복간되고 《세계》, 《인간》, 《전망》 등이 창간되어 종합 잡지의 전성기를 이뤘다.

전쟁 중에 붕괴된 가치 체계가 가져온 이후의 공백을 어떻게 채울 것인가?, 일본을 어떻게 재건할 수 있을 것인가? 이런 커다란 이야기의 재구축이 일상적으로 국민들 사이에서 논의되었고, 이것이 고도의 정치론이 일반인들에게까지 보급되는 원동력이 되었다. 하지만 이런 해방감은 순식간에 수축된다. 시모야마 사건이나 미타카 사건, 마츠카와 사건[2] 등 어두운 사건이 계속 터지고, 한국 전쟁이 발발하면서 1950년대에 들어설 무렵 사람들의 마음은 복잡하고 어지러운 정치에서 도피하고자 했다. 그러면서 《평범》이나 《명성(明星)》, 《로맨스》 등의 연예 잡지가 급성장하고 파칭코나 댄스홀, 라디오의 노래 자랑이나 퀴즈 프로그램 등이 인기를 모았다.

이런 분위기는 1950년대 중반이 되어서야 전환된다. 그리고 이 시기에 새롭게 나타난 문화 구조를 20대의 젊은이였던 가토는 '중간 문화'라고 불렀다. 과격한 정치사상도 아니고 정치 도피의 대중문화도 아니다. 정치와 대중의 중간적 문화이기에 중간 문화이다. 중간 문화를 이끈 것은 신서(新書)와 주간지라는 새로운 두 가지 '뉴미디어'였다.

신서란 학문적이고 전문적 분야의 어려운 과제를 알기 쉽고 간결하게 정리한 것이 특징이다. 전문서도 아니고 시간 때우기용 책도 아니고 그 중간에 있는 새로운 종류의 미디어였던 것이다.

게다가 신서 붐의 다음을 주간지의 창간 러시가 이어 갔다. 주간지에서는 정치 기사도 가십거리와 같이 다뤄졌다. 그래서 기사는 정책 논쟁을 담는 등 심층 취재의 방향으로 가지 않고 흥미 본위로 이루어졌다. 하지만 사람들의 정치에 대한 호기심을 만족시키는 데엔 충분했다. 정치를 무시하는 것이 아니라 정치를 오락의 하나로 즐기는 대중문화가 이 무렵부터 시작되었는지도 모른다. 가토는 이런 잡지의 새로운 정치 보도를 '종합 잡지적인 고상한 지향과 오락 일변도의 정신과의 뛰어난 타협'이라 평가했다.

이 시기에 이런 중간적인 새로운 문화가 일본에서 잔뜩 생겨났다. 오페라와 유행가 사이에서 뮤지컬이 탄생했고, 고급 음식점과 길거리에서 닭 꼬치를 파는 포장마차 사이에 토리스바[3]가 생겼다. 인생론이 유행하고 신약 붐이 일어나고 굿 디자인(Good Design)[4]의 풍조, 탐정 소설의 인기, 할부의 일상화, 만화 붐 등은 모두 '고상함과 오락성' 사이에서 생겨난 중간 문화였다.

이런 문화의 배경에는 획일적 교육, 서서히 시작되던 고도 경제 성장의 영향에 의한 급여 격차의 축소, 그리고 잡지나 신서 등과 같은 매스 커뮤니케이션 통신 수단이 계층 간의 문화적 격차를 줄였던 것이 있을 것이다.

전쟁 전의 격심했던 격차 사회 속에서 사춘기를 시작했던 가토에게 이런 변화는 전후의 푸른 하늘 아래에 나타난 눈부실 정도로 새로운 문화로 비춰졌을 것이다. 그래서 그는 이를 '새로운 시민층'이라고 부르며 다음과 같이 선언한다.

"이러한 막대한 시민군(群) 안에는 월급 3만 5000엔 정도의 과장쯤 되는 비교적 풍족한 생활을 누리는 사람도, 월급 8000엔 정도의 조그만 공장 노동자도 포함된다. 하지만 그들을 공통적으로 묶을 수 있는 사회 문화적 내지는 사회 심리적 단일 기반이

성숙해 나가기 시작했다고 나는 생각한다."

하지만 중간 문화는 21세기에 들어서 붕괴되기 시작한다. 그 붕괴의 궤적에 대해서는 2장에서 상세히 설명했던 대로이다. '월급 3만 5000엔 정도의 과장'과 '월급 8000엔 정도의 공장 노동자'가 같은 문화를 공유했던 중간 문화의 권역은 쇠퇴하고, 그 기반 위에 성립했던 대량 기호 소비도 소멸했다.

그래서 지금 다양한 문화는 다시금 다양한 장소로 돌아가려 하고 있다. 월급 3만 5000엔의 과장은 비슷한 정도의 사람들이 모이는 문화권으로 가고 있다. 월급 8000엔의 공장 노동자도 비슷한 정도의 사람들이 모이는 문화권으로 가고 있다.

이런 분석은 물론 수입만의 문제가 아니다. 자신의 일, 업계, 생활 공간, 취미, 가치관, 그리고 인생의 우선순위 등이 모두 다르니, 이렇게 세분화된 권역에 의해 필요한 정보도 크게 달라진다. 그리고 이런 정보는 동시에 글로벌화되기도 한다. 앞서 트위터나 아이튠스, 유튜브 등이 국경을 넘어 다양한 플랫폼으로 기능한다는 이야기를 썼다. 이런 플랫폼은 정보 발신 비용을 극한으로 낮추고 선진국이건 개발 도상국이건 어떤 국가에서도 간단하게 정보를 발신하고 공유할 수 있게 만들었다.

이런 시대에 플랫폼이라는 거대한 배에 탐으로써 문화권역도 마찬가지로 간단히 국경을 넘을 수 있게 된다. 같은 국가에 살고 있는 다른 문화권역의 사람보다도, 국적과 언어는 달라도 같은 문화권역에 속한 사람 쪽이 '가깝다'고 생각하게 된다.

영화 「어바웃 엘리」에 대해 사와키는 "세계 어디에나 있을 것 같은 고등 교육을 받은 중산층 남녀"의 이야기라고 썼다. '고등 교육을 받은 중산층'이라는 문화권역으로 모든 국가가 하나로 연결되며 국가별 차이는 소멸한다. 같은 문화권역에 속해 있는 사람이라면 누구나 「어바웃 엘리」에 공감할 수 있다. 이런 문화 형성 프로세스가 지금 글로벌 시대에 생겨나고 있다.

하지만 물론 우리는 자신이 속한 국가나 민족에 대한 근원, 토착성 등에서 완전히 벗어날 수 없다. 그렇다면 이렇게 민족에 뿌리를 둔 근원적 감각은 글로벌 플랫폼 위에서 콘텐츠가 자유롭게 오가게 된 이후에도 굳건할 수 있을까?

코카콜라 광고로 보는 문화 제국주의

1장에서 소개한 브라질의 뮤지션 에그베르토 지스몬티의 이야기로 다시 돌아가 보자.

그는 파리에서 클래식 음악을 배우고 귀국하여 아마존의 깊숙한 곳까지 들어가 근원적 민족성에 깊게 발을 들여놓는다. 1977년에는 브라질 북부를 흐르는 아마존 강의 지류인 싱구 강 유역의 정글에 들어가 그곳에 살고 있는 야와라피티 족과 몇 주 동안 함께 생활하기도 했다. 야와라피티 족의 샤먼과 주술사들은 부족의 음악을 지스몬티에게 전해 주었는데, 이 경험에 자극받은 그는 더욱 자연체에 가까운 음을 만들기로 결심한다. 음악을 연주하는 자신과 음악, 그리고 악기까지 완벽하게 일체가 되는 새로운 사운드의 세계를 목표로 삼은 것이다.

그 결과는 그 해 말에 녹음한 「댄스 다스 카비서스」라는 앨범에서 결실을 맺는다. 그는 앨범 재킷에 이런 글을 썼다.

> 정글의 음. 그 음과 신비. 태양, 달, 비, 그리고 바람. 강과 물고기. 하늘과 새들. 이 모든 것들은 뮤지션과 음악과 악기와 분리되지 않은 채 하나처럼 완벽하게 융합되어 있다.

정글에서 녹음을 한 음이 들어간 것도 아니다. 그런 장치는 전혀 사용하지 않았다. 그럼에도 기교를 초월한 기타와 타악기를 통해 정글의 숨 막히는 열기와 강렬한 열대의 태양이 전해져 온다.

하지만 이렇게 전달되는 느낌은 지스몬티가 싱구 강 근처에서 직접 느꼈던 그것과 같은 것이라 할 수 있을까? 그리고 브라질 사람들이 이 앨범을 들었을 때에 느끼는 근원적 민족성을 우리는 어느 정도 느낄 수 있을까?

글로벌한 플랫폼이 보급되면서 민족성이나 각각의 국가가 지닌 독자성을 잃어버리는 게 아닌가 하는 비판도 나오고 있다. 예를 들어 할리우드 영화나 미국의 대중음악이나 맥도널드나 GAP 같은 패션 브랜드가 세계를 석권하고 있는 것처럼 말이다. 전 세계의 젊은이들이 미국 영화나 음악에 빠지고 GAP 청바지를 입고 맥도널드의 햄버거를 먹는다. 이른바 문화 제국주의이다. 소프트 파워[5)]의 영향으로 뼛속까지 미국의 제국주의적 침투에 노출되어 새로운 식민지가 된다는 말이다.

하지만 이런 문화 제국주의가 성립하기 위해서는, 매스 미디어를 통한 정보의 독점이 절대적으로 필요하다. 정보의 공급이 집중되고, 가는 정보 유통로를 따라 제국주의적 문화가 집중 호우 식으로 쏟아지는 것이다.

잘 생각해 보자. 일본의 전후 문화가 미국의 문화 식민지와 같다고 한다면, 이는 매스 미디어가 미국에서 온 정보들을 무차별적으로 퍼부었기 때문일 것이다. 텔레비전 광고도 잡지도 은연중에 끊임없이 미국 문화의 대단한 점을 전달하면서, 미국에 대한 동경이 자라난 것이다.

지금 내 손에는 「코카콜라 텔레비전 광고 연대기(*The Coca-Cola TV CF Chronicles*)」라는 두 장의 DVD가 있다. 일본 코카콜라에서 과거에 방영한 막대한 텔레비전 광고 중 엄선한 작품을 시간 축을 따라 모아 놓은 것이다. 1편에는 최초의 광고를 선보인 1962년부터 1989년까지, 2편에서는 1979년에서 1999년까지의 작품이 수록되어 있다.

이렇게 40년 가까운 시간의 흐름을 보고 있으면 정말로 흥미진진하다. 1962년부터 1970년대 초까지는 등장하는 인물이 거의 일본인이다. 1960년대 중반의 대표적 모델은 가야마 유조(加山雄三)로, 서핑이나 고고 대회, 자동차 레이스, 스키장 등을 무대로 싱글벙글 웃고 있는 남녀가 함께 코카콜라를 마시고 있다.

> 코카콜라를 마시자 코카콜라를 차갑게 코카콜라 코카콜라 모두 함께 코카콜라 시원하고 상쾌한 코카콜라

이러한 시엠송이 끈질기게 귓가를 맴돈다. 등장인물들은 지금 보면 다소 촌스러운 일본 젊은이들이지만, 어느 광고를 봐도 미국 문화에 대한 열렬한 동경이 넘치고, 진지할 정도로 무조건적인 호의가 가득해 똑바로 쳐다보기가 민망할 정도이다.

광고는 1960년대 후반이 되면서 컬러로 변하고, 가마야츠 히로시(かまやつ ひろし)나 빌리 방방(ビリーバンバン)과 같은 포크 가수들이 등장한 자연 회귀적인 히피풍의 시리즈를 거쳐, 1970년대 중반 이후부터는 급속하게 이국적인 분위기로 바뀐다. 글렌 캠벨(Glen Campbell)이나 스타일리스틱(Stylistic)의 음악이 흐르고 해외 현지 촬영 영상이 늘고 등장하는 모델도 점차 일본인에서 혼혈인으로 바뀌어 간다.

1976년에 등장한 'Come on in. Coke' 시리즈에서는 해외 현지 촬영에 모델 전원이 백인이다. 광고의 마지막에 흐르는 일본어 내레이션이 없다면 어느 나라의 광고인지 전혀 알 수가 없다. 문화 제국주의의 완성판이라고 할까?

이 시기에 여론 조사를 하면 90퍼센트는 '스스로가 중산층'이라고 답했기 때문에, 국민들의 중산층 의식이 정착했다고도 생각할 수 있을 것이다. 이른바, 총중류 사회가 완성된 시기였던 것이다. 이런 시기와 미국의 문화 제국주의의 지배가 이루어지던 시기가 겹쳤다는 것은 무척 흥미롭다.

코카콜라 광고는 1980년대에 들어와 점점 일본적으로 회귀하게 된다. 1982년 이후에는 야자와 에이키치(矢沢永吉)나 미하라 준코(三原順子), 마츠야마 치하루(松山千春)나 하야마 유(早見優)와 같은 일본인 뮤지션의 음악과 영상이 중심을 이루었다. 가끔 등장하는 모델도 '완벽한 백인'에서 다시 혼혈풍으로 돌아갔다. 그리고 1980년대 후반에는 젊은 일본인 직장인이 영상에 등장해 춤추며 즐거운 인생을 노래했다. 즉, 버블 시대가 온 것이다.

처음이 아니야 웃는 얼굴로 만나니까 매일매일이 새로운 코카콜라 산뜻한 맛 I feel Coke

아무 생각 없이 인생을 즐긴다는 식의 가사는 버블을 상징한다. 1988년에는 호화로운 밤거리에서 커플이 콜라를 마시며 데이트를 하는 광고도 나왔다. 라스베이거스를 닮은 거리는 실은 전부 세트로 만들어진 가공의 장소였는데, 이야말로 버블의 정점을 보여 주는 예가 아닌가 싶다. 그리고 1990년대로 접어들면서 아무 생각 없이 보이던 밝은 분위기는 점점 어둠에 잠식되어 갔는데, 「파이트 클럽(*Fight Club*)」, 「세븐(*Seven*)」 등의 영화로도 알려진 데이비드 핀처(David Fincher) 감독이 만든 정체 모를 광고가 등장하기도 한다. 코카콜라 광고는 일본의 잃어버린 10년과 함께 점점 문화적으로 침체에 빠진다.

문화 제국주의가 불가능한 시대

그야말로 시대의 흐름에 따라, 시대와 함께 그려지던 것이 텔레비전 광고이다. 경제적으로는 물론 문화적으로도 1980년대의 버블이라는 것은 일본의 생활문화에 하나의 커다란 전환점이 되었다. 막대한 부가 일본으로 유입되고 질 좋은 상품도 늘어나며 생활의 수준이 급격히 올라갔다. 이에 따라 '미국을 뒤쫓아 넘어서자.'라는 의식도 사람들 사이에서 점점 사라지고, 거꾸로 일본 문화를 재발견하며 역시 '일본다움(和)'이 멋진 것이라고 많은 사람들이 확신하게 되었다.

그렇다고 해서 할리우드 영화나 미국의 팝송이 일본에서 사라질 리는 없었다. 그런 콘텐츠는 그 이후에도 많은 사람들의 마음을 사로잡고, 거대한 시장을 유지해 간다.

단, 1970년대까지처럼 '미국 문화가 일본 문화보다 위'라는 의식은 1980년대 후반 이후에는 급속도로 사라졌다. 이는 코카콜라의 텔레비전 광고의 변천을 봐도 명확히 알 수 있다. 어디까지나 주요 등장인물은 일본인이고, 거꾸로 일본 젊은이들이 미국에 나가 코카콜라를 한 손에 들고 로스앤젤레스 거리를 활보하거나 오프로드 바이크(off-road bike)로 황야를 질주하는 영상도 나온다. 미국의 부동산을 사들이고 미국에 자본 진출을 하려던 당시의 일본 경제를 상징하는 것이라고 한다면 너무 멀리 나간 것일까.

어찌되었건 이 시기 이후에는 '서양 음악이 일본 음악보다 위'라는 식의 식민지적 사고방식이 점점 없어지고, 해외의 문화도 일본의 문화도 동등하게 평가받는 시대가 되었다.

여기서 잠깐 정리를 해 보자.

미국의 문화 제국주의가 1970년대의 일본에서 성립했던 것은 다음과 같은 두 가지 조건이 충족되었기 때문이다.

> (1) 끊임없는 경제 성장의 끝에 미국이라는 제국이 우뚝 서 있고, 미국을 따라잡아 넘어서는 것이 전 국민의 염원이었다.

(2) 매스 미디어에 의해 미국산 정보가 폭포처럼 쏟아져 미국 문화에 대한 동경이 생겨났다.

그렇지만 경제는 1990년대 이후 정체되고 2010에는 '제2의 경제 대국'의 자리도 중국에게 내주며, 필사적으로 미국을 따라잡겠다는 구도 자체가 무너졌다.

그리고 매스 미디어의 붕괴도 급속히 진행되었다. 매스 미디어의 한정되고 집중된 정보 공급으로 정보에 굶주리던 시대는 이미 끝났고, 이제는 어마어마한 양의 정보가 인터넷을 통해 흘러 들어오는 시대가 되었다. 그리고 이런 방대한 정보는 블로그나 페이스북, 트위터, 유튜브, 아이튠스와 같은 인터넷 글로벌 플랫폼 위에서 유통되고 있다. 앞에서 썼던 것처럼 이들 플랫폼 위에서 콘텐츠를 발신하는 데에는 비용이 거의 들지 않기 때문에 정보 공급의 목줄을 쥐고 있는 선진국만이 정보를 지배할 수 있는 구도는 더 이상 성립하기 힘들게 되었다. 오히려 플랫폼 위에서는 지역 정보의 중요성이 점점 증가하고 있다.

'포스트 글로벌'이라는 사고방식

광고업계에서 세계적으로 유명한 크리에이티브 디렉터 알렉

산더 겔만(Alexander Gelman)은 '포스트 글로벌(post global)'이라는 콘셉트를 제창했다. 겔만은 굉장히 심플한 디자인 스타일을 1990년대에 확립했는데, 그 심플한 표현은 국경을 넘어 다양한 국가의 사람들에게 영향을 주어, 그는 세계화 시대를 상징하는 디자이너로 평가받고 있다.

어느 나라 사람에게도 겔만의 디자인은 마치 자기 나라의 민족성을 체현하고 있는 것처럼 받아들여졌다. 스웨덴인은 겔만의 심플하고 깔끔한 스타일을 북유럽적이라 생각하고, 스위스인은 겔만의 기하학적 디자인을 스위스적이라 생각한다. 네덜란드인은 자신들의 독설적이고 유머러스한 센스를 겔만의 작품에서 찾아내고, 영국인은 그의 쿨하고 멋진 양식이 영국적이지 않을 수 없다고 생각한다. 그리고 일본인은 섬세하고 세련된 '사이'의 미학이 있는 겔만이 일본 그 자체라 생각한다.

겔만은 "영혼을 울리는 것이라면 어떤 문화와도 공명한다. 진짜 글로벌이란 건 획일화되고 거대화된 것이 아니라, 인간의 근원적 부분과 상통할 수 있는 것이다."라고 말한다. 세계화의 적자로 새로운 디자인의 세계를 연 겔만은 글로벌화된 문화의 맨 끝까지 도달하여 그 너머에 있는 '반전'을 예측했다고도 할 수 있다.

즉, 글로벌화된 시스템에서는 정보의 전달이 지금까지보다 훨씬 쉬워지고, 그래서 지역 문화가 점점 중요해진다. 역사나 지리,

문화의 다양성을 받아들임으로써, 몇몇 시스템이나 모델이 공존하고 진화하여 서로 영향을 주고받고 분열하고 융합해 가는, 새로운 문화의 세계가 열릴 것이다. 글로벌 플랫폼 위에서 정보가 흐르게 된 현상은, 다양성이 그 안에 내포되고 자립, 공존, 발전하는 지역 문화의 집합체를 만들어 낼 것이다.

세계화는 획일화를 불렀는가?

"정말 그런 일이 가능할까? 문화의 다양성이 없어지고 모두 똑같은 문화에 녹아들어 가는 건 아닐까?" 여전히 이런 질문을 하는 사람도 많이 있을 것이다.

일반적으로 세계화라 하면, 다국적 기업이나 제국주의적 국가에 의해 글로벌 주체가 국가별로 존재하는 지역 주체를 압도하고 침해하는 과정이라 여겨진다. 예를 들어 맥도널드 햄버거 같은 패스트푸드는 음식의 세계화의 전형적 예로 식재료에서 조리 방법, 접객에 이르기까지 전 과정이 세계적인 레벨에서 복제되고 매뉴얼화되어 효율적 생산과 소비가 이루어진다. 이것이야말로 세계화이다. 하지만 원래 음식이란 것은 특정한 장소(국가, 지역)와 시간의 통합으로 빚어진 고유성을 가지고 있다. 예를 들어 일본에는 각 지역에서 구할 수 있는 식재료가 그 지역 사람들의 몸에 좋다는 '신토불이(身土不二)'라는 불교적 사고방식이 존재한다. '지산지소(地産地消)', '순산순소(旬産旬消)'와 같은 말도 있다. 또한 이탈리아에서 시작된 '슬로푸드' 운동도 있다. 그 지역의 전통적 식문화나 식재료를 지켜 나가자는 움직임이다.

각 지역마다 생산하는 고유의 식재료는 그 시간과 그 공간이 아니면 구할 수 없는 유일한 것으로, 소비자가 이를 제대로 평가해야 음식과 사람 사이에 좋은 관계가 성립한다는 사고방식이 앞서 언급한 움직임 속에 있다. '일회성'이 존재하는 것이다.

일회성이란 무엇인가. 일기일회라는 말로 바꿔도 될 것이다. 몇 번씩 재현되는 것이 아니라 특정한 장소에서 딱 한 번 귀중한 만남이 이루어진다는 말이다. 사람과 사람의 만남은 물론 사람과 식재료와의 만남도 일회성으로 인해 멋진 것이다. 그 땅에서 나는 제철의 식재료를 '지금 이 순간밖에 만날 수 없는' 것에 감사하며 먹는다. 이는 일본의 식문화의 근간에 숨어 있는 미학이기도 하다.

이런 미학은 대량 생산, 대량 판매를 하며 소비자 역시 '숫자'로 환산하는 매뉴얼화된 패스트푸드와는 섞일 수 없다. 맥도널드의 세계에서는 희소성이나 일회성은 어디에도 없다. 어느 때나 어느 나라에 가도 똑같이 생긴 가게가 있고, 그곳에선 항상 같은 상태로 같은 맛이 나는 햄버거가 제공된다. 식재료를 언제, 어디서 가져왔는지와 같은 정보는 전부 제거되고, 음식을 제공하는 사람과 음식을 먹는 손님 사이에 긴장감 같은 것은 전혀 존재하지 않는다. 햄버거를 먹는 고객은 '한 번뿐인 만남' 같은 건 물론 생각하지 않고, '맥도널드에 가면 어제도 오늘도 그리고 내일도 같은 맛의 햄버거를 먹을 수 있다'는 재현성을 믿는다. 그리고 가게는 이를 보증한다.

하지만, '세계화=일회성을 부정하는 패스트푸드적인 문화'라는 도식주의적 생각은 너무 진부하다. 세계화가 인터넷상에서 만들어 내는 새로운 시스템을 전혀 이해하지 못하고 있는 것이라고 볼 수밖에 없다. 문화의 글로벌 플랫폼이 문화의 다양성을 더욱 활성화시켜 새로운 문화를 만들어 낼 수 있게 했다는 것은 실제로 역사가 증명하고 있다.

몽골 제국이라는 플랫폼

투명감이 도는 백색 바탕에 선명한 감색 무늬가 새겨진 자기(磁器)는 일본인이 좋아하는 것 중 하나이다. 이를 중국에서는 청화 백자(青華白磁)라고 하는데, 실은 청화 백자의 기원은 몽골 제국에서 비롯되었다.

자기는 중국에서 처음 만들어졌다. 보통의 점토를 비교적 저온에서 구워 깨지기 쉬운 도기(陶器)에 비해, 규산칼슘을 다량으로 함유한 백토(Kaolin)라는 특수 점토를 사용하여 1300도의 고온에서 구운 자기는 가벼우며 차가운 금속과 같은 감촉이 특징이다.

6세기 무렵 만들어졌다는 중국 자기의 2대 조류는 청록색의 청자와 투명한 백자였다. 청자는 주로 화중(華中), 화남(華南) 지역에서 생산되며, 백자는 화북(華北) 일대에서 만들어졌다. 이 중에서도 특히 백자는 귀중한 물건으로 취급되며, 궁정에서 제기로 쓰이기도 했다. 군더더기 색이나 모양은 일체 배제한 심플함의 극치가 바로 백자이다. 그 모습에 당시의 중국인은 성스러운 이미지를 덧붙였는지도 모르겠다. 그래서 10~12세기의 송나라 시대에는 백자에 그림을 그리지 않았다. 백자의 아름다운 모습에 쓸데없이 그림을 더한다는 발상이 존재하지 않았고, 백자 위에 채색할 수 있는 기술도 없었기 때문이다.

하지만 몽골이 중국을 지배한 원나라 시대가 되자, 돌연 백자에 파란색 그림을 그린 청화 백자가 출현했다. 현존하는 가장 오래된 청화 백자는 영국 런던 대학의 데이비드 재단이 소장하고 있는 청화용문상이병(青華龍紋象耳瓶)이다. 높이 63.6센티미터의 이 꽃병에는 마주 보고 있는 용의 모습이 역동적으로 그려져 있으며 높은 수준의 완성도를 뽐낸다. 목 부분에는 당대에 큰 인기를 끌었던 도교 신자 장문진(張文進)이란 사람이 가내 안전을 기원하며 이 꽃병을 도교 신사에 기증한다는 글이 쓰여 있으며, 지정(至

正) 11년이란 연호도 쓰여 있다.

지정 11년이란 1351년으로, 몽골이 중국 대륙을 지배하던 원대의 말기였다. 이 시기에 이 정도까지 완성도 높은 청화 백자가 만들어졌다는 것은, 청화 백자가 기술적으로 확립된 것이 더 이전인 원나라의 전성기 때라는 것을 말해 준다.

그렇다면 도대체 왜 청화 백자가 갑자기 몽골 제국 시대에 탄생하게 된 것일까? 그 배경에는 몽골 제국이 구축한 거대한 경제, 문화 플랫폼이 있다. 북방 초원을 유랑하던 기마 민족 몽골인들은 13세기에 중국에서 중앙아시아, 아랍, 인도, 그리고 동유럽에 이르는 유라시아 대륙의 거의 전부를 제압하고 거대한 통상 시스템을 구축했다.

몽골인은 강력한 군대로 세계를 제패했지만, 상업에는 밝지 않아 이슬람 상인과 중앙아시아의 위구르 상인을 중용했다. 이 두 세력의 기업가 집단을 제국 행정에도 활용해, '오르톡(ortoq)'이라는 조합이 만들어져 제국의 비호를 받았다.

오르톡은 제국이 세금으로 유지 관리하고 있는 육로와 수로, 해로 등의 운송 교통 시스템을 우선적으로 사용할 수 있었다. 그리하여 원래 대립 관계에 있던 이슬람과 위구르 세력이 협력하여 비즈니스의 발전에 힘을 기울이게 된다.

또한 몽골 제국은 중국 대륙의 한족을 경리 등의 행정사무로 임명하고, 이들이 오르톡과 협력하도록 했다. 게다가 아라비아

해를 거점으로 활동하던 해양 기업가 집단도 이슬람의 오르톡을 통해 제국과 연결되는 등, 점점 거대한 몽골 제국의 생태계가 만들어졌다.

중세의 제국이라 하면 농업 등에 과다한 세금을 부과해 재정을 유지하는 경우가 많았다. 일본 에도 막부(江戸幕府)의 연공(年貢)이 전형적인 예이다. 하지만 몽골은 농업에서 세금을 징수하는 것은 거의 기대하지 않고, 소금의 전매와 무역 이윤에서 돈을 모으는 철저한 중상 정책을 펼쳤다. 세입의 80~90퍼센트가 전매와 통상에서 나왔다고 하니 놀랄 만한 이야기이다.

최대의 수입원은 제국의 전매품이었던 소금과 교환 가능한 유가 증권인 '염인(鹽引)'에서 나왔다. 염인 자체는 원래 중국에 있던 방식이었지만, 제국의 관료들은 염인을 당시에 굉장히 귀중했던 은과 연동시켜, 말하자면 대체 통화로 유통시켰다. 이것이 세금 납부에 일반적으로 사용되며 강력한 금융 시스템이 되었고 제국의 재정을 지탱했다.

또한 몽골 제국은 간접세 시스템을 만들었다. 몽골 제국 이전의 유라시아 대륙에서는 무역을 하려 해도, 대륙을 이동하는 것이 힘들었다. 스텝이라 불리는 대초원 지대는 물리적인 이동은 쉬웠지만, 곳곳에서 도적이 출몰하고, 가는 곳마다 그곳을 지배하는 부족들이 관세를 징수했다. 지금의 소말리아 해안처럼 인질을 잡아 몸값을 요구하며 생계를 유지하는 무리도 많았다.

그렇다고 스텝 지대를 피해 가려고 하면, 만년설로 뒤덮인 험준한 산맥을 넘거나, 척박한 고비 사막을 횡단할 수밖에 없었다. 어느 쪽도 가혹한 여행이었다.

하지만 몽골 제국이 지배하면서 스텝 지대의 도적들도 일소되고 관세도 전부 철폐되어, 마지막에 물건을 판매할 때 한 번만 세금을 내면 되는 대형 간접세 시스템이 구축되었다. 몇 번이고 세금을 낼 필요가 없어지니, 유럽이나 이슬람, 중국 등 장거리를 잇는 무역이 갑자기 활기를 띠게 되었다. 또한 교역을 하는 데 문제가 발생했을 경우, 제국의 각지를 다스리는 왕에게 호소하여 문제를 해결할 수도 있게 되었다.

제국은 매년 정월이 되면, 산하의 왕족들에게 재정 지원 명목으로 은을 주었다. 그리고 왕족들이 다스리는 지역을 오가는 오르톡들은 이 은을 빌려 자본 투자를 하여 비즈니스를 전개하고, 제국은 비즈니스의 순환으로 생겨난 부에 대해 판매세를 걷거나 유가 증권을 매매하며 돈을 관리했다. 그리고 이 돈은 다시 왕족에서 오르톡을 경유하여 시장으로 흘러들어 갔다.

이것은 근대적인 신용 거래의 원리와 자본주의 경제의 맹아라고 할 수 있을 것이다. 이런 생태계가 13세기의 몽골 제국 시대에 생겨난 것이니, 참으로 경탄하지 않을 수 없다.

플랫폼은 문화의 다양성을 보호한다

몽골 제국은 이렇게 경제의 네트워크를 지배하면서도, 각 지역의 문화에는 일절 개입하지 않았다. 다종교, 다민족, 다언어, 다문화라는 네 가지 요소를 전부 용인하고 불간섭주의를 관철했다.

이런 모습은 다른 제국과 비교하면 명확히 다른 점이다. 예를 들어 알렉산드로스 대왕은 그리스 문화를 확산시켰고, 로마 제국은 로마의 신전이나 극장, 그리고 와인을 마시는 문화 등을 보급시켰다. 대항해 시대에는 서유럽이 아시아 및 아프리카 식민지에 크리스트교를 전파했다. 하지만 몽골 제국은 이런 문화적 압박을 일절 가하지 않았다. 이것이 바로 플랫폼이다. 나는 플랫폼을 다음과 같이 정의내리고자 한다.

첫째, 압도적인 시장 지배력을 가질 것

둘째, 사용하기에 대단히 편한 인터페이스를 실현시킬 것

셋째, 플랫폼 위의 플레이어들이 자유롭게 활동할 수 있는 허용력을 가질 것

이 세 가지 조건이 만족되면 플랫폼이 확립되며, 거기에 수많은 플레이어가 참여하는 생태계가 번영하게 된다. 최근의 사례를 들어 보면, 애플은 아이폰이라는 획기적으로 사용하기 쉬운

인터페이스를 지닌 스마트폰을 출시하면서 눈 깜짝할 사이에 시장 점유율을 높였다. 그리고 앱스토어라는 어플리케이션 판매 유통 시스템을 만들어, 거기에서 수많은 서드 파티(third party)가 어플리케이션을 개발, 판매하며 수익을 거두는 구조를 확립시켰다. 이야말로 진정한 플랫폼이며, 지금은 일본에서도 앱스토어에서 어플리케이션을 판매하여 수십 억이 넘는 수익을 올린 프로그래머들이 나타났다. 이런 의미에서 몽골 제국은 그야말로 훌륭한 플랫폼이었다.

첫째, 압도적 군사력으로 유라시아 대륙 대부분을 지배했다.

둘째, 대형 간접세와 대체 통화를 통해 편리한 통상 시스템을 만들었다.

셋째, 문화나 종교, 언어에 대해 불간섭주의를 관철하고, 다양한 민족이 독자의 문화를 발전시킬 수 있도록 했다.

이를 통해 몽골 제국은 플랫폼이 되었고, 결과적으로 문화의 다양성이 늘어나고 문화와 문화 간에 새로운 융합이 일어났다.

이런 융합의 상징적인 예가 바로 제국 시대에 만들어진 새로운 자기의 기술인 청화 백자이다. 청화 백자에 사용된 선명하고 푸른 안료는 '회회청(回回靑)'이라 불린다. 회회는 이슬람을 뜻한다. 즉, 지금의 아프가니스탄 등 이슬람 지역에서 채취된 코발트가 청화 백자의 안료가 된 것이다.

글로벌 시대의 미래

선명하게 눈에 들어오는 이슬람 블루. 이 시대의 이란에는 자기의 원재료가 없었고 기술도 없었다. 하지만 코발트 안료를 사용하여 푸른 금빛의 채색을 입힌 자기는 보급되어 있었다. 유리(청금석)와 같은 색을 띈 도기로, 라주바르디네 도기(lajvardine ware)라고도 불린다. 이 자기의 코발트블루는 이슬람 문화의 기조가 되는 색으로, 다양한 곳에서 사용되고 있다.

터키 이스탄불에 있는 아름다운 건축물인 술탄 아흐메트 모스크는 통칭 '블루 모스크'라 불리기도 하는데, 내부의 벽면이 선명한 푸른색 타일로 덮여 있다. 이것도 이슬람 특유의 코발트블루이다.

이런 아름다운 이슬람 블루가 중국이 자랑하는 백자와 결합해, 백자 위에 선명한 푸른색의 그림이 그려진 청화 백자가 탄생했다. 모노톤의 백자를 좋아하는 한족과 다채로운 장식을 좋아하는 이슬람이 만나 청화 백자라는 기적이 만들어진 것이다. 이슬람이나 한족 고유의 문화를 허용하고 다양한 콘텐츠가 유통될 수 있도록 허락한 몽골 제국 플랫폼이 없었다면 청화 백자는 태어나지 못했을 것이다.

세계화와 획일화는 결코 같은 말이 아니다. 다양성을 허용하는 플랫폼이 확립되면, 우리의 문화는 개성을 지킨 채, 다른 문화와 융합되어 새로운 문화를 만들어 낼 수도 있다. 그런 세계에서 새롭지만 아직 보이지 않는 문화는 큐레이션에 의해 항상 재발견되고 있다.

그다음에는 무엇이 보일 것인가? 이렇게 다양성을 증가시키는 글로벌 사회에서 큐레이터가 가진 관점은 어떻게 변화해 갈 것이며, 그 속에서 우리는 어떻게 서로 공명할 수 있을 것인가? 그리고 이런 공명이 국경을 넘어 다른 나라의 민족과도 연결되어 새로운 인게이지먼트의 공간을 만들어 갈 수 있을 것인가? 세계(global)와 지역(local)의 감각은 어떻게 양립하고, 어떻게 상호보완되며, 어떻게 융합되어 갈 것인가? 그리고 그다음에 오는 세계에는 어떤 풍경이 펼쳐질까?

현시점에서는 아직 모르는 것투성이이다. 하지만 지금 우리가 글로벌 플랫폼에서 정보가 흐르는 새로운 세계의 입구에 서 있다는 것은 확실하다. 앞으로 수십 년 동안 우리를 둘러싼 미디어 환경은 상상할 수 없을 만큼 변화해 갈 것이다.

세계의 정보를 유통시키는 거대한 소셜 미디어 플랫폼.

그 위에 형성되어 가는 무수한 정보의 비오톱.

비오톱에 접속하여 관점을 제공하는 무수히 많은 큐레이터.

그리고 큐레이터에 체크인하여 정보를 얻는 팔로워.

글로벌 플랫폼 위에서 콘텐츠나 큐레이터, 이에 영향을 받는 팔로워 등은 수많은 소규모의 모듈이 되어 존재한다. 이런 관계는 고정되어 있지 않고 항상 재조합되며 신선한 정보를 외부로부터 끊임없이 받아들인다. 이런 생태계가 탄생했다.

이것이 이 책이 설명한 정보의 미래 비전이다. 이 세계에서는 지금까지의 정보 유통 상식은 일절 통용되지 않게 된다. 매스 미디어를 경유하여 정보를 통제하는 종래의 '광고'는 소멸된다. 매스 미디어의 기자에게 정보를 제공하는 '홍보'도 비오톱이 무수히 생겨나는 와중에 의미를 잃게 된다. 광고도 홍보도 판매 촉진도 드디어 일체화되어 '어떻게 적합한 비오톱을 찾고 유용한 정보를 발신할까?'와 같은 고민을 가지고 포트폴리오를 짜고 분산시키고 적합한 컨설팅을 해 줄 수 있는 광고 기업만이 살아남을 것이라 나는 생각한다.

광고나 미디어업계에서는 소셜 미디어의 대두에 대한 이런저런 전략을 매일같이 말하고 있다. "이제부터는 블로그다!"라며 블로거 이벤트를 열심히 하다가, "이번에는 트위터다!"라며 트위터 마케팅에 열을 올린다. 그리고 페이스북이 본격적으로 확산되자 "트위터는 이미 낡았다. 이제부터는 페이스북이다!"라고 한다.

하지만 이런 식으로 여기저기를 쑤시며 단기적인 전술을 구사해도, 그런 것들은 금세 고리타분해진다. 중요한 것은 앞으로 소셜 미디어를 축으로 하는 정보의 유통로가 어떠한 전체상을 만들어 갈지를 그리는 비전이다. 그런 비전을 제대로 인식하고 프레임워크 속에서 중장기적 전략을 가져가는 것이 중요한 것이다.

지금의 미디어, 광고업계의 대응은 전략이라 말할 수 있는 정도의 수준과는 거리가 멀다. 그들은 '전술'을 짜고 있다고 생각한다. '이것을 하면 잘 된다.', '이거라면 먹힌다.'라는 생각으로 이런저런 마케팅 기법이 단발적으로 사용되고 국지적으론 효과를 보기도 한다. 그렇지만 정보가 흐르는 전체상이 도대체 어떻게 되고 있는가를 이해하는 사람은 정말 일부에 지나지 않는다.

앞으로는 모든 것이 변화하고 십 년 후에는 전혀 다른 세계가 우리 앞에 펼쳐질 것이다. 그때에는 미디어도 광고도, 그리고 우리 소비자도 전혀 다른 새로운 세계의 풍경 속에 있을 것이다. 그날을 기다린다.

2010년

사사키 도시나오

주

1 매스 미디어의 쇠퇴, 이제 정보는 비오톱으로 흐른다

1 서양의 클래식이나 팝을 제외한 아시아, 유럽, 아프리카, 남미 등 세계 각국과 민족의 고유한 음악을 가리킨다. 1980년대 이후 다양한 뮤지션들에 의해 현대적으로 해석되어 적극적으로 소개되었다.

2 한국에서는 2010년 7월 커뮤니케이션북스에서 번역, 출판되었다.

3 1960년대의 올드 록에서 2000년대의 최신 팝 음악까지 모든 음악이 같은 지평선 위에 존재하게 되면 '들으면 기분 좋아지는 음악'이나 '친구들이 추천한 음악' 따위가 음악을 고르는 기준이 된다. 이렇게 되면 '예전 음악은 시대적 맥락에 따라 들어야 한다.'거나 '새로운 음악은 어쨌든 한번 들어 본다.'는 기존의 음악 감상 방법은 의미를 잃게 된다.(『전자책의 충격』, 22쪽에서 인용)

4 2004년 일본에서 최초로 서비스를 시작한 SNS 중 하나로, 현재 2000만 명 이상의 가입자를 보유한 최대 사이트이다.

2 과시적 기호 소비의 종언

1 도쿄의 시부야를 중심으로 1990년대에 유행한 일본 대중음악의 한 장르. 아

이돌 음악이나 엔카 등 전형적인 일본 음악에 반기를 든 젊은 뮤지션들이 서구의 클럽 음악인 일렉트로닉 계열이나 프렌치팝 등을 차용하여 만들었으며, 국내에도 많은 영향을 끼쳤다.

2 모두가 중산층인 사회라는 뜻. '1억 총중류'라는 표현도 많이 쓰였다.

3 1997년 효고 현 고베 시에서 당시 14살이었던 중학생이 아동 두 명을 살해하고 세 명에게 상해를 입힌 사건으로, 끔찍한 범행 수법으로 일본 사회에 큰 충격을 던졌다.

4 2008년 25세의 범인이 2톤 트럭을 몰고 아키하바라의 인도로 돌진하여 보행자들을 덮친 후 차에서 내려 지나가는 행인들을 무차별적으로 칼로 찔러 일곱 명이 사망하고 열 명이 부상당한 사건이다.

5 1999년에 만들어진 일본 최대의 게시판 사이트로, 주제별로 다양한 게시판이 있으며 익명으로 운영된다. 과격한 글들이 많이 올라오는 것으로 유명하며 한국의 디시인사이드와 비교되기도 한다. 한편 2채널에 한 남자가 연애에 대한 조언을 구하는 글을 올렸는데 2005년 이를 바탕으로 『전차남』이라는 소설과 동명의 영화가 만들어져 선풍적 인기를 끌었다.

6 히키코모리(引きこもり): 직장이나 학교에 가지 않고 집 밖으로 나오지 않는 사람으로, 주로 은둔형 외톨이라 번역된다. 니트(NEET, Not in Education, Employment or Training): 교육, 노동, 취업 훈련 중 어느 것도 참가하지 않는 구직 포기자를 뜻하는 조어이다. 프리터(freeter): 프리랜서 아르바이트의 약자로, 정규직이 아닌 노동 형태로 생계를 유지하는 비정규직 노동자를 뜻한다.

7 원래는 애니메이션이나 SF의 열광적인 팬을 가리키는 말이었으나, 오늘날에는 특정 관심사에 대해 깊이 빠져 전문가 수준의 지식을 가진 사람을 폭넓게 지칭하는 용어로 쓰인다.

8 한 매장에 두 개 이상의 브랜드 상품을 함께 모아 판매하는 유통 형태로 멀티숍 혹은 편집 매장이라고도 한다. 여성복, 남성복, 구두, 잡화, 빅사이즈 의류 등 그 분야와 아이템이 매우 다양하다. 다품종 소량 판매 방식으로, 개성이 강한 소비자들이 취향에 맞는 제품들을 한 매장 안에서 비교 구매할 수 있는 특징이 있다.

9 1924년에 설립된 일본의 유명 광고 대행사.

10 초식계 남성(초식남)이란 표현으로 자주 쓰임. 일본의 여성 칼럼니스트 후카

사와 마키가 명명한 용어로, 기존의 '남성다움(육식성)'을 강하게 어필하지 않으면서도 주로 자신의 취미 활동에 적극적이나 결혼이나 연애에는 소극적인 남성을 일컫는다.

11 인터넷 콘텐츠 회사 니완고가 운영하는 일본의 동영상 UCC 사이트로, 유튜브의 일본판이라 할 수 있다.

3 '관점에 체크인'하는 새로운 패러다임

1 일본어 '먹다(たべる)'와 '블로그'의 합성어인 '다베로그'는 음식점에 관한 소문 정보를 모은 일본의 웹사이트로, 음식점을 평가하는 주체가 전문가가 아닌 일반인인 것이 특징이다.

2 2008년 미국에서 시작된 대표적인 소셜 커머스 기업으로, 설립 3년 만에 세계 35개국에 5000만 명이 넘는 가입자를 확보하며 소셜 커머스 붐을 일으켰다. 2011년 3월부터 그루폰 코리아가 서비스를 시작했다.

3 터치스크린을 주입력 장치로 사용하는 소형의 휴대용 컴퓨터로, 키보드나 마우스 대신 손가락이나 터치 펜으로 쉽게 조작할 수 있다. 납작하고 편편한 '판(tablet)'의 형상을 하고 있어 태블릿이라는 이름이 붙었으며, 태블릿 PC라고도 부른다.

4 전국 시대가 끝나고 에도 막부가 들어서기 전까지의 기간으로 일본 역사상 중요한 전환점이 된 시기이다. 통상 오다 노부나가(織田信長)가 아시카가 요시아키(足利義昭)를 추방한 1573년부터 도쿠가와 이에야스(徳川家康)가 에도 막부를 수립한 1603년까지를 말한다. 30여 년에 불과한 기간이었지만 정치적으로 대변혁이 있었고 문화적으로도 서양 문화의 유입으로 사회가 크게 변모했으며, 호화스러운 성곽, 벽화 등이 만들어지고 다도가 유행했다.

5 일본에서 가장 오래되고 가장 많은 회원 수를 가진 꽃꽂이의 유파.

6 1997년에 설립된 일본 최대의 온라인 쇼핑몰.

7 2001년에 동일본 여객철도(JR 동일본)가 도쿄 근교 구간에 처음으로 도입한, 소니의 비접촉형 IC 카드인 FeliCa의 기술을 이용한 교통 카드. 전자 화폐로도 다양하게 이용되고 있다.

8 미국 여성 아리아나 허핑턴이 2005년 설립한 인터넷 뉴스 매체로, 설립 5년

만에 방문자 수가 《워싱턴 포스트》를 넘어설 정도로 성장했다. 1인 미디어로 불리는 파워 블로거 집단이 기자로 활동한다.

9 독립영화 전문 채널로, 선댄스 영화제를 포함한 모든 독립영화제와 자유로이 계약을 맺으며 차별화에 성공했으며, 업계에서 정평이 난 배우와 감독, 실력자들로 구성된 고문단을 두고 있다.

10 저자는 시좌(視座)라는 사회학 용어를 사용하고 있는데, 여기서는 관점으로 번역한다.

4 큐레이션의 시대

1 1864~1930년. 잔악한 범죄 용의자로 체포된 후 정신 분열증 판정을 받고 정신 병원에서 평생을 보낸, 사회 부적응자인 동시에 아웃사이더 아트의 대표적 예술가로 꼽히는 작가.

2 2008년 《뉴욕 타임스》 선정 세계에서 가장 영향력 있는 인물 100인에 선정되기도 했으며, 명품 브랜드 루이비통의 '아이러브 모노그램' 라인을 한정판으로 출시하여 일반인에게도 널리 알려질 정도로 유명 인사가 되었다. 그가 고안한 슈퍼플랫이라는 용어는 그의 작업 스타일을 지칭하는 것이기도 하지만 동시에 디지털 이미지 세대와 오타쿠의 존재 양식으로 해석된다.

3 모에(萌え)는 원래는 '싹이 트다.'라는 뜻이지만, 만화나 애니메이션, 비디오 게임 등의 여성 캐릭터에 대한 사랑이나 호감을 말하는 일본어 표현으로 많이 쓰인다. 모에계에는 다양한 캐릭터가 있으며, 대표적 특징으로는 예측 불가능함이나 귀여움, 순진함 등이 있다.

5 우리는 세계와 연결되어 있다

1 TED에는 자원봉사자들이 만든 한국어 자막도 존재한다. 2011년 현재 950편 이상의 영상에 한국어 자막이 달려 있다. http://www.ted.com/index.php/translate/languages/kor

2 시모야마(下山) 사건: 1949년 7월 5일 국철 총재였던 시모야마 사다노리(下

山定則)가 출근 중에 실종되어 다음 날 변사체로 발견된 사건. 미타카(三鷹) 사건: 1949년 7월 15일 국철인 츄오혼센(中央本線)의 미타카 역에서 일어난 무인 열차 폭주 사건. 마츠카와(松川) 사건: 1949년 8월 17일 후쿠시마 현의 국철인 도호쿠혼센(東北本線)에서 일어난 열차 탈선 전복 사건. 이 세가지 사건은 '국철 3대 미스터리 사건'으로 불리기도 한다.

3 1955년 전후로 생겨나 폭발적인 인기를 끈 서민적인 바. 토리스 위스키를 소다에 섞은 하이볼이 주력 상품으로 칵테일 등과 같이 판매했다.

4 아름답고 사용하기 쉬운 제품 디자인으로, 제2차 세계 대전 후 대량 생산 제품의 품질 향상 운동의 일환으로 일어났다. 초기에는 장식을 배제한 심플한 것을 추구했으며, 오늘날에는 따뜻한 인간적 감촉을 주는 것에 이르기까지 그 기준의 폭이 넓어지고 있다.

5 정보 과학이나 문화, 예술 등이 행사하는 영향력으로, 군사력이나 경제 제재 등 물리적으로 표현되는 힘인 하드 파워(hard power)에 대응하는 개념이다. 강제력보다는 매력을 통해, 명령이 아닌 자발적 동의에 의해 얻어지는 능력을 말하는 것으로, 하버드 대학교 케네디 스쿨의 조지프 나이(Joseph S. Nye)가 처음 사용한 용어이다.

옮긴이의 말

'Post Facebook'은 과연 누가 될 것인가? 2012년 2월 현재, 이 질문의 정답에 가장 근접해 있는 서비스는 '핀터레스트(Pinterest)'가 될 것 같다. 이 서비스는 방문자 수의 증가세가 초기 페이스북의 기세를 능가하였으며, 체류 시간 면에서는 페이스북과 텀블러(Tumblr)에 이어 3위를 차지하며 이미 트위터와 링크드인(Linedin)과 구글 플러스(Google+)를 합친 것보다 유저들이 오래 머무는 사이트가 되었다.

핀터레스트의 특징은 유저 활동의 중심이 콘텐츠의 생산이 아니라 수집에 있다는 것이다. 블로그가 분량에 제한받지 않고 자신이 쓰고 싶은 글을 쓰는 것이었고 트위터는 140자라는 제한을 통해 요약 · 링크를 중심으로 정보를 보냈다면, 핀터레스트는 아예 글을 쓰는 기능조차 존재하지 않는다. 이 서비스가 이미지 중심이기 때문에 텍스트를 되도록 배제한다는 측면도 있지만, 텍스트와 이미지의 차이가 본질적인 이유는 아닌 것 같다.

핀터레스트에서 자신이 직접 콘텐츠를 올릴 수 있는 경우는 모바일 어플리케이션을 이용하여 자신의 휴대 전화 카메라로 사진을 찍어 올릴 때뿐이다. 일반적으로 자신의 콘텐츠를 올리는 것은 두 가지 방법으로 이루어지는데, 웹 사이트상에서 마음에 드는 이미지를 가져오거나(pinning) 핀터레스트에 다른 사람이 올린 이미지를 가져오는 것이다(repinning).

사실, 수집 기능은 인터넷 서비스에서 새로운 기능이 아니다. 블로그에서는 다른 사람의 글을 가져올 수 있고, 리트윗은 트위터의 핵심 기능이며, 페이스북에서 링크의 중요성과 사용도도 점점 높아지고 있다. 하지만 콘텐츠의 종류가 진지한 글이 되었건 개인적인 일상 이야기가 되었건 자신의 이름으로 올리는 콘텐츠란 언제나 자신이 만든 것이 중심이 되었으며 다른 사람의 콘텐츠를 올리는 것은 특정한 목적을 지닌 부수적 기능이었다.

핀터레스트처럼 서비스의 중심이 수집이었던 경우로는 자신이 등록한 즐겨찾기를 공유하는 소셜 북마크 서비스 정도가 있었을 뿐이다.

최근 IT업계에서는 핀터레스트와 같은 플랫폼 서비스가 제공하는 기능을 콘텐츠의 단순한 수집이 아니라 '큐레이션'이라 부른다. 미술관의 큐레이터가 자신의 미술적 식견과 사회적 변화와 미술계의 트렌드를 반영하여 작가와 작품을 선별하여 전시회를 열듯이, 개인들이 자신의 관점에서 콘텐츠를 선별하고 보여주고 나아가 이를 공유하는 것이다.

이러한 수집과 선별의 역할은 꼭 큐레이션이란 말을 붙이지 않아도, 이제까지 다양한 분야에서 필요시되었고 이루어져 왔다. 특히 미디어의 세계에선 전통적으로 '편집'이야말로 해당 매체의 정체성을 좌우하는 핵심적인 기능으로 작용하였다. 현장에서 부딪치며 1차적인 콘텐츠를 생산하는 것이 미디어의 기본적인 기능이었음에도 말이다.

무형의 지식과 정보를 담은 콘텐츠에 한해서만 수집과 선별이 중요한 것은 아니다. 어떻게 보면 큐레이션이 가장 중요한 분야 중 하나는 가장 전통적인 제조업 중 하나인 의류 산업이라 할 수 있을 것이다. 의류 산업의 핵심 경쟁력은, 값싸고 질 좋은 상품이나 유명 브랜드에서 본인의 취향과 개성에 맞는 디자인으로 점점 넘어가고 있다. 그리고 현재 큐레이션이란 말과 가장 잘 어울리는 곳은 어쩌면 온라인의 핀터레스트가 아니라 콘셉트에 맞는 온갖 브랜드를 모아 놓은 오프라인의 편집 매장일지도 모르겠다.

의류업계에서 흥미로운 큐레이션의 예로는 일본의 패스트패션 업체인 유니클로와 프랑스의 유명 편집 매장인 콜레트(colette)의 콜라보레이션을 들 수 있을 것이다. 편집 매장의 시초라고도 할 수 있는 콜레트는 프랑스뿐 아니라 전 세계 패션업계에서 가장 주목받는 곳 중 하나로, 중저가 브랜드인 유니클로와 협업을 한 것은 사람들의 시선을 모을 만한 일이었다. 더욱 흥미로운 것은 일반적으로 의류업계에서 협업이라 하면 디자인을 제공받는 것이 중심이 되는데, 콜레트는 자사에서 직접 한 디자인을 유니클로에 준 것이 아니라 자신들이 발굴한 디자이너의 작품을 모아 큐레이션을 해 주었다는 점이다.

심플한 일상복이 주력 상품인 유니클로는 매년 외부의 유명 작가에게 티셔츠 디자인을 맡긴다. 그리하여 앤디 워홀, 리히텐슈타인의 작품이나 「원피스」 같은 유명 만화의 그림이 들어간 티셔츠가 유니클로의 대표적인 여름 상품이 된다. 하지만 이러한 시도도 점점 신선도가 떨어지고 기성복 중 하나처럼 취급되어, 개성 있고 앞서 가는 디자인과는 멀어지게 되었다. 이에 유니클로가 손을 잡은 것은 브랜드나 디자이너가 아니라 편집 매장인 콜레트였다. 콜레트는 유니클로에 어울리는 디자인을 선별해 주었다. 그리고 티셔츠에는 'CURATED BY colette'라는 라벨을 붙였다.

사사키 도시나오가 『큐레이션의 시대』에서 말하고자 하는 큐레이션은 콜레트와 같은 형태에 가까워 보인다. 이 책의 매력은 디지털 미디어의 방향에 대해 말하지만, 인터넷상의 온라인 서비스의 사례나 전략보다 정보의 흐름이 어떻게 바뀌고 있고 이러한 맥락에서 큐레이션이란 무엇인지 보다 근본적인 질문을 하고 있다는 점이다.

이 책에서는 비주류 음악인 월드 뮤직의 프로모터, 정신병자로만 여겨지던 노인의 낙서에서 새로운 예술을 발견한 작가, 낭만의 화가가 아닌 아방가르드 작가 샤갈을 보여 준 미술관 큐레이터와 같은 다양한 분야의 큐레이터가 등장한다. 이들은 주류 언론이나 학계, 혹은 대중들의 시선과 별개로 자신들의 눈으로 새로운 관점을 만들어 낸 사람들이다.

큐레이터의 역할은 예나 지금이나 크게 바뀐 것이 없다. 하지만 큐레이터가 필요한 분야는 점점 다양해지고, 디지털 환경의 변화로 핀터레스트와 같은 용이한 형태의 큐레이션 플랫폼이 등장하고 있다. 정보가 주류라 불리는 거대한 흐름에 의해 움직이는 커다란 공간이 아니라, 작지만 다양하고 서로 다른 유무형의 공간에 존재하는 시대가 이미 다가오고 있으며, 이를 이끄는 것이 바로 큐레이터이다.

『전자책의 충격』에 이어 다시 한번 사사키 도시나오 씨의 책을 번역하게 되어 개인적으로 뜻깊은 작업이었다. 역자이기 이전에 독자로서 지적인 즐거움을 느낄 수 있었고, 이러한 즐거움을 많은 분들과 공유할 수 있어 더욱 의미 있는 시간이었다. 번역에 있어서는 미디어업계나 일본의 상황에 관한 내용은 가능한 한 쉽게 이해되도록 풀어 썼으며, 고유 명사는 최대한 원문을 찾아 달았다. 번역이나 주석에 관한 부분은 전적으로 역자의 책임이다.

한국어판 출판을 허락해 주신 사사키 도시나오 씨와 이 책의 추천사를 써 주신 선생님, 좋은 책을 만들기 위해 노력해 주신 민음사 편집자분들, 그리고 부모님께 진심으로 감사의 말씀을 드리고 싶다.

2012년 2월

한석주

큐레이션의 시대

매일 쏟아지는 정보 더미 속에서
꼭 필요한 정보를 얻는 방법

1판 1쇄 펴냄 2012년 3월 30일
1판 4쇄 펴냄 2020년 9월 16일

지은이 사사키 도시나오
옮긴이 한석주
발행인 박근섭·박상준
펴낸곳 (주)민음사

출판등록 1966. 5. 19. 제16-490호
주소 서울특별시 강남구 도산대로1길 62(신사동)
강남출판문화센터 5층 (우편번호 06027)
대표전화 02-515-2000
팩시밀리 02-515-2007
홈페이지 www.minumsa.com

ISBN 978-89-374-8440-7 03320